中国社会科学院财经战略研究院报告

National Academy of Economic Strategy Report Series

# 中国经济体制改革报告2012

REPORT OF CHINA'S ECONOMIC SYSTEM REFORM 2012

## 建设成熟的社会主义市场经济体制

TO BUILD A MATURE SOCIALIST MARKET ECONOMY

陈佳贵 / 主编

经济管理出版社

ECONOMY & MANAGEMENT PUBLISHING HOUSE

# 出版前言

　　中国社会科学院财经战略研究院始终提倡"研以致用",坚持"将思想付诸实践"作为立院的根本。按照"国家级学术型智库"的定位,从党和国家的工作大局出发,致力于全局性、战略性、前瞻性、应急性、综合性和长期性经济问题的研究,提供科学、及时、系统和可持续的研究成果,被视为中国社会科学院财经战略研究院科研工作的重中之重。

　　为了全面展示中国社会科学院财经战略研究院的学术影响力和决策影响力,着力推出经得起实践和历史检验的优秀成果,服务于党和国家的科学决策以及经济社会的发展,我们决定出版"中国社会科学院财经战略研究院报告"。

　　"中国社会科学院财经战略研究院报告"由若干类专题研究报告组成,拟分别按年度出版发行,形成可持续的系列,并力求达到中国财经战略研究的最高水平。

　　我们和经济学界以及广大的读者朋友一起瞩望着中国经济改革与发展的未来图景!

中国社会科学院财经战略研究院

学术委员会

2012 年 2 月

# "建设成熟的社会主义市场经济体制"
# 课题组名单

**组　长：**

陈佳贵　全国人大常委　中国社会科学院经济学部　主任
学部委员

**副组长：**

刘树成　全国政协委员　中国社会科学院经济学部　副主任
学部委员

**成　员：**

金　碚　中国社会科学院工业经济研究所　所长　学部委员

高培勇　中国社会科学院财经战略研究院　院长　学部委员

刘迎秋　中国社会科学院研究生院　院长　研究员

王延中　中国社会科学院监察局　局长　研究员

王国刚　中国社会科学院金融研究所　所长　研究员

张　平　中国社会科学院经济研究所　副所长　研究员

殷剑峰　中国社会科学院金融研究所　副所长　研究员

史　丹　中国社会科学院财经战略研究院　副院长　研究员

韩朝华　中国社会科学院经济学部工作室　主任　研究员

刘煜辉　中国社会科学院金融研究所金融实验室　主任
研究员

刘戒骄　中国社会科学院工业经济研究所　产业经济研究室主任
研究员

剧锦文　中国社会科学院经济研究所　微观经济研究室　副主任
　　　　研究员

常　欣　中国社会科学院经济研究所　宏观经济研究室　副主任
　　　　研究员

汪德华　中国社会科学院财经战略研究院　财政研究室　副主任
　　　　副研究员

赵　瑾　中国社会科学院财经战略研究院　综合经济研究部
　　　　研究员

李雪慧　中国社会科学院财经战略研究院　博士后

张　琦　中国社会科学院财经战略研究院　助理研究员

冯永晟　中国社会科学院财经战略研究院　助理研究员

# 前　言

2012 年 1 月，我院接到中央布置的"深化经济体制改革研究课题"任务。院长陈奎元同志亲自布置，从全院抽调科研骨干组成了调研组，由我任组长。

调研组成立后，春节前我们对这个课题要研究和解决的问题进行了梳理，对党的十四大以来关于经济体制改革的重要文件进行了学习，对理论界关于深化经济体制改革的一些主要思路和主张进行了整理，在此基础上，我们拟定了较为详细的调研提纲，调研组内部进行了分工，并选择了调研的地方，确定了工作进度。

从 2 月 5 日到 2 月中旬，调研组先后到广东、安徽和浙江省进行了调研，分别与广东省、安徽省和广州市、合肥市、温州市的有关政府部门的负责人，以及企业家和理论界的同志们进行了座谈，听取了他们的意见和建议。

调研组回到北京后，经过一段时间的研究，形成了五篇分报告，在此基础上又形成了总报告。然后，课题组召开了两次小型的内部研讨会。参加者除调研组全体成员外，还有院内外少数专家、学者。大家对这些研究报告提出了不少修改意见。根据这些意见，调研组四易其稿，于 3 月初完成了全部研究报告的定稿。

调研组认为，今后 5~10 年，我国深化经济体制改革的目标和主要任务是建设成熟的社会主义市场经济体制，这成为我们此项研究成果的核心判断，也成为我们这项研究成果的总标题。

完成交办任务后，课题组又花了半年多时间，进一步充实资料，完善理论，对我国在建设成熟的社会主义市场经济体制上所面临的战略性挑战进行了全面的分析，就相应的对策思路做了系统的阐述。眼前呈现给读者的这部著作就是我们后续扩展研究的成果。我们的基本认识大致可分为以下三个组成部分。

## 一、中国已进入建设成熟的社会主义市场经济体制新阶段

改革开放以来，我国始终坚持市场取向的改革。党的十四大明确提出了经济体制改革的目标是建立社会主义市场经济体制，党的十四届三中全会具体勾画出了社会主义市场经济体制的基本框架。此后，经过多年的改革，到 20 世纪末，社会主义市场经济体制的框架已基本形成。进入新世纪后，党的十六大进一步做出了"完善社会主义市场经济体制"的部署；党的十六届三中全会对建成完善的社会主义市场经济体制和更具活力、更加开放的经济体系做出了专门的安排，提出了深化改革的一系列任务。

经过 30 多年的改革开放，我国基本实现了由传统计划经济向社会主义市场经济的重大转变，社会主义市场经济体制的基础得以确立。但一些深层的体制性障碍依然存在，与社会主义市场经济体制完善、定型的最终目标相比，还有不小的距离。面对发展方式转型升级的巨大压力，以及利益关系和社会矛盾多元交织的复杂局面，深化改革面临着新的形势和要求。邓小平同志在 1992 年的南方谈话中指出："恐怕再有三十年的时间，我们才会在各方面形成一整套更加成熟、更加定型的制度。在这个制度下的方针、政策，也将更加定型化。"①邓小平同志将我国社会主义市场经济体制的成熟和定型时间大致指向 2020 年。邓小平同志的预期，与我国改革开放的进程，以及我们当前改革开放面临的形势和任务，大体是相吻合的。因此，未来十年中国完善社会主义市场经济体制的任务将进入建设"成熟社会主

---

① 邓小平：《在武昌、深圳、珠海、上海等地的谈话要点》，《邓小平文选》第三卷，人民出版社，1994 年。

义市场经济体制"的新阶段。在成熟的社会主义市场经济体制建成以后，社会主义市场经济体制仍然还有一个不断完善的过程。

成熟的社会主义市场经济体制，是能够自我调整、自我完善和自我演进的经济制度。其标志主要体现在以下七个方面。

第一，社会主义基本经济制度定型，微观基础充满活力。公有制为主体、多种所有制经济共同发展是我国社会主义初级阶段的基本经济制度。在此制度基础上，形成各种所有制经济平等使用生产要素、公平参与市场竞争、同等受到法律保护并接受监督管理的格局。在国有经济内部，拥有开放的产权结构，国有资本有进有退、合理流动，非国有资本能够参与国有资本置换。个体私营经济转型升级、提高素质，国有资本和各类非国有资本相互渗透和融合，形成以股份制为主要形式的混合经济格局。国有企业真正成为适应市场的法人实体和竞争主体。个体私有经济等非国有经济和国有经济共同构成社会主义市场经济的基础。

第二，现代市场体系形成，市场在资源配置中的基础性作用充分发挥。拥有发达的商品和生产要素市场，充分实现市场化的要素价格形成机制。拥有完善的市场准入和退出机制，打破行业垄断和地区封锁，实现商品和各种要素在全国范围的自由流动和充分竞争。

第三，具有完备的与社会主义市场经济相适应的法律体系，以法治为基础的市场经济制度形成。市场经济条件下的基本财产制度更加完善，保护社会组织、公民的合法财产不受侵害，保证各类性质的不同产权在市场交易中的平等权利。市场经济条件下的契约关系和信用关系更加完善，确保社会正常的信用秩序。

第四，政府与市场的边界清晰，服务型政府形成。按照政企分开、政资分开、政事分开以及政府与市场中介组织分开的原则，合理界定政府职责范围。政府在提供优质公共服务、维护社会公平正义中发挥基础性作用。在调节经济方面，主要运用经济和法律手段进行间接调控。在监管市场方面，反对垄断，消除市场壁垒，为市场公平竞争创造和维护必要的制度环境。在社会管理方面，通过政府和社会协同治理，维护社会公正、社会秩序和社会稳定。

第五，利益分配格局和社会福利制度充分体现社会公平和正义。实现按劳分配与生产要素按贡献参与分配相结合。生产要素按其在财富形成中的贡献参与分配，在保证机会均等和规则平等的前提下正向激励个人的努力程度，充分激发要素供给者的积极性和创造性。拥有健全的再分配调节机制，规范的收入分配秩序，形成合理稳定的社会结构，中等收入者的比重达到总人口的 60% 以上。

第六，建成和谐的公民社会。充分激发社会活力，发挥社会组织和社会成员的创造力。广泛吸收社会组织参与公共政策的制定，鼓励其承担更多的公共服务供给职能，形成广大公民自我管理、自我服务的社会自治规则。顺应经济成分多元化和社会力量多元化的趋势，建立与市场化相适应的社会秩序。

第七，改革和开放相互协调、相互促进的新格局形成。通过一套既坚持对外开放，又保护国家利益的平衡机制，确保对外开放在更高的水平上推进，并确保改革与开放互动渠道的畅通。

建设成熟的社会主义市场经济体制，要从全面制度创新的高度，谋划改革的方略、路径和动力问题：一是重聚改革共识，增强改革动力。二是注重顶层设计和顶层推动。三是尊重地方和企业的改革首创精神。四是突出改革的整体性，推动改革的多层次协调配套。

为了强化顶层推动，推进改革的协调配套，需要设置高层次、跨部门、利益相对超脱的统揽改革全局的机构。该机构的主要职能是为中央提供改革决策的建议和意见；指导地方和部门的改革；协调各部门、各地区改革机构；督促地方和部门按中央部署进行改革，及时反馈改革动向和意见。

## 二、加快政府行政管理体制改革是建设成熟的社会主义市场经济体制的关键

党的十六届五中全会提出，加快行政管理体制改革是全面深化改革和提高对外开放水平的关键。未来建设成熟的社会主义市场经济体制，要在企业—市场—政府的关系中实现协调与平衡。从当前整个经济体制改革的

进程看，企业和市场这两个环节的改革已经取得了比较大的进展。而行政管理体制改革明显滞后，是最大的"短板"。由于它的滞后和牵制，很多关键领域和重要环节的改革陷入胶着状态，有的甚至处于"不进则退"的状态。这就需要尽快"补短"，寻求行政管理体制改革的突破性进展。

应着力推进大部门制改革。应按照精简、统一、效能的原则，探索新的行政管理体制架构，优化政府组织结构。在推进大部门制改革的进程中，应结合审批制改革，减少或撤并直接从事或干预微观经济活动和社会事务的机构；同时加强和完善从事公共服务和社会管理的机构。

在实行大部门体制基础上，针对某些方面权力过于集中、缺乏有效监督，以及执行不力的问题，应创新完善行政运行机制，建立行政决策权、执行权、监督权既相互制约又相互协调的权力结构，形成权责一致、分工合理、决策科学、执行顺畅、监督有力的行政管理体制。

政府组织机构的重组和优化，应坚持"统筹联动"的原则，即政府部门与党群部门改革联动、行政机关机构改革与事业单位改革联动、中央与地方以及地方各级政府机构改革联动。现阶段在理顺上下级政府机构设置，实现政府部门（条）与地方（块）联动方面显得尤为迫切。

行政管理体制改革应与政府职能转变相结合。推进大部门制改革，不是单纯的合并、分拆或精简，必须以政府职能的科学合理界定作为主要的前提。如果没有政府职能转变，仅仅在行政管理体制架构上做文章，只能流于形式。

政府一切行政活动的终极目标是以最小的负担，让居民获取最大的福祉，即税负和公共服务的最佳组合。"以经济建设为中心"并不意味着各级政府直接从事生产经营活动。在政府职能界定中，应始终坚持能由市场做的交给市场做，能由企业做的交给企业做，能由社会完成的交给社会组织完成的原则。政府需要从一个无所不包的系统，逐步变为一个有限并有效地提供公共服务的系统，让市场、社会机制在资源配置和社会有序化方面发挥更多的主导作用。

事业单位改革的基本思路是，进一步减少事业单位数量，缩小规模。凡是承担行政职能的事业单位，应逐步回归政府系统；凡是从事生产经营活动的事业单位，应逐步转为企业。对于剩下的真正的公益性单位，国家应全部承担起职责。只要是各级政府直接举办的公益性的事业单位，其公益性质应该是一样的，不应对其公益性质进行区分，也应该一视同仁地保障职工薪酬、福利待遇，并通过公共财政提供事业发展所需的各类条件，而不能逼迫公益单位自主创收解决其薪酬和福利待遇问题。如果政府财力和其他条件不足，可以适当收缩公益性事业单位的范围、战线和机构数量。允许和鼓励引导社会力量广泛参与公益性服务领域，大力兴办社会资本投资的非营利社会服务组织，形成服务提供主体多元化、提供方式多样化的社会服务新格局，努力为人民群众提供广覆盖、多层次的社会服务。

加快中央直属事业单位尤其是中央各个部委所属事业单位的统一改革。一是建立中央直属事业单位的创收上缴制度，尽快实现"收支两条线"；二是中央各个事业单位的名义工资收入水平及收入结构应当尽快一体化，实现同城同待遇、同级别同待遇，同时根据工作业绩实行差别化的绩效工资；三是整合中央单位离退休管理机构，建立中央直属部门和直属单位统一的养老金制度和社会保险管理机构；四是加快剥离事业单位内部经营单位，转换为独立的市场主体；五是为了减少事业单位的数量和人员，避免研究成果的部门化倾向和低水平重复，应整合部门研究咨询机构，把它们整合成综合性的研究决策咨询机构。

## 三、建设成熟的社会主义市场经济体制，需推进重点领域、关键环节的改革

继续对国有经济布局进行战略性调整，深化国有企业改革。第一，要继续推进国有资本有进有退的布局调整。第二，建立新型国有企业制度。在全民所有的实现方式上，很好地体现民有民享的性质，使全体人民更切实地、直接地分享国有企业发展成果。第三，启动垄断行业新一轮改革。第四，继续深化国有资产管理体制改革。进一步强化政府的国有资产出资人职能，健全国有资本经营预算、收益分配和国有企业经营业绩考核制度，扩大国有资本经营预算实施范围，逐步提高国有资本收益上缴比例，国有

资本收益全部纳入公共财政预算中。人大应加强对国有企业预算的审查、收益分配和使用的监督。

继续大力发展个体私营经济。第一，必须进一步明确个体、私营经济的社会属性和发展定位。第二，为个体、私营经济大力发展创造条件。加大对小微型企业的融资支持力度，鼓励和积极引导私营企业通过资本市场进行直接融资，支持民间资本参与银行和非银行金融机构发展。要继续坚持结构性减税，进一步清理和规范涉企收费，切实减轻小微型企业的税费负担。第三，进一步提升个体、私营经济的整体素质。

建立健全公共财政制度。第一，以公共化为目标，以逐步消除二元财政体制为主线，致力于促进发展方式的转变；第二，健全财税的收入分配功能；第三，从改善民生入手，大力调整财政支出结构；第四，坚持预算的完整性、科学性和严肃性原则；第五，加快新一轮税费制度的改革步伐；第六，进一步明确各级政府之间的事权和支出责任，通过税权划分、转移支付机制改革等措施确保事权、支出责任与财力相匹配。

全面推动金融改革、开放与发展。第一，坚持金融服务实体经济的本质要求，构建多层次、多样化、适度竞争的金融服务体系，为经济社会发展提供更多优质金融服务；第二，加快金融市场的改革，完善市场化的间接调控机制，逐步增强利率、汇率等价格杠杆的作用；第三，加强和改进金融监管，切实防范系统性金融风险；第四，加快多层次资本市场体系建设，证券发行实行登记制，加快发展债券市场，为不同规模、不同类型、不同成长阶段的企业提供多元化、多层次的金融服务。

建设成熟的社会主义市场经济体制是我国的经济转型和经济改革进入新阶段后面临的新任务，我们在这方面的研究才刚刚起步，许多认识和判断还有待深化，不足之处在所难免，欢迎关心这一问题的同行和朋友参与我们的讨论，多提批评和建议。

陈佳贵

2012 年 11 月 18 日

# 目 录

# 图表目录

# 1. 建设成熟社会主义市场经济体制新阶段

　　改革开放以来，中国始终坚持市场取向的改革。党的十四大明确提出经济体制改革的目标是建立社会主义市场经济体制，党的十四届三中全会具体勾画出社会主义市场经济体制的基本框架。此后经过多年的改革，到20世纪末，社会主义市场经济体制的框架已基本形成。进入21世纪后，党的十六大进一步做出了"完善社会主义市场经济体制"的部署。为此，党的十六届三中全会对建成完善的社会主义市场经济体制和更具活力、更加开放的经济体系做出了专门的安排，提出了深化改革的一系列任务。

　　经过30多年的改革开放，中国基本实现了由传统计划经济向社会主义市场经济的重大转变，新型的社会主义市场经济体制的基础得以确立。但是，我们也应该认识到：一些深层的体制性障碍依然存在。与社会主义市场经济体制完善定型的最终目标相比，还有不小的距离。面对发展方式转型升级的巨大压力，以及利益关系和社会矛盾多元交织的复杂局面，深化改革面临着新的形势和要求。

　　未来十年，中国完善社会主义市场经济体制的任务将进入到建设"成熟社会主义市场经济体制"的新阶段。加快政府行政管理体制改革是这一阶段改革的关键；同时，一些重点领域、关键环节的改革也需要加快推进。

## 1.1 经济体制改革的主要进展

### 1.1.1 基本经济制度和微观主体重塑方面的改革进展

所有制结构和企业制度是经济体制的基础。改革开放以来，先从农村实行家庭联产承包责任制开始，进而推进到城市的国有企业以及其他公有制企业改革，并相应地发展各种类型的非公有制经济，中国一直把微观经济基础的改革作为经济体制改革的中心环节。经过 30 多年的努力，已经初步确立了以公有制为主体、多种所有制经济共同发展的社会主义初级阶段基本经济制度，现代市场经济所要求的微观经济基础已经初步形成。

**1. 所有制改革**

所有制改革的重要方面是逐步放松对非国有经济尤其是非公有制经济的限制，使其逐步取得合法地位并促其发展壮大。经过 30 多年的改革，私营经济、个体经济和外商投资经济等非公有制经济在非农部门迅速崛起，已经成为中国微观经济基础充满活力的一部分。截至 2010 年年底，全国登记注册的私营企业 845.5 万户，从业人数 9417.6 万人；个体工商户 3452.9 万户，从业人数 7007.6 万人。由此，非国有经济主要是非公有经济在国民经济中的比重明显上升。从价值创造的所有制结构看，以国民经济的主要部门工业为例，1978 年，非国有制经济（主要是集体经济）在工业总产值中的比重为 22.4%；而 2010 年规模以上工业总产值中，非国有经济的比重已经达到 73.4%。从固定资产投资的所有制结构看，非国有经济的比重从改革开放之初（1980 年）的 18.1%提高到 2010 年的 57.7%，上升了 39.6 个百分点。从就业的所有制结构看，城镇中各种非国有单位的比重从 1978 年的 21.7%提高到 2010 年的 50.1%，上升了 28.4 个百分点。

**2. 国有企业改革**

国有企业改革是中国经济体制改革的中心环节。改革开放初期，改革的主要思路是放权让利，增强企业活力。1993 年之后，与建立社会主义市场经济体制相适应，按照"产权清晰、权责明确、政企分开、管理科学"

的要求，着手建立现代企业制度。2003 年之后，在构建现代企业制度方面，又按照"归属清晰、权责明确、保护严格、流转顺畅"的思路探索建立现代企业产权制度。与此同时，从 20 世纪 90 年代中后期开始，国有经济布局层面的改革也开始推开，强调"抓大放小"。进入 21 世纪，又着手推进国有资产管理体制的改革，中央、省、市（地）三级国有资产监管体制框架基本建立。经过多年的改革，初步判断，到目前为止，国有企业产权改革的实施面，小企业为 85%~90%，中型企业为 50%~60%，大型企业也占到一定比例。从几年前的情况看，就国家统计局统计的国家重点企业中的 2524 家国有及国有控股企业看，2005 年底已有 1331 家改制为多元股东的股份制企业，改制面为 52.7%。根据近几年的改革动态可以判断，目前还大体保持这一比例。

### 1.1.2 建设市场体系和完善市场机制方面的改革进展

建立社会主义市场体系是中国经济体制改革的重要方面。改革开放以来，一直把培育市场体系、发挥市场配置资源的积极作用作为一条重要战线加以推进。经过 30 多年的努力，目前除垄断性行业和少数重要领域外，市场机制在经济运行中已基本成为基础性调节机制，无论是国民经济的总体市场化程度，还是商品的市场化程度以及部分要素的市场化程度，都有了相当程度的提高。

**1. 建立和完善商品市场**

中国国民经济的市场化始于商品生产流通领域，基本上沿着两条路径展开：一是建立各类市场，主要是工业消费品市场、农产品市场和生产资料市场；二是引入并培育市场价格机制、供求机制和竞争机制。经过 30 多年的改革，各种类型的商品市场迅速发展起来。更重要的是，价格形成机制发生了根本性的变化，除少数基础产品和生活必需品由政府管理价格外，绝大多数商品的价格都已经由市场来决定。

**2. 发展各类要素市场**

相对于商品市场而言，包括资本市场、劳动力市场和土地市场在内的要素市场发展相对滞后一些，但也取得了一定进展。

（1）资本市场。

自 1981 年恢复发行国库券和 1988 年允许居民持有的国库券进行流通以来，中国的资本市场从单一的政府债券发行市场发展到以股票、债券为主体的多种证券形式并存、集中交易与场外分散交易相协调的全国性资本市场体系，并且随着 2004 年中小企业板市场以及 2009 年创业板市场的设立，多层次的资本市场体系也初具雏形。以股票市场为例，自 1990 年和 1991 年上海证券交易所和深圳证券交易所相继成立以来，股票市场规模不断扩大。境内上市公司（A 股、B 股）的数量从 1992 年的 53 家增加到 2011 年的 2342 家，股票市价总值也由 1084 亿元增加到 21.48 万亿元。特别是自 2005 年 5 月开始，上市公司进行了股权分置改革，截至 2007 年底，沪、深两市共有 1298 家上市公司完成或已进入股改程序，占应改革上市公司的 98%，对应的市值比例达到 98%，使股票市场进入全新的发展阶段。

与此同时，20 世纪 90 年代中期以来，中国按照先将货币市场利率和债券市场利率市场化，再逐步推进存贷款利率市场化的思路，稳步推进资金价格—利率—形成机制的市场化改革进程。从目前来看，货币市场利率（银行同业拆借、贴现、转贴现等）、债券市场利率（国债、金融债和企业债等）、外币市场利率均已基本实现市场化。贷款利率实行下限管理，但在信贷需求旺盛、资源稀缺的情况下，其在实质上也基本实现市场化，特别是在 2012 年年中调整贷款基准利率及其浮动区间后，贷款利率市场化接近完成。存款利率实行上限管理，但借助信托理财、协议存款、财政存款招标等替代方式也已达到部分放开的效果，特别是 2012 年年中允许存款利率上浮至基准利率的 1.1 倍，是改革存款利率上限管理的突破性尝试。

（2）劳动力市场。

改革开放以来，伴随着所有制结构的调整尤其是非公有制经济的迅猛发展，企业劳动用工制度的改革以及农业剩余劳动力流动就业障碍的逐步减少，中国的劳动力市场得以快速发展，劳动力价格的市场化程度不断提高。特别是传统计划经济体制下城乡人口完全隔绝、禁止迁移与流动的格局被彻底打破，农业剩余劳动力异地就业和非户籍迁移的政策环境逐渐趋于宽松。20 世纪 90 年代之后，农民外出就业者以每年几百万的规模迅速增加，外出务工已成为农业剩余劳动力转移的主要渠道（在农村居民人均纯收入构成中，工资性收入占比已经从 1990 年的 20.2% 提高到 2011 年的 42.5%，上升了 22.3 个百分点）。据估计，目前农民工已经占到产业工人总数的 1/3 以上。从目前来看，尽管仍存在着户籍制度的障碍特别是户籍身份上所附着的福利差异问题，但不可否认的是，中国城乡劳动力市场一体化的程度是在不断加深的。

（3）土地市场。

从 20 世纪 80 年代中期开始，中国逐步推行土地有偿使用制度，并尝试性引入国有土地使用权招标拍卖制度；从 90 年代中后期开始，加快推动土地要素的市场化配置进程，逐步扩大市场形成土地价格范围。1999 年广东、浙江、江苏三省建立国有土地招标拍卖挂牌制度，2004 年在全国范围内确立了国有经营性用地招拍挂制度，2006 年首次把工业用地纳入招拍挂范围。之后几年，招拍挂出让土地面积占全部出让土地面积的比例不断提高，2011 年通过招拍挂出让土地面积占全部出让国有建设用地面积的比例达到 91.3%（见图 1–1）。此外在农村，20 世纪 90 年代后期土地使用权开始流转，农民在实践中创造了转包、转让、租赁（包括反租倒包）、置换及土地入股等多种流转方式，农村土地使用权流转市场也在探索建立中。

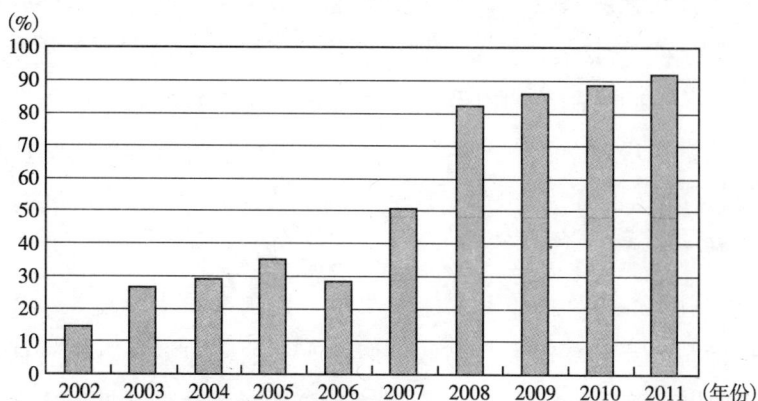

图 1–1 近年来招拍挂出让土地面积占全部出让土地面积的比例变动情况

资料来源：相关年份《国土资源公报》。

### 1.1.3 政府管理体制的改革进展

政府管理体制改革的重点是政府宏观经济管理体制的改革。其中的一个重要进展是自确立社会主义市场经济体制目标以来，在建立健全宏观调控体系方面做了大量探索，实现了从直接管理向以间接管理为主的转变，以经济杠杆为主要管理手段的宏观调控体系基本建立。

**1. 财税体制改革**

过去 30 多年的财税体制改革，首先是从对地方和企业的放权让利入手的，实施了"分灶吃饭"的财政包干制。随后按照建立社会主义市场经济体制的改革目标，1994 年改革取得重大突破，实施了中央和地方的分税制改革，建立了以增值税为主体、消费税和营业税为补充的流转税制度，并尝试建立由政府公共预算和国有资产经营预算构成的复式预算制度。

进入 21 世纪以来，财税体制改革又进一步转向以逐步实现基本公共服务均等化为目标的公共财政体系建设；同时，推动税制的进一步改革，包括增值税从生产型向消费型的转变以及增值税扩围改革，统一内外资企业所得税，完善资源税和实施成品油税费改革，推行物业税试点等；此外在预算制度方面，推行了部门预算改革、国库集中支付制度改革、政府采购制度改革和"收支两条线"管理制度改革，以及实行国有资本经营预算制度。经过 30 多年的改革，传统计划经济体制下高度集中、统收统支的财政体制、过于单一的税制结构以及单式预算制度均已被打破，财政分配中的一些基本关系初步理顺，一个适应社会主义市场经济体制要求的财税体制框架基本形成。

**2. 金融体制改革**

金融体制改革涉及金融组织体系改革、金融市场体系改革、政府金融宏观调控体制改革（事实上，与政府职能有关的还包括金融监管体制改革和国有金融资产管理体制改革）。仅就金融宏观调控体制改革而言，社会主义市场经济体制目标确立后，按照建立并完善金融间接调控的思路，金融体制改革主要在三个层面上进行。

在调控主体方面，首先明确了中国人民银行作为中央银行实施金融宏观调控的地位和职责；之后为增强央行执行货币政策的权威性，1998 年对中国人民银行管理体制进行改革，由省级分行设置转变为大区行设置；同时为使央行专注于货币政策的执行，也为提高中国人民银行的独立性，先后于 1992 年、1998 年和 2003 年将证券业监管职能、保险业监管职能以及银行业监管职能从中国人民银行的职能中剥离出来，由此实现了货币政策与金融监管特别是银行监管职能的分离。

在调控客体方面，实行政策性金融与商业性金融分离，组建政策性银行，将原各专业银行转变为国有商业银行，同时逐步发展股份制和区域性商业银行以及各种非银行金融机构。近年来，进一步深化国有独资商业银行改革，中国工商银行、中国农业银行、中国银行、中国建设银行四大国有商业银行均已完成股份制改造。同时推进政策性银行改革，国家开发银行成为首家由政策性银行转型而来的商业银行。此外还进一步推动金融组织创新，发展新型农村金融机构和小额贷款公司。

在调控方式方面，从主要依靠信贷规模管理，转变为运用存款准备金率、中央银行再贷款利率和公开市场业务等货币政策工具；为完善市场化的金融调控方式，1998 年取消了对国有商业银行贷款规模的限额控制，还将各金融机构在中央银行的法定存款准备金账户和备付金账户统一合并为准备金存款账户；为丰富货币政策工具，发行了中央银行票据，以对冲外汇占款增长带来的基础货币投放，形成具有中国特色的公开市场业务操作框架。

通过上述改革，一个符合社会主义市场经济体制要求的金融调控体制框架基本形成。

## 1.1.4 收入分配制度和社会保障制度方面的改革进展

在收入分配制度上，改革的基本方向是从平均主义、"大锅饭"转变为以按劳分配为主体，多种分配方式并存，把按劳分配和按生产要素分配结合起来；同时兼顾效率与公平，既保护合法收入、取缔非法收入，又调节过高收入、保障低收入者的基本生活。经过 30 多年的改革，传统的平均主义分配制度已经基本打破，以按劳分配为主、多种分配方式并存的分配制度初步确立，资本、土地（使用权）等传统生产要素逐步纳入收入分配范畴，技术、管理等现代生产要素也开始以"人力资本"方式转化为股份资本参与分配。由此，居民特别是城镇居民收入来源构成也发生了相应变化：作为劳动所得的工薪收入仍是城镇居民收入的主要来源，但其比重已有所下降；而经营性收入和财产性收入等非工薪收入比重有所加大（见图 1-2）。同时，由于兼顾了效率与公平，国民收入在居民部门、企业部门与政府部门之间的分配格局发生了重大变化。从现有资料支撑的 2008 年的国民收入宏观分配格局看，居民所得约占 57.1%，企业所得约占 21.6%，政府所得约占 21.3%。这表明，居民已成为重要的储蓄主体，<sup>①</sup>部分经营较好的企业也开始形成自我发展的能力，政府也在不断积蓄可用于收入调节的财政能力。这种变化，是符合由计划经济向社会主义市场经济体制转变要求的。

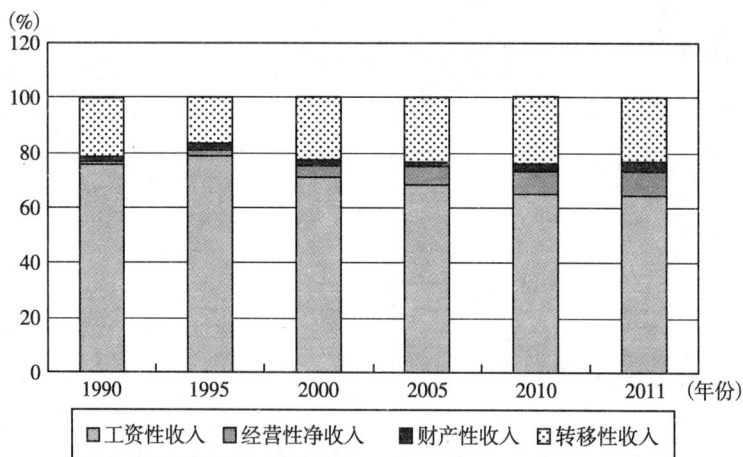

**图 1-2 1990 年以来城镇居民年收入来源结构变化情况**
资料来源：《中国统计摘要 2012》。

在社会保障制度方面，改革的基本方向是建立包括社会保险、社会救济、社会福利、优抚安置和社会互助、个人储蓄积累保障等在内的多层次的社会保障制度。从 20 世纪 90 年代中期开始，按照为市场经济提供"减

---

① 需要指出的是，由于近年来城乡居民（特别是农村居民）可支配收入的增速相对于同期 GDP 增速而言一般偏低，而政府财政收入和企业利润的增速则普遍高于同期 GDP 增速，导致居民部门可支配收入在国民收入分配中的份额以及居民储蓄占国民总储蓄的比重有所下降，而政府部门和企业部门的收入比重和储蓄比重则有所上升。

震器"和"安全网"的要求，加快推进以养老保险、医疗保险、失业保险和最低生活保障为重点的社会保障制度改革。特别是近年来在推行新型农村合作医疗制度、城镇居民基本医疗保险制度、农村最低生活保障制度、新型农村社会养老保险制度等方面取得一定进展。在养老保险方面，截至2011年年末，全国参加城镇职工基本养老保险人数28392万人，其中参保职工21574万人，参保离退休人员6819万人。全国有27个省、自治区的1914个县（市、区、旗）和4个直辖市部分区县开展国家新型农村社会养老保险试点，全国列入国家新型农村社会养老保险试点地区参保人数32643万人。在医疗保险方面，截至2011年年末，参加城镇基本医疗保险的人数47291万人，其中参加城镇职工（包括参保职工和参保退休人员）基本医疗保险人数25226万人，参加城镇居民基本医疗保险人数22066万人。截至2011年年底，2637个县（市、区）开展了新型农村合作医疗工作，参合人数8.32亿人，参合率97.5%。此外，截至2011年年末，参加失业保险的人数14317万人；得到政府最低生活保障的城镇居民2277万人，农村居民5313万人。从总体上看，新型社会保障体系框架已基本形成，社会保障的覆盖范围正在不断扩大。

## 1.1.5  对外开放方面的主要进展

在不断深化经济体制改革的同时，中国也在不断扩大对外开放的地域和领域，2001年年底加入世界贸易组织（以下简称WTO），逐渐形成全方位、多层次、宽领域的对外开放格局。在此基础上，中国的对外贸易和利用外资都获得长足发展。

从对外贸易规模看，在1978年到2010年的32年间，中国货物进出口总额从206亿美元增至29740亿美元，增长143倍；在世界贸易中的比重和排名从1978年的0.75%和第32位上升到2010年的9.7%和2009年以来的第2位，中国贸易大国的地位得以确立。特别是加入WTO后，中国的对外贸易尤其活跃：2002~2010年，外贸进出口总额增长3.8倍，累计进出口总额达157276亿美元，占改革开放32年进出口总额的78.5%。与此同时，改革开放以来中国出口商品结构不断优化：工业制成品出口所占比重逐渐超过初级产品并占据绝对优势，机电产品和高新技术产品等高附加值产品出口比重亦不断上升。

从利用外资方面看，截至 2010 年年底，中国累计实际吸收外商直接投资 12504.43 亿美元。特别是加入 WTO 后的 2002~2010 年，9 年间累计吸收外商直接投资 6562.51 亿美元，占改革开放 32 年来外商直接投资总额的 52.5%。根据联合国贸易和发展会议（UNCTAD）的统计，2010 年中国吸收外商直接投资额连续第 18 年居发展中国家首位，并且自 2009 年以来上升为全球第二大直接外资接受国（位居美国之后）。

## 1.2 经济体制改革中现存的矛盾与问题

### 1.2.1 政府职能转变严重滞后

中共十七大报告中提出要"加快行政管理体制改革"，但从过去几年的实践看，进展不甚显著，特别是在政府职能转变方面。就目前来看，政府主导经济发展的模式还没有完全触及，政府部门仍然大量通过投资项目审批、市场准入、价格管制等手段直接干预企业的微观经营活动。而且，近年来，政府以宏观调控的名义进一步强化了对微观经济活动的干预。特别应当看到的是，各级政府仍将精力相对较多地投入生产经营领域，承担了大量的经济建设职能，因此还具有典型的建设型政府特征。

根据国际货币基金组织 2008 年《政府财政统计年鉴》的资料，我们对有关国家政府根据职能分类的财政支出结构作了比较（选择 2007 年的数据，主要是为了剔除金融危机这一非常态事件下政府深度介入经济事务对财政支出结构的扭曲性影响）。从表 1-1 可以看出，无论是与发达经济体还是与新兴和发展中经济体相比，无论是与转轨经济体还是与具有政府主导传统的东亚经济体相比，中国政府在经济事务①方面的支出比例均显著偏高。在

---

① 按照国际货币基金组织的政府财政统计标准，经济事务包括一般经济、商业和劳工事务，农业、林业、渔业和狩猎业，燃料和能源，采矿业、制造业和建筑业，运输，通信，其他行业，经济事务研究和发展，未另分类的经济事务等。

所有可获得数据的国家中，中国是除了不丹之外经济性支出占比最高的国家，比次高的国家高出了 13 个百分点左右。当然，从中央层面看，中国政府的经济性支出占比在有关国家比较中并不是特别突出（见表 1-2），因此，所谓政府的"建设型"，目前主要体现在地方层面。

**表 1-1 中国与若干国家政府财政支出结构的比较（2007）**

单位：%

| 国别 | 一般公共事务 | 国防 | 公共秩序和安全 | 经济事务 | 环境保护 | 住房与社区生活设施 | 健康 | 文化娱乐和宗教事务 | 教育 | 社会保障 |
|------|------|------|------|------|------|------|------|------|------|------|
| 中国 | 18.2 | 5.24 | 4.98 | 37.68 | 3.21 | 0.44 | 2.51 | 1.27 | 9.32 | 17.15 |
| 美国 | 13.47 | 11.54 | 5.71 | 9.98 | — | 1.85 | 21.06 | 0.87 | 16.93 | 18.59 |
| 德国 | 13.61 | 2.41 | 3.51 | 7.23 | 1.10 | 1.93 | 14.01 | 1.36 | 9.09 | 45.75 |
| 法国 | 13.28 | 3.39 | 2.41 | 5.36 | 1.66 | 3.62 | 13.72 | 2.90 | 11.24 | 42.41 |
| 意大利 | 15.98 | 3.14 | 3.89 | 10.23 | 1.83 | 2.16 | 12.75 | 3.05 | 11.22 | 35.93 |
| 日本 | 12.91 | 2.59 | 3.89 | 10.55 | 3.55 | 1.81 | 19.60 | 0.43 | 10.74 | 33.93 |
| 新加坡 | 12.37 | 27.99 | 6.24 | 9.81 | — | 12.19 | 6.04 | 0.48 | 20.82 | 4.07 |
| 波兰 | 12.58 | 3.89 | 4.72 | 10.15 | 1.40 | 1.70 | 10.62 | 2.64 | 12.72 | 39.57 |
| 乌克兰 | 7.66 | 3.04 | 5.25 | 13.54 | 0.66 | 2.00 | 9.05 | 1.90 | 14.01 | 42.89 |

资料来源：IMF：《政府财政统计年鉴 2008》。

**表 1-2 中国与若干国家中央政府财政支出结构的比较（2007）**

单位：%

| 国别 | 一般公共事务 | 国防 | 公共秩序和安全 | 经济事务 | 环境保护 | 住房与社区生活设施 | 健康 | 文化娱乐和宗教事务 | 教育 | 社会保障 |
|------|------|------|------|------|------|------|------|------|------|------|
| 中国 | 60.49 | 11.37 | 1.82 | 19.67 | 0.03 | 0.27 | 0.16 | 0.32 | 1.22 | 4.65 |
| 美国 | 13.40 | 19.96 | 1.53 | 5.91 | — | 1.95 | 25.18 | 0.15 | 2.39 | 29.54 |
| 德国 | 14.56 | 3.68 | 0.50 | 5.37 | 0.06 | 0.71 | 20.35 | 0.15 | 0.59 | 54.03 |
| 意大利 | 19.98 | 3.52 | 4.08 | 6.39 | 0.40 | 0.50 | 13.54 | 0.83 | 10.9 | 39.87 |
| 韩国 | 24.02 | 11.33 | 5.48 | 17.63 | — | 4.42 | 0.99 | 1.01 | 15.36 | 20.73 |
| 新加坡 | 12.37 | 27.99 | 6.24 | 9.81 | — | 12.19 | 6.04 | 0.48 | 20.82 | 4.07 |
| 波兰 | 13.88 | 4.63 | 5.29 | 6.80 | 0.21 | 0.42 | 11.58 | 0.90 | 11.48 | 44.82 |
| 乌克兰 | 23.52 | 3.65 | 6.24 | 11.58 | 0.58 | 0.59 | 3.10 | 0.84 | 5.81 | 44.08 |
| 智利 | 7.71 | 6.51 | 7.02 | 14.30 | 0.32 | 1.49 | 15.94 | 0.71 | 17.24 | 28.76 |
| 墨西哥 | 38.36 | 3.04 | 2.72 | 8.11 | | 6.92 | 4.95 | 0.56 | 24.73 | 20.12 |

资料来源：IMF：《政府财政统计年鉴 2008》。

相对于经济建设职能的突出地位，政府的公共服务职能仍然偏少、偏弱。"十一五"以来，虽然按照新发展观和构建公共财政的理念，财政支出向教育、医疗卫生、社会保障等公共服务领域给予了更大程度的倾斜，但同国际标准相比，投入仍然偏低。

**1. 政府教育支出方面**

从公共教育支出占 GDP 的比重看，近年来虽有所提高，但仍未改变多年来在 2%~3%水平徘徊的局面，不仅在国际比较中远低于世界平均水平（2008 年为 4.6%），甚至不及不发达国家的水平（2010 年低收入国家已达到 4.5%），而且，与中国政府早在 1993 年就发布的《中国教育改革和发展纲要》中所承诺的"要在 2000 年实现国家财政性教育经费占国民生产总值 4%"的目标，存有一定差距。①

**2. 政府医疗卫生支出方面**

从公共卫生保健支出占 GDP 的比重看，根据世界发展指标数据库的信息，2009 年世界平均为 6.1%，其中高收入国家为 7.4%，中等收入国家为 2.9%，中国则为 2.3%，处于相对较低的水平。而根据卫生部《中国卫生统计摘要》的信息，中国政府预算卫生支出占 GDP 的比重多年来持续在 1%以下的水平，只是近几年才略有提高，2010 年也只达到 1.4%。再从公共医疗支出占总医疗支出的比重看，根据世界发展指标数据库的信息，2010 年世界平均水平为 62.8%，其中高收入国家为 65.1%，中等收入国家为 52%，而中国为 53.6%，低于世界平均水平。需要指出的是，世界银行的数据可能是按照世界卫生组织的统计标准，将医疗保险基金等社会保障资金用于卫生的支出也纳入其中，如果根据《中国卫生统计摘要》的数据，仅考虑政府预算卫生支出占卫生总费用的比例，则 2010 年仅为 28.7%。

**3. 政府社会保障支出方面**

从财政的就业和社会保障支出合计占当年财政支出和 GDP 的比重情况看，这几年提高到 10%和 2%左右的水平。但这两个比例即便与 20 世纪 90 年代中期的国际水平相比也明显偏低，当时高收入国家社会保障支出占财政支出的比重和占 GDP 的比重已分别达到 27.5%和 12.2%，中等收入国家

---

① 这里的判断是基于国家财政用于教育的支出占 GDP 的比重作出的。即使考虑更宽口径的国家财政性教育经费（包括各级财政对教育的拨款、征收用于教育的税费、企业办学中的企业拨款以及校办产业减免税等项）占 GDP 的比重（2006~2010 年分别为 3%、3.3%、3.5%、3.6%和 3.7%），上述判断可以说还是成立的。

也达到 15.7% 和 4.6%。从目前来看，在一些国家的公共财政体系中，社会保障及福利方面的公共消费是政府最主要的支出项目，一般能达到 40% 左右。

### 1.2.2 垄断性行业改革进展缓慢[①]

近年来垄断性行业改革虽然推出了一些举措，但总体上判断，还只是在既有体制框架内进行的初步改革，或者说浅层次的改革，还没有真正冲破传统体制的束缚。

**1. 商业化运营条件尚不充分**

首先是政企尚未分开。主要有两种情况：一种情况是政企仍然高度合一，典型的是铁路行业，铁道部既是行业管理者，又是具体业务的实际经营者。在这种体制下，行政性管控色彩浓重，不存在真正意义上的微观主体，很难按照商业化原则从事运营。另一种情况是初步实现了政企分开（如工信部与电信企业、民航局与民航企业），但政府部门仍可能对企业施加某种程度的影响，使企业的经营自主权无法得到充分的保障。

其次是价格管理体制并未理顺。由于基础设施所涉及的服务构成社会生产与生活的基础，因此长期以来，这些服务多被当做"社会性物品"而不是"经济性物品"来对待。价格标准由政府从社会福利的角度制定，存在人为低估的成分，通常无法弥补成本（包括日常运营和维护成本以及资本成本），更不要说盈利。当然，价格与成本偏离的程度在不同部门之间是有区别的。偏离程度比较大的是供水部门，还有电力与燃气部门等。在这种情况下，企业很难进行正常的运营。

**2. 有效竞争尚未形成**

有效竞争主要存在以下三个方面的问题：

第一，市场准入环境远未宽松。由于进入壁垒依然严重，导致在多数部

---

[①] 除垄断性行业改革滞后外，竞争性行业国有企业改革的形势也不容乐观。从面上看，国有企业数量仍然偏多，分布的领域仍然过宽，特别是在地方中小国有企业层次。从细胞层面看，虽然大多数国有企业已进行了公司制改革，但是国有股"一股独大"甚至是"一股独占"的现象还比较严重；虽然企业设立了股东会、董事会和监事会，但与现代市场经济相适应的公司法人治理结构及其运行机制尚未完全建立起来。尤其值得注意的是，近年来围绕加强国有企业控制力和提高产业集中度，在某些竞争性领域又出现了"再国有化"的趋势。这种体制性复归有悖于国有经济布局调整的改革方向，也挤压了非公有制经济的发展空间。

门竞争主体数量有限，产业集中度偏高。

第二，在位企业与新进入企业处于不对等竞争的状态。支配市场的原垄断企业在竞争方面较之新进入企业具有压倒性的先动优势，同时它还凭借自己的优势（特别是控制着"瓶颈"环节和网络基本设施）采取一些阻碍竞争的策略性行为，使得有效竞争难以实现。

第三，竞争主体资本属性的同质性偏高。也就是说，引入竞争的方式基本上是对国有企业进行拆分重组，新的市场进入者也基本上是国有企业，结果仅仅是打破了厂商垄断，而仍坚持国有资本"一统天下"。由此，引入竞争就只是为了拆分而拆分，就只是国有企业之间的利益调整或者作为所有者的国家管理企业的数量发生了变化，而并没有产生以明晰产权为基础的真正意义上的市场竞争主体，最终只能是预算软约束下国有企业之间的恶性竞争。其结果是既有效率低下之弊，又无规模效益之利。从另一个角度看，由于只是在单一国有或国有投资占主体的所有制结构中引入竞争，因此所有竞争者的利益主体只是一个，即国家国有资产所有者，这样，任何一个企业在竞争中被淘汰都将是国有资产的巨大损失。因此对于政府主管部门来说，它表面上可能希望引入一些竞争做"点缀"，但实际上并不愿在各个经营者之间鼓励真正的竞争，最终形成的只能是既非垄断也非真正竞争的局面。

### 3. 非国有资本进入依然有限

2005 年国务院《关于鼓励支持和引导个体私营等非公有制经济发展的若干意见》明确提出，允许非公有资本进入垄断行业、公用事业和基础设施领域。2010 年国务院又发布了《关于鼓励和引导民间投资健康发展的若干意见》，以进一步拓宽民间投资的领域和范围。作为配套举措，有关行业也各自出台了放宽非公有制经济市场准入的实施意见。但从目前来看，非公有资本的进入程度仍比较低。从 2010 年垄断性行业固定资产投资的情况看，由地方政府所管理的供气、供水等市政公用事业，民营资本进入稍多一些；而主要由中央管理的行业，民营资本则进入困难，在至今仍政企不分的铁路部门，私人资本进入微乎其微（见表 1-3）。即便在主体企业已进行了股份制改造和上市的电信业，仍然存在严重的国有资本"一股独大"现象。国家资本管理委员会（以下简称国资委）通过全资拥有集团公司间接控制了上市公司的绝大多数股权，此外，其他国有股东还持有一定股份，而可流通的公众股东的份额在总资产中是很有限的。

表1-3　垄断性行业的固定资产投资结构（2010）

单位：亿元

| 项目<br>行业 | 总投资额 | 其　中 | | |
|---|---|---|---|---|
| | | 国有控股 | 集体控股 | 私人控股 |
| 电力、热力的生产和供应业 | 11915.2 | 9247.1<br>(77.6%) | 506.6<br>(4.3%) | 1731.2<br>(14.5%) |
| 燃气的生产和供应业 | 964.2 | 568.3<br>(58.9%) | 28.4<br>(2.9%) | 279.1<br>(28.9%) |
| 水的生产和供应业 | 1711.9 | 1324.9<br>(77.4%) | 114.6<br>(6.7%) | 237.5<br>(13.9%) |
| 铁路运输业 | 7622.2 | 7381.1<br>(96.8%) | 75.4<br>(1%) | 159.2<br>(2.1%) |
| 城市公共交通业 | 2250.7 | 2133.4<br>(94.8%) | 59.4<br>(2.6%) | 29.2<br>(1.3%) |
| 航空运输业 | 892.5 | 816.8<br>(91.5%) | 16.8<br>(1.9%) | 4.4<br>(0.5%) |
| 电信和其他信息传输服务业 | 2007 | 1536.3<br>(76.5%) | 24.4<br>(1.2%) | 75.1<br>(3.7%) |

资料来源：根据《中国统计年鉴2011》有关数据计算所得。

**4. 科学监管尚未到位**

要建立科学的监管制度，基础性的工作是成立独立的监管机构执行监管职能。仅从这一点来看，进展也相对有限。概括而言，当前垄断性行业监管机构的设置主要有三种类型：一是政企、政资、政监合一型，典型的是铁路部门（铁道部）；二是政企、政资初步分开，而政监合一型，也就是有专门的政府行业管理机构，如电信（工业与信息化部）、民航（交通部民航局）、公路（交通部）、市政公用设施行业（住房与城乡建设部以及各地的建设部门），但政府行业管理机构同时执行监管职能；三是政企、政资、政监相对分开型，如电力行业（电监会）。从这一分类中可以看出，目前仅有电力行业成立了独立的监管机构。即便如此，在两个关键领域，即电价、电厂的建设及扩容的监管职能配置上，还与国家发展改革委员会存在着重叠。

## 1.2.3　要素市场化改革滞后

相对于较高程度的商品市场化水平，要素市场化水平长期偏低。近年来要素市场化改革虽有所推进，但政府对要素配置和价格形成直接干预依然过多，价格不能真实反映要素的稀缺性和供求关系以及环境损害程度，水平偏低。这突出地反映在土地要素和资金要素上。

**1. 土地要素价格形成机制不合理**

土地要素价格形成机制不合理具体表现在以下三个方面：

（1）非市场化价格形成方式仍占较大比例，部分经营性用地甚至尚未采用有偿使用的方式。

自 2002 年 7 月 1 日施行《招标拍卖挂牌出让国有土地使用权规定》，到 2004 年 8 月 31 日《关于继续开展经营性土地使用权招标拍卖挂牌出让情况执法监察工作的通知》中明确"所有经营性用地必须以招拍挂方式出让"，再到 2006 年 9 月下发《关于加强土地调控有关问题的通知》后，占土地供应总量 60%~80% 的工业用地也逐步推行招拍挂的方式，招拍挂出让方式作为一种市场化的土地出让方式在土地交易中的地位有所突出。但总的来看，在土地要素配置和价格形成中，行政划拨的计划配置资源方式和协议出让的非市场化交易方式仍占有一定的比例（根据《2009 年国土资源公报》，2009 年全国建设用地供应 31.9 万公顷，其中，划拨供应用地 11 万公顷，占土地供应总面积的 34.5%；出让总面积 20.9 万公顷，占 65.5%。而在出让总面积中，协议出让面积 3.1 万公顷，占 14.8%）。特别是在经营性土地交易中，尚未实现完全的市场化。例如，经营性基础设施用地长期采用无偿划拨的方式，只是近年来才开始研究有偿使用问题，2008 年 1 月下发的《关于促进节约集约用地的通知》中首次提出"探索基础设施用地的有偿使用，对其中经营性用地先行实行有偿使用"。不过，要建立起有效的有偿使用制度，恐怕还需要更多努力。由于不能通过市场化交易反映真实地价，一些地方在招商引资过程中，实行低地价乃至零地价。

（2）市场化与非市场化方式并存，形成价格双轨制。

根据现行政策，对经营性用地主要采取招拍挂的市场化价格形成方式；而对于其他非经营性用地则主要采取协议出让和行政划拨的非市场化价格形成方式。这种价格双轨制无疑导致了套利的机会主义倾向：以非经营性用地的名义通过协议出让甚至行政划拨方式低价或无偿取得土地，之后再全部或部分转为经营性用地，以规避高额的土地获取成本。

（3）政府垄断资源，导致市场化方式扭曲。

就招拍挂这种市场化价格形成方式本身来说，目前仍面临着不少问题，如假招标、假拍卖、假挂牌或陪标、串标以及其他竞争不充分的问题。更重要的是，市场化交易方式是在政府垄断土地资源的情况下发生的，即一方面是面对现有土地使用者进行土地使用权强制征用的买方垄断；另一方面又作为土地唯一供给者的卖方垄断。这种"双重垄断"地位意味着，即使采取了"市场化"价格形成方式，也只会导致交易主体之间的不对等和市场交易机制的扭曲。

首先，面对土地的现有使用者，政府是"垄断买方"。特别是农民使用的土地要转换性质，必须首先"卖"给政府，也就是由政府强制征用。这种强制力使政府与农民集体之间只能是一种不对等的交易。于是，土地征用随意性强，范围不断扩大，对农民的补偿标准过低，补偿款拖欠、克扣、截流等问题时有发生。这严重地损害了农民的土地权益，进而影响到他们的收入水平和生活水平，成为当前农村社会的突出矛盾。据国务院发展研究中心课题组的调查，农民上访 40% 是由土地征用引发的。[1]

其次，面对购房者群体，政府是上游要素——土地的"垄断卖方"，消费者要购房实际上必须先从政府处购买土地。在这种情况下，尽管房地产行业的下游即"房"的部分已经实现了市场化和比较充分的竞争，但由于上游即"地"的部分还由政府垄断，于是导致了上游和下游两个环节割裂的市场化，或者说卖方平台与买方平台不对称的市场化，其实质就是政府与消费者之间的不对等交易。这样，无论是资源垄断者有意控制土地供应量（尽管有一些正当的理由），即通过操纵土地价格直接拉高土地成本（土地成本一般要占到整个房屋成本的 30%~40%），还是资源垄断者与潜在的土地需求者——房地产开发商合谋，即由权力与资本结盟所引致的"租金"成本，最终都传递下去表现为高房价，对购房者的消费能力形成不小的冲击。

---

[1] 迟福林主编：《2007 中国改革评估报告》，中国经济出版社，2007 年。

### 2. 资金价格形成和要素配置市场化程度不足

从资金价格形成机制看，利率市场化程度依然不足，特别是作为资金价格主体的存贷款利率（尤其是存款利率）改革相对滞后，表现在金融机构自主确定存贷款利率（尤其是存款利率）水平的权限较小，根据经济形势和金融市场变化调整利率的灵活度不够。正因为如此，尽管近年来不断调整名义存贷款利率，但仍处于市场出清水平以下，实际利率长期接近甚至低于零值，特别是 2007~2008 年的一段时间内实际负利率水平达到较高的程度，使得在资金使用的环境上整体比较宽松。此外，作为一种特殊的金融要素价格，人民币汇率的形成机制也还没有实现充分的市场化，汇率灵活性依然不足。

从资金要素的配置情况看，行政化特征仍很突出。从目前来看，地方政府凭借所掌握的重要资源，特别是人事任命权，对地方性金融机构仍然握有较大的控制权，有的地方政府甚至把城市商业银行当做自己的第二财政。一些地方通过培育金融控股集团来主导当地金融资源整合，强化地方控股权，包括强化对农村合作金融机构的控股地位。在这种仍然具有行政主导特征的间接融资型金融结构下，地方政府对如何向地方投资项目配置资金仍具有重要的影响力和话语权。不仅如此，地方政府在引导地方金融机构资金配置行为的过程中，可以为贷款提供各种形式的担保或变相担保，也可以以土地作为抵押物向银行申请土地抵押贷款，获得廉价的金融资源。从某种程度上说，地方政府一旦掌握了土地，也就掌握了对地区金融资源的重要配置权。在政府仍然主导资源配置的情况下，"银政合作"仍然是地方政府支配金融资源的典型方式。对于以利差收益为主[1]高度依赖贷款规模这一经营模式的银行而言，即使是在采取了引入战略投资者、上市等改革措施后，在银行间信贷竞赛格局中以及市场竞争的压力下，仍倾向于与地方政府合作，允诺向地方建设项目提供配套贷款和资金支持。各级金融机构对政府的打捆贷款和授信活动成为地方重要的投资资金来源。

---

[1] 据测算，2009 年国内上市商业银行净利息收入在营业收入中所占比重平均高达 83.74%。另据 IMF2011 年对中国 17 个主要商业银行的考察，利息收入占营业收入的比重近年来一直高于 80%。

除了间接融资过程中的行政化特征外，作为直接融资平台的资本市场中，也存有较明显的行政化因素，在行业准入、证券发行、业务发展等方面仍会有行政权力介入其中；同时，在市场运行方面，也容易受到行政调控的影响。例如，在股票发行方面，目前仍未采用国际成熟市场中普遍实行的注册制，而采用具有较浓行政许可色彩的核准制，在发行人资格审查、发行规模、发行价格乃至发行上市时间等环节，行政控制依然过多，审批程序复杂；而在企业债券发行方面，更是在 2007 年年底才决定取消高度依赖行政审核的额度制，改行核准制。再如，在上市企业并购方面，市场化机制尚不完善，一些国有控股上市公司的并购重组活动表现出较强的行政干预特征，交易的定价过程也在较大程度上受行政因素影响。至于在市场的管理方面，市场本身的资本约束机制尚不健全，还在一定程度上依赖行政手段，发行人、投资者和中介服务机构对政府和政策的依赖程度仍然较高。

### 1.2.4 收入分配体制尚未理顺

20 世纪 90 年代中后期以来，宏观收入分配结构向非居民部门倾斜的趋势愈益明显，导致居民部门在国民收入分配格局中的相对地位趋向下降，成为当前收入分配领域中的突出矛盾。

**1. 从要素收入分配看**

按收入法计算的劳动者报酬在国内生产总值中的比重近年来总体上呈现下降趋势，从 1998 年的 53.1%下降到 2010 年的 45%，下降了 8.1 个百分点；而同一时期，生产税净额和企业营业盈余则分别从 13.4%和 19%上升到 15.2%和 26.9%，各自上升了 1.8 个和 7.9 个百分点（见图 1-3）。从国际上看，在成熟市场经济体中，初次分配后劳动者报酬占 GDP 的比重，一般在 55%~65%。显然，中国居民部门在功能性分配中相对于政府部门和企业部门而言处于不利地位。

**2. 从《中国统计年鉴》中资金流量表所反映的国民收入在三大部门之间的分配看**

居民部门无论是在初次分配收入比重中还是在可支配收入比重中都趋于下降。表 1-4 显示，1995~2008 年，住户部门的初次分配收入份额和再分

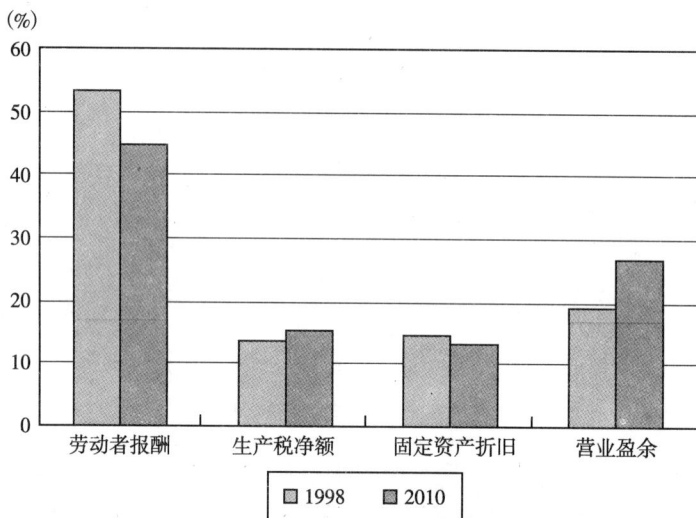

**图 1-3　近年来按收入法计算的要素收入分配情况**

资料来源：根据相关年份《中国统计年鉴》有关数据计算所得。

配收入份额分别从 68.75% 和 67.94% 下降到 57.23% 和 57.11%，各自下降了 11.52 个百分点和 10.83 个百分点。同一时期，政府部门的初次分配收入份额和再分配收入份额分别从 15.35% 和 17.42% 提高到 17.52% 和 21.28%，各自上升了 2.17 个百分点和 3.86 个百分点；而企业部门的初次分配收入份额和再分配收入份额分别从 15.91% 和 14.65% 上升到 25.26% 和 21.6%，各自提高了 9.35 个百分点和 6.95 个百分点。

**表 1-4　20 世纪 90 年代中期以来国民收入在三大部门之间的分配情况**

单位：%

| 年份 | 住户部门 | | 政府部门 | | 企业部门 | |
|------|------|------|------|------|------|------|
| | 初次分配 | 再分配 | 初次分配 | 再分配 | 初次分配 | 再分配 |
| 1995 | 68.75 | 67.94 | 15.35 | 17.42 | 15.91 | 14.65 |
| 1996 | 67.23 | 69.29 | 15.53 | 17.15 | 17.24 | 13.57 |
| 1997 | 65.71 | 68.13 | 16.17 | 17.51 | 18.12 | 14.37 |
| 1998 | 65.61 | 68.14 | 16.87 | 17.53 | 17.53 | 14.33 |
| 1999 | 64.98 | 67.11 | 16.95 | 18.58 | 18.07 | 14.31 |
| 2000 | 64.36 | 64.81 | 16.69 | 19.54 | 18.94 | 15.65 |
| 2001 | 63.53 | 63.78 | 18.36 | 21.08 | 18.11 | 15.14 |
| 2002 | 65.28 | 65.18 | 17.48 | 20.49 | 17.25 | 14.32 |

| 年份 | 住户部门 | | 政府部门 | | 企业部门 | |
|------|------|------|------|------|------|------|
| | 初次分配 | 再分配 | 初次分配 | 再分配 | 初次分配 | 再分配 |
| 2003 | 63.20 | 62.68 | 17.98 | 21.85 | 18.82 | 15.47 |
| 2004 | 59.60 | 59.77 | 16.93 | 19.33 | 23.48 | 20.90 |
| 2005 | 59.37 | 59.20 | 17.45 | 20.04 | 23.19 | 20.76 |
| 2006 | 58.95 | 58.70 | 17.90 | 21.44 | 23.15 | 19.86 |
| 2007 | 58.13 | 57.84 | 18.30 | 21.94 | 23.57 | 20.22 |
| 2008 | 57.23 | 57.11 | 17.52 | 21.28 | 25.26 | 21.60 |

资料来源：根据相关年份《中国统计年鉴》有关数据计算所得。

考察居民部门收入比重下降的趋势，还可以将城乡居民收入的增速与GDP 增速进行对比。图 1-4 显示，1978~2011 年，GDP 扩大了 21.5 倍，年均增长速度达到 9.9%；而同一时期，城镇居民家庭人均可支配收入和农村居民家庭人均纯收入则分别扩大了 9.5 倍和 9.6 倍，年均增长速度都为7.4%。由此可见，城乡居民收入增速明显低于 GDP 增速。"国富"与"民富"之间的这一缺口，清晰地表明了居民部门在国民收入分配格局中相对地位的下降趋势。

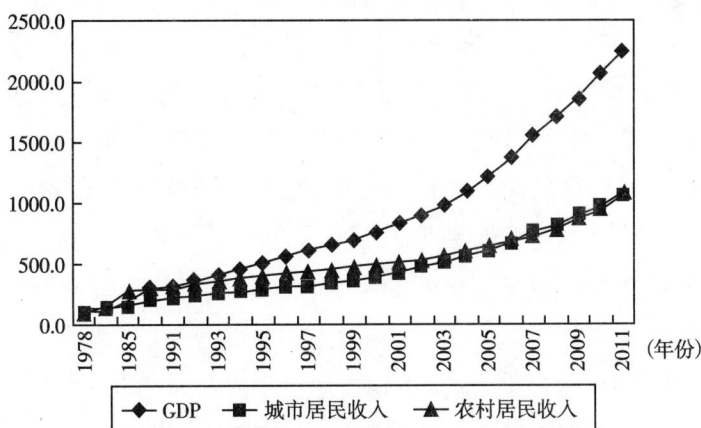

**图 1-4　改革开放以来中国经济增长与居民收入增长的对比**

注：GDP 指数和居民收入指数均以 1978 年为 100。
资料来源：《中国统计摘要 2012》。

客观地分析，劳动者报酬占比趋于下降，尽管有统计制度调整的因素（2004 年国民经济核算体系的调整，将自雇者营业收入由原来归属劳动者报酬调整为归属企业营业盈余），但也与一些深层因素有关，特别是工资决定机制不合理和权益保障机制不健全而导致的劳动者工资和福利成本相对偏低无疑是一个重要的原因。

首先，在工资决定机制方面。中国劳动力要素禀赋丰裕特别是农业剩余劳动力大量存在的现实使劳动者在市场供求关系中处于相对不利的地位。在工资形成过程中，由于劳方和资方的力量对比不平衡，劳动者在工资和福利谈判中的话语权偏低，导致劳动者报酬无法随企业效益增长而同步提高，劳动生产率的增长率明显高于工资的增长率。这就表明，劳动者所得并非其真实的劳动付出，劳动报酬占国民收入的比重被人为压低。

其次，在劳动者权益保障机制方面。由于城乡分割的户籍制度，特别是由户籍制度所衍生的对农村进城务工者的各种福利（尤其是社会保障）安排上的缺陷，也由于在劳动者特别是农民工工资保障上还缺乏必要的制度支撑，直接导致劳动力成本一定程度的被低估，特别是大量就业者无法参与社会保险，这实际上意味着生产过程中本来应该用于缴纳劳动者社会保险，属于劳动者报酬的大量收入被其他生产要素所占有。如果再考虑劳动强度等因素，劳动力成本存在显著被"低估"的倾向。中国人民银行的调查显示，农民工的劳动环境和工作条件比较恶劣，从事的工作普遍具有"重、脏、苦、累、险"的特征，51.3%的人每周工作时间为41~60个小时，32.9%的人每周工作时间超过61个小时，农民工工作超过法定时间接近85%。[①]正因为如此，尽管农民工收入水平近年来呈稳步增长态势，但以劳动的艰苦程度衡量，其工资水平仍然偏低。此外，劳动力流动上的政策性障碍以及公共服务供给不足而导致的接受教育和健康服务机会的不均等也影响了劳动者的经济参与能力、收入和财富创造能力。

收入分配领域的问题，除了表现为居民收入在国民收入分配中的比重和劳动报酬在初次分配中的比重偏低外，还体现在城乡之间、区域之间，以及不同行业、不同所有制和不同社会群体之间的收入差距也比较明显。从反映全国收入分配的基尼系数看，尽管还无法得到一致的测值，但逐渐接近甚至超过国际公认的 0.4 的警戒线这是不容置疑的。应该说，收入差距的

---

① 中国人民银行：《农民工就业分布和收入的调查》，《工人日报》，2006 年 2 月 24 日。

扩大，既包含合理性和必然性的因素，也涉及不合理的因素，甚至是不公平的因素，尤其是在分配机会或者说分配起点以及分配规则或者说分配程序上存在着不公平的问题。这种不公平集中表现为由体制和法律漏洞以及政策缺陷所造成的非规范收入，如通过权力资本化谋取的非法收入、凭借垄断而获得的不合理收入等。如果任由这种不公平发展下去，不但容易激发社会矛盾，而且也会扼杀整个社会发展的经济激励，从而导致效率的降低。

## 1.3　中国已进入建设成熟的社会主义市场经济体制新阶段

### 1.3.1　成熟的社会主义市场经济体制的主要标志

邓小平同志在 1992 年的南方谈话中指出，"恐怕再有三十年的时间，我们才会在各方面形成一整套更加成熟、更加定型的制度。在这个制度下的方针、政策，也将更加定型化"。邓小平同志将制度的成熟和定型大致指向 2020 年。邓小平同志的预期，与我国改革开放的进展，以及当前面临的形势和任务，大体是相吻合的。因此，未来十年中国完善社会主义市场经济体制的任务将进入到建设"成熟社会主义市场经济体制"的新阶段。在成熟的社会主义市场经济体制建成以后，社会主义市场经济体制还将有一个不断完善的过程。

我们认为，所谓成熟的社会主义市场经济体制，是能够自我调整、自我完善和自我演进的经济制度。其标志主要体现在以下七个方面：

**1. 社会主义基本经济制度定型，微观基础充满活力**

公有制为主体、多种所有制经济共同发展是我国社会主义初级阶段的基本经济制度。"十六大"进一步提出了两个毫不动摇，即"必须毫不动摇地巩固和发展公有制经济"，"必须毫不动摇地鼓励、支持和引导非公有制经济发展"。在此制度基础上，形成各种所有制经济平等使用生产要素，公平参与市场竞争，同等受到法律保护并一视同仁接受监督管理的格局。在国有经济内部，拥有开放的产权结构，国有资本有进有退、合理流动，非国有资本能够参与国有资本置换。个体私营经济转型升级、提高素质，国有资本和各类非国有资本相互渗透和融合，形成以股份制为主要形式的混合所有制经济格局。在国有企业细胞内部，形成归属清晰、流转顺畅的现代企业产权制度和健全、规范的企业法人治理机构，国有企业真正成为适应市场的法人实体和竞争主体。个体私营经济等非国有经济和国有经济共同构成社会主义市场经济体制的基础。

**2. 现代市场体系形成，市场在资源配置中的基础性作用充分发挥**

拥有发达的商品和生产要素市场，充分实现市场化的要素价格形成机制。拥有完善的市场进入和退出机制，打破行业垄断和地区封锁，实现商品和各种要素在全国范围的自由流动和充分竞争。形成规范的市场交易和竞争秩序，尊重和维护消费者的权益，生产经营者之间的交易关系符合公平、公正、公开的原则。形成以道德为支撑、以产权为基础、以法律为保障的社会信用制度。

**3. 具有完备的与社会主义市场经济相适应的法律体系，以法治为基础的市场经济制度形成**

市场经济条件下的基本财产制度更加完善，保护公民的合法财产不受侵害，保证各类性质的不同产权在市场交易中的平等权利。市场经济条件下的契约关系和信用关系更加完善，确保社会有一个正常的信用秩序。形成权责明确、行为规范、监督有效的执法体制，注重司法公正，克服地方保护主义和部门本位主义。

**4. 政府与市场的边界清晰，服务型政府形成**

按照政企分开、政资分开、政事分开以及政府与市场中介组织分开的原则，合理界定政府职责范围。政府在创造良好发展环境、提供优质公共服务、维护社会公平正义中发挥基础性的作用。在调节经济方面，主要运用经济和法律手段进行间接调控。在监管市场方面，反对垄断和一切有碍竞争的消极因素，消除市场壁垒，为市场公平竞争创造和维护必要的制度环境。在提供公共服务方面，承担起基本的责任，注重改善民生状况。在社会管理方面，通过政社协同治理，维护社会公正、社会秩序和社会稳定。

**5. 利益分配格局和社会福利制度充分体现社会公平和正义**

实现按劳分配与生产要素按贡献参与分配相结合。生产要素按其在财富形成中的贡献参与分配，在保证机会均等和规则平等的前提下正向激励个人的努力程度，充分激发要素供给者的积极性和创造性。拥有健全的再分配调节机制，规范的收入分配秩序，形成合理稳定的社会结构，中等收入者的比重达到总人口的60%以上。实现基本公共服务均等化，具有完善的现代国民教育体系和基本医疗卫生制度，以及覆盖城乡居民的社会保障体系，能够为市场经济提供"减震器"和"安全网"。确定合理的保障水平，避免福利支出刚性危及政府财力的可持续性，以及过度保障导致的负面激励和道德风险问题削弱经济体的活力和竞争力。

### 6. 建成和谐的公民社会

一方面，充分激发社会活力，发挥社会组织和社会成员的创造力。广泛吸收社会组织参与公共政策的制定，鼓励其承担更多的公共服务供给职能，形成广大公民自我管理、自我服务的社会自治制度。另一方面，顺应经济成分多元化和社会力量多元化的趋势，建立与市场化相适应的社会秩序。注意平衡和协调多元力量之间的利益关系，健全各种协调利益关系的体制机制。发挥公众在社会建设和管理方面的协同作用，构建政府与社会分工协作、共同治理的制度安排。

### 7. 改革和开放相互协调、相互促进的新格局形成

一方面，主动融入经济全球化和区域一体化进程、充分利用资源的全球配置方式；另一方面，又注意保障国家经济安全（包括产业安全，金融安全，能源、粮食等大宗商品安全），形成防范和化解各种外部冲击和风险的有效机制。通过一套既坚持对外开放，又保护国家利益的平衡机制，确保对外开放在更高的水平上推进，并确保改革与开放互动渠道的畅通。

## 1.3.2 改革的方略和路径

建设成熟的社会主义市场经济体制，要从全面制度创新的高度，谋划改革的动力、方略和路径问题：

### 1. 重建改革共识，增强改革动力

近年来，在要不要坚持以社会主义市场经济体制为目标取向的改革问题上，出现了一些争论，改革动力出现了弱化。应该看到，一方面，在改革

推进的过程中，随着改革难度的加大，由于某些改革攻坚的任务处于一定程度的"胶着"状态，也由于某些改革操作中的失误和不规范行为，降低了改革收益的预期，特别是某些个人或团体假借"市场化改革"的名义攫取私利，导致改革出现异化，损害了改革的声誉。这些都在一定程度上影响了基层民众改革热情的充分释放。另一方面，随着改革的深化，作为改革组织者和重要推动者的政府部门，自身也成了改革的对象，在自身利益可能被危及的情况下，其积极性也会受到影响。在中国目前这种半市场、半统治的经济制度中，拥有较大自由裁量权和资源配置权的一些政府部门和地方官员，利用新旧两种体制并存的机会，借助权力之手，追求本部门和个人的利益最大化，并试图将这种权力和利益定型化、制度化。他们还与某些相关利益集团结合在一起，甚至被他们所"俘获"。这种把公权力资本化、市场化的部门和政府官员，而形成的权贵资本利益集团，与传统体制的既得利益者一道，成为抵制改革进一步向纵深推进的力量。

为此，应重建改革共识，坚持市场化取向的改革，不能动摇、不能停步。要进一步增强改革动力，避免过去30多年的动力机制趋于减弱，一方面应着力增进基层民众从进一步改革中获得的益处；另一方面也应设法削弱政府部门从维护现有体制和从未完成的转轨中获得的益处。特别是在政府主导型经济发展模式所引发的政府行为微观化、企业化、趋利化的背景下，尤其是应防止"坏的市场经济"的出现，也就是政府强势介入过程中所产生的权力与资本合谋、权力与利益交换的权力市场化倾向。应较大幅度地减少政府部门自身拥有的权力，切断权力与资本之间结合的利益链条，排除特殊利益集团对改革的干扰，防止某些既得利益集团特别是部门和地方利益左右改革方案的制定和改革的进程，克服改革疲弱症。

### 2. 注重顶层设计和顶层推动

中国的经济体制改革，从前期看，总体上以"破"为主，兼有一定程度"破"、"立"并存的阶段，更多地采用了"摸着石头过河"、"撞击反射"的方式推进改革，带有一定非规范性的特点；同时，由于不同地域、不同领域在改革推进的速度、力度上存在差别，政策应用的空间和改革探索的空间都比较大，政府可以通过给予优惠政策，以及赋予地区或部门在整体或某些方面的探索权力来推进改革，政府的主导性因此较强。

建设成熟的社会主义市场经济体制，将不再是前一阶段改革思维定式的简单延续和扩展，而是需要更为自觉的理性思考和更加系统的制度设计；同时，随着改革地域和领域的广泛化和改革探索权的普遍化，由政府给予优惠政策进行改革的空间变得有限，政府通过行政手段主导改革的能力也受到挑战。这些都意味着，过去比较偏重"试错"、政策调整以及行政依赖的改革方式，需要提升为更加规范化、法制化和程序化的全新方式。

为了强化顶层推动，需要设置高层次、跨部门、利益相对超脱的统揽改革全局的机构。该机构独立于任何部门，主要职能是为中央提供改革决策的建议和意见；指导地方和部门的改革；协调各部门、各地区改革机构；督促地方和部门按中央部署进行改革，及时反馈改革动向和意见。

**3. 尊重地方和企业的改革首创精神**

以建设成熟的社会主义市场经济体制为目标的改革，不少情况下既缺少现成的理论作为指引，也缺少具体的经验作为参照。这就需要充分激发来自多元社会经济主体内生或自生的改革力量，稳步有效地扩大基层和民众的参与，通过在基层实践中探索，自下而上地推动改革，以降低改革的风险。特别是考虑到中国的大国特征和地区之间的不平衡性，尊重地方政府的改革首创精神能够促使地方针对本地情况进行制度创新，避免"一刀切"和僵化；同时，也有利于在地区之间开展制度竞赛，形成创新经验向地区外的溢出和示范以及地区之间的学习和模仿。事实上，中国过去30多年的改革就是在基层和民众的积极参与、推动下不断深化并取得进展的。

下一阶段，对于突破已有体制框架的来自局部的改革试验和创新，应给予鼓励，不能打压；对于来自基层的改革实践经验，比较成功的部分应及时加以总结和完善，在此基础上，集中基层的智慧，将之提升到理论上来概括、提升到制度上来创新，并向全国推广。

**4. 突出改革的整体性，推动改革的多层次协调配套**

（1）进一步推动经济体制改革内部各个环节之间的协调。

经济体制改革内部的诸项内容，既包括原来意义上的社会主义市场经济体制框架的五根基本支柱（微观经济基础、市场体系、政府管理、收入分配制度以及社会保障制度），也包括拓展意义上的与新型发展模式关系密切的若干体制机制。前一阶段，在着力推进经济体制改革内部各个单项改革方面做了不少工作。下一阶段，除继续深度推进各个单项改革外，还应着力提高各项改革之间推进上的协调度。尤其是在微观层面改革与宏观层面改革、竞争性行业改革与垄断性行业改革、商品市场建设与要素市场建设、城市改革与农村改革、财富创造性体制创新与财富分享性体制创新的平衡推进方面，还有相当大的提升空间。

（2）进一步推动经济体制改革与政治、文化和社会体制改革之间的配套。

前一阶段，在全面推进经济、政治、文化和社会体制改革方面，做了一些努力。下一阶段，随着社会主义市场经济的深入发展和经济体制的深刻变革，民众的民主法制意识和政治参与积极性将越来越高，人们思想活动的独立性和差异性将会越来越强，社会组织结构和社会利益格局也更趋于多元化和复杂化，这就对全方位改革提出了更高的要求。为此，应将经济体制改革与政治、文化和社会体制改革进一步整合起来，继续推进以社会主义市场经济为基点的经济体制改革，同时加快推进以民主政治为目标的政治体制改革、以先进文化为目标的文化体制改革，以及以和谐社会为目标的社会体制改革，形成"四位一体"制度创新基础上的新型体制格局。

## 1.4 加快政府行政管理体制改革是建设成熟的社会主义市场经济体制的关键

### 1.4.1 充分认识加快行政管理体制改革在未来改革发展大局中的重要地位

**1. 加快行政管理体制改革是经济体制改革进一步向纵深推进的需要**

党的十六届五中全会提出，加快行政管理体制改革是全面深化改革和提高对外开放水平的关键。未来建设成熟的社会主义市场经济体制，需要在企业—市场—政府的关系中实现协调与平衡。从当前整个经济体制改革的进程看，通过前一阶段改革中的微观基础形成和市场体系的建设，企业和市场这两个环节的改革取得了比较大的进展，而行政管理体制改革明显滞后，成为最大的"短板"。由于它的滞后和牵制，使垄断性行业改革，土地、资金等要素市场化改革，收入分配制度改革等关键领域和重要环节的改革陷入"胶着"状态，有的甚至处于"不进则退"状态。这就需要尽快"补短"，寻求行政管理体制改革的突破性进展。

**2. 加快行政管理体制改革是实施全方位改革的需要**

成熟的社会主义市场经济体制，需要种种政治、社会的制度安排来与它配套。也就是说，市场经济不仅是一种社会资源的配置方式和经济运行的机制，还是一整套理念体系和制度结构。而行政管理体制改革是一个牵涉面较广的多维度改革。它既牵扯着经济体制改革，也牵扯着政治体制改革和社会体制改革，可以说是经济体制改革和政治体制改革、社会体制改革的交叉点和结合部。通过加快行政管理体制改革，可以将经济基础变革同上层建筑改革相结合，实现经济体制改革与政治体制改革、社会体制改革的"横向协同"。

**3. 加快行政管理体制改革是转变经济发展方式的需要**

进入 21 世纪后，经济结构不平衡、不协调、不可持续的矛盾更加突出，这已成为中国经济的"痼疾"。为什么在摆脱传统的增长方式方面进展不理想？它实际折射出的是深刻的体制性问题，反映出在经济机体内部与传统方式和结构相配套的经济体制仍在"惯性运作"，并由此形成"经济发展速度"与"经济改革力度"的不平衡状态。特别是由于行政管理体制改革不到位，在强烈的经济政绩冲动下，一些地方政府以牺牲资源、污染环境、破坏生态平衡为代价，单纯追求 GDP 增长，过度投资，导致经济增长方式的粗放化和增长的不可持续性。

**4. 加快行政管理体制改革是构建和谐社会的需要**

当前在社会发展领域面临的主要矛盾是人民群众全面快速增长的公共物品和公共服务需求未能得到有效满足。而这与政府的公共服务职能偏少和偏弱有直接关系。近年来，随着发展理念的更新，各级政府加强了以实现基本公共服务均等化为目标的公共财政体系建设，财政支出向教育、医疗卫生、社会保障等公共服务领域给予了更大程度的倾斜，政府的公共服务职能得到一定程度的强化。但就经济社会发展水平而言，投入仍然偏低，结构也不尽合理。这就造成人民群众最关心、最直接、最现实的利益问题不能得到有效解决，部分人民群众未能共享改革开放成果，并导致诸多经济社会失衡问题的出现，有时甚至加剧了社会矛盾，放大了社会风险。

### 1.4.2 着力推进大部门制改革

党的十七届二中全会部署实行大部门制改革，但从过去几年的实践看，进展不甚显著。针对目前部门设置中存在的问题，应按照精简、统一、效能的原则，继续探索新的行政管理体制架构，优化政府组织结构。基本思路如下：进一步整合行政资源，在政府的部门设置中，坚持一个事项原则上由一个部门管理，将职能相同或比较接近的事项，相对集中，归入一个部门为主管理。已有理论和实践表明，部门设置越多，"扯皮"的事情越多。确需几个部门管理的事项，明确牵头部门以及各部门的职责边界，分清主次责任和主办、协办关系，健全相关部门间的协调配合机制，以此提高政府的行政效能。在推进大部制改革的过程中，应结合审批制改革，减少或撤并直接从事或干预微观经济活动和社会事务的机构；同时，加强和完善从事公共服务和社会管理的机构。

在实行大部门体制基础上，针对某些方面权力过于集中、缺乏有效监督，以及执行不力的问题，应创新完善行政运行机制，建立行政决策权、执行权、监督权既相互制约又相互协调的权力结构，形成权责一致、分工合理、决策科学、执行顺畅、监督有力的行政管理体制。

政府组织机构的重组和优化应坚持"统筹联动"的原则，即政府部门与党群部门改革联动、行政机关机构改革与事业单位改革联动、中央与地方以及地方各级政府机构改革联动。从调研中各地普遍反映的情况看，现阶段在理顺上下级政府机构设置，实现部门（条）与地方（块）联动方面显得尤为迫切。目前，各级政府机构基本上都是上下对口设置，当不同层级政府实施大部制、部门整合力度不一致时，容易形成下级一个部门对口上级多个部门、上下部门对接不畅的问题，形成"下动上不动，越动越被动"的局面，进而对改革形成掣肘。为此，不同层级、不同地域的地方政府机构设置应有所区别，不宜"一刀切"；同时，合理调整一些领域中央对地方的垂直管理体制，探索实行属地管理的体制，并推进上下级政府职责关系法定化。

### 1.4.3　行政机构改革应与政府职能转变相结合

推进大部门制改革，不是单纯的合并、分拆或精简，必须以政府职能的科学合理界定作为主要的前提。如果没有政府职能转变，仅仅在行政管理体制架构上做文章，改革只能流于形式。

改革开放以来若干次以精简机构和分流人员为主要内容的政府机构改革，基本上都是就机构论机构，就精简人员而精简人员，习惯于用机构编制精简的数量多少来衡量机构改革的成败与得失，机构的增减不是建立在职能的增减或任务的增减基础之上。这种单纯"精简式"和"改良式"的机构改革思维定式虽然短期内对机构和人员的膨胀起到某些暂时性的抑制作用，但由于没有根本触及政府职能定位这个核心环节，很容易出现反复。

就当前政府职能配置的主要矛盾而言，越位、缺位与错位并存，其中又以越位问题表现得尤为突出。近年来，各级政府将精力相对较多地投入生产经营领域，过度渗入微观领域，直接参与经济运作，特别是在招商引资、土地经营方面所具有的强烈冲动，都表现出鲜明的公司化行为特征。正是由于政府职能和权力配置过多，再加上对机构设置缺少约束，随意性大，因此以往的政府机构改革始终没有走出"精简—膨胀—再精简—再膨胀"的循环怪圈。结果是机构越改越多，人员越减越多，办公楼越盖越多，权力越改越大。

政府一切行政活动的终极目标都应是最高效地提高辖区内居民的福祉水平，而且是以最小的居民负担获取最大的居民福祉，即税负和公共服务的最佳组合。按照这一准则，各级政府应更多关注本地居民的福利水平，相应减少自身组织生产的职能，强化公共服务的职能。"以经济建设为中心"并不意味着各级政府直接从事生产经营活动。在政府职能的界定中，应始终坚持能由市场做的交给市场；能由企业做的交给企业；能由社会完成的交给社会组织。政府需要从一个无所不包的系统，逐步变为一个有限并有效地提供公共服务的系统,让市场、社会机制在资源配置和社会有序化方面发挥更多的主导作用。唯有减少政府直接配置资源的权力,调整政府主导型发展模式和全能型政府"无所不在、无所不包"的格局,才能在此基础上有效整合政府部门的行政资源,进而达到节约行政成本、提高行政效率的目的。

### 1.4.4 配套推进事业单位改革

事业单位改革与行政管理体制改革存在密切联系。推进事业单位改革,可以更好地促进教育、科技、文化、卫生等各项社会事业的发展,满足广大人民群众不断增长的公共服务需求,建设与成熟的社会主义市场经济体制相适应的社会服务与社会管理体制,促进政府职能转变。

事业单位改革的基本思路是进一步减少事业单位数量,缩小规模。凡是承担行政职能的事业单位,应逐步回归政府系统;凡是从事生产经营活动的事业单位,应逐步转为企业。对于剩下的从事公益服务的事业单位,目前国家简单地区分为"公益一类"和"公益二类",并且采取不同的改革思路和措施,需要认真研究。只要是各级政府直接举办的公益性的事业单位,其公益性质应该是一样的,不应对其公益性质进行区分,也应该一视同仁地保障职工薪酬、福利待遇,并通过公共财政提供事业发展所需的各类条件。不应该迫使他们去创收,自己养活自己。如果政府财力和其他条件不足,可以适当收缩公益性事业单位的范围、战线和机构数量,特别是对目前划为"公益二类"的事业单位。同时,允许并鼓励引导社会力量广泛参与公益性服务领域,大力兴办社会资本投资的非营利社会服务组织,形成提供主体多元化、提供方式多样化的社会服务新格局,努力为人民群众提供广覆盖、多层次的社会服务。

针对过去事业单位改革中存在的从业人员激励机制扭曲和公益性下降的问题,提出如下改革的思路与对策:①加大政府财政和公共投入是确保事业单位提供服务公益性的前提。②规范事业单位收费并纳入财政预算管理,逐步创造条件,实行"收支两条线",是矫正事业单位"趋利性"发展导向、行为扭曲和收入分配秩序混乱的制度保障。③大幅度提高公益性事业单位职工的薪酬，是弱化事业单位"创收"动机、规范收入分配秩序、遏制事业单位腐败、确保事业单位公益性、提高公共服务公平性、更好实现国家设立事业单位以提高公共服务质量和效益的根本举措。在成熟的市场经济体制中，国家公务员（含参公人员）、公立事业单位从业人员、国有企业从业人员，这些公职人员的收入应当大体相当、基本协调。

加快中央直属事业单位尤其是中央各个部委所属事业单位的统一改革，是全国事业单位改革的重点。中央政府目前财力雄厚，具备加快事业单位改革的各种条件，不要久拖不决，成为整个经济体制改革和全国事业单位改革的后腿。为推进中央直属和各个部门直属事业单位的改革，提出以下几点改革建议：①加快建立中央直属事业单位的创收上缴制度，尽快实现"收支两条线"；②中央各个事业单位的名义工资收入水平及收入结构应当尽快一体化，实现同城同待遇、同级别同待遇，同时根据工作业绩实行差别化的绩效工资；③整合中央单位离退休管理机构，建立中央直属部门和直属单位统一的养老金制度和社会保险管理机构；④加快剥离事业单位内部的经营性单位，转换为独立的市场主体；⑤整合部门研究咨询机构，强化国务院直属的综合研究决策咨询机构。为了减少事业单位的数量和人员，避免研究成果的部门化倾向和低水平重复建设，各部门原则上不办研究咨询机构，把它们整合成国务院直属的综合研究决策咨询机构。

## 1.5　建设成熟的社会主义市场经济体制，需推进重点领域、关键环节的改革

### 1.5.1　继续深化国有经济布局的战略性调整和国有企业改革

**1. 继续推进国有资本有进有退的布局调整**

国有资本主要应该集中在涉及国家安全的行业，自然垄断的行业，提供重要公共物品和服务的行业，以及支柱产业和高新技术产业中的重要骨干企业。继续解决国有经济分布过宽、一些企业经营范围庞杂、子公司层级过多等问题。对不属于关系国家安全和国民经济重要行业和关键领域的

国有资本，按照收缩战线、合理流动的原则，使国有资本逐步退出。对于国有股权过高的企业，稳步降低国有企业中的国有股比例，鼓励民间资本通过并购和控股、参股等多种形式，参与国有企业的改组改制。

**2. 建立新型国有企业制度**

在全民所有的实现方式上，应很好地体现民有民享的性质，使全体人民切实地、直接地分享国有企业发展成果。在产权多元化方面，使多元股权的公司制成为国有企业的普遍形式，不同层级国有资本以及国有资本与非国有资本紧密融合，混合所有制经济的发展途径更加畅通。国有大企业、大集团的母子公司制更加有效。在治理结构方面，出资人、股东会、董事会、监事会、经理班子之间的责权配置更加科学。在收入分配方面，以中央企业为重点，严格控制国有企业中高层管理人员薪酬水平，缩小国有企业与政府公务员和公益性事业单位等公共部门的收入差距，形成合理的、能为社会公众所普遍接受的薪酬制度。

**3. 启动垄断行业新一轮改革**

加快垄断行业改革，重点是铁路运输行业和盐业改革。铁路运输产业改革的重点是实现政企分离并引入竞争因素，构建可竞争性的市场结构。盐业改革重点是按着政企分离的原则理顺盐务局和盐业公司的关系，扩大工业盐直供范围，放宽和改革食盐专营制度，稳步引入新的经营者。继续放宽石油、电力、民航、电信等行业的市场准入，重点清理和取消限制竞争、保护垄断的政策，改革进出口环节和国内市场经营环节等保护垄断企业的政策。

**4. 继续深化国有资产管理体制改革**

一是进一步强化政府的国有资产出资人职能，健全国有资本经营预算、收益分配和国有企业经营业绩考核制度，扩大国有资本经营预算实施范围，逐步提高国有资本收益上缴比例，国有资本收益全部纳入公共财政预算。全国人民代表大会应加强对国有企业预算的审查、收益分配和使用的监督。二是完善国有资产管理的信息披露制度。重点披露股东会、董事会决议和企业经营情况、财务报表、职务消费、高管薪酬、业绩考核等信息。三是加强国有产权管理和产权交易市场建设，健全产权交易规则和监管制度。

## 1.5.2 继续大力发展个体私营经济

**1. 进一步明确个体、私营经济的社会属性和发展定位**

个体、私营经济已经成为我国社会主义市场经济持续健康发展的重要组成部分，作为促进产业转型升级、繁荣城乡市场、扩大社会就业、增加居民收入不可或缺的重要力量。民营企业家已经成为中国特色社会主义的建设者以及社会财富的创造者和社会进步的推动者。因此，必须继续在毫不动摇地巩固和发展公有制经济的同时，毫不动摇地鼓励、支持和引导个体、私营经济的持续健康发展。进一步鼓励和促进民间投资，有利于坚持和完善我国社会主义初级阶段基本经济制度，有利于大力发展混合所有制经济，有利于推动各种所有制经济平等竞争、共同发展，有利于推动成熟社会主义市场经济体制的构建。

**2. 为个体、私营经济大力发展创造条件**

落实《国务院关于鼓励支持和引导个体私营等非公有制经济发展的若干意见》、《国务院关于鼓励和引导民间投资健康发展的若干意见》等一系列政策措施，尽快出台有利于促进民间资本进入金融、铁路、电力、电信、邮政、民航、石油、国防科技工业建设和水利建设工程、卫生、教育、科研、文化、体育、供水、供气、供热、公共交通、污水垃圾处理等市政公用事业和基础设施领域的具体鼓励政策和优惠措施，鼓励民间资本积极参与国有经济布局的战略调整和重组。营造公平竞争、平等进入、平等使用各种社会资源、平等受到保护的市场环境、社会环境和法治环境。在投资核准、融资服务、财税政策、土地使用、对外贸易和经济技术合作等方面的优惠政策要公开透明，同等对待所有投资主体。要加大对中小微型企业的融资支持力度，鼓励和积极引导私营企业通过资本市场进行直接融资，支持民间资本参与银行和非银行金融机构发展。要加大结构性减税的力度，进一步清理和规范涉企收费，切实减轻中小微型企业的税费负担。

**3. 提升个体、私营经济的整体素质**

个体、私营经济主体要高度重视自身素质和竞争能力的提升，主动履行相应的社会责任。私营企业要努力增加研发投入，通过加大设备更新、人力资源开发的力度，提高企业掌握行业核心技术和自主知识产权的能力。充分发挥私营企业勇于创新、善于创新的优势，鼓励和引导各类私营企业进入战略性新兴产业等实体经济。鼓励私营企业实施品牌战略，不断提高产品质量和服务水平。私营企业要通过改善管理和优化公司治理结构，不断提升企业软实力和竞争力。企业家要通过系统的学习深造提升个人修养、素质和才能，鼓励企业兼并重组、做大做强。

### 1.5.3 进一步建立健全公共财政制度

**1. 以公共化为目标，以逐步消除二元财政体制为主线，致力于促进发展方式的转变**

应从推进城镇化和城乡融合的大局出发，以常住人口而非户籍人口为单位，按"无差别待遇"原则，着力于缩小不同所有制之间、城乡之间、区域之间在享受基本财政服务方面的差距，推进基本公共服务均等化。

**2. 健全财税的收入分配功能**

在厘清政府与市场边界的前提下，清晰界定政府必要的财政支出规模。按照"以支定收"原则，严格界定适当的宏观税负水平。以此为基础，通过启动税制改革和其他政府收入制度改革，逐步提高居民收入占国民收入的比重，实现政府收入、企业收入和居民收入三者之间的协调增长。

**3. 从改善民生入手，大力调整财政支出结构**

着力压缩财政投资性支出，特别是压缩在竞争性经济领域的财政投资性支出，减少或控制行政管理支出规模。着力增加以改善民生为代表的各类公共服务性支出，尽快消除一些基本公共服务长期供给不足的状态。在当前，尤其要确保新增财力全部和绝大部分投向义务教育、就业、基本社会保障、公共卫生和医疗保障、生态环境保护、文化、社会治安等基本公共服务领域。

**4. 坚持预算的完整性、科学性和严肃性原则**

将全部政府收支纳入预算之内，形成一个由公共财政预算、社会保障预算、政府性基金预算、国有资本经营预算共同组成，覆盖全部政府收支的财政预决算体系。当前应进一步加大国有企业分红力度，建立国有资本经营预算与公共财政预算、社会保障预算之间的有机衔接。进一步加大预算公开力度，提高预算透明度，将所有政府预算纳入各级人民代表大会审批视野。坚持依法理财，将所有政府收支纳入财政部门管理范围之内，进一步规范政府收支行为及其机制，提高财政资金绩效。以此为基础，从根本上铲除"以权谋钱，以权换钱"等腐败行为的土壤。应坚持预算的科学性，超收幅度不宜过大。确保预算的严肃性，制定和修改预算都依据法律程序，不能任意扩大，真正将土地出让金等预算外收入纳入政府预算管理。

**5. 加快新一轮税费制度的改革步伐**

要以实施结构性减税为契机，适当降低间接税比重并相应提升直接税比重，启动新一轮税费改革，建立与成熟的市场经济体制相适应的税收和政府收入体系。当前，应在全国范围内全面推进"营业税改征增值税"，尽快启动综合与分类相结合的个人所得税制度改革，尽快启动资源和环境税制改革，继续推进房产税改革，稳步建立健全财产税体系。

**6. 进一步明确各级政府之间的事权和支出责任，通过税权划分、转移支付机制改革等措施确保事权、支出责任与财力相匹配**

当前应将养老、司法、流动人口子女义务教育、食品药品监管等领域的事权和支出责任，适度上划到中央。应逐步提高一般转移支付的比重和规范性，降低专项转移支付的地方配套要求。继续推进省管县，规范省以下财政体制，加强县级财力保障力度。明确并规范土地出让金管理与分配机制，抑制地方政府卖地冲动。规范地方融资平台的发展并明确其债务偿还机制。

## 1.5.4 全面推动金融改革、开放与发展

**1. 坚持金融服务实体经济的本质要求，构建多层次、多样化、适度竞争金融服务体系，为经济社会发展提供更多优质金融服务**

应推进金融机构股权多元化，切实打破垄断，放宽市场准入，鼓励、引导和规范民间资本进入金融服务领域，参与银行、证券、保险等金融机构改制和增资扩股；支持一批经营稳健、定位服务"三农"和中小企业的中小商业银行上市；发展地区性的、小型社区类金融机构是解决小型微型

企业融资难的有效途径，应培育和推动不同类型、不同规模的金融机构改革创新和规范发展，着力解决农村金融服务不足、小型微型企业融资困难；加强适合小型微型企业融资的资本市场建设，加大中小企业板、创业板对小型微型企业的支持力度，鼓励创业投资机构和股权投资机构投资小型微型企业，发展小企业集合债券等融资工具，拓宽融资渠道。

**2. 加快金融市场的改革，完善市场化的间接调控机制，逐步增强利率、汇率等价格杠杆作用**

应有规划、有步骤、坚定不移地推进利率市场化改革，加快培育市场基准利率体系，引导金融机构增强风险定价能力；进一步完善人民币汇率形成机制，增强人民币汇率双向浮动弹性，保持人民币汇率在合理均衡水平上的基本稳定。

**3. 加强和改进金融监管，切实防范系统性金融风险**

应完善逆周期的金融宏观审慎管理制度框架，优化货币政策目标体系，创新丰富货币政策工具，处理好保持物价稳定、促进经济增长和防范金融风险的关系，合理调控货币信贷总量，保持合理的社会融资规模；加快完善人民银行资产负债表，提高人民银行运用资产进行宏观调控的能力；金融监管应将维护市场公平、依法打击违法违规交易行为放在突出位置，将非系统性风险交由金融机构自己处置，在防范风险的基础上发展"影子银行体系"（主要指向企业、居民和其他金融机构提供流动性、期限配合和提高杠杆率等服务，从而在不同程度上替代商业银行核心功能的非银行金融体系）；应提高对金融市场运行的预测能力和应急能力；鼓励金融机构之间的市场竞争，贯彻优胜劣汰，但同时应避免出现金融机构倒闭的"多米诺骨牌效应"。

**4. 加快多层次资本市场体系建设，为不同规模、不同类型、不同成长阶段的企业提供多元化、多层次的差异化金融服务**

应加快发展公司债券市场，形成全国统一的公司债券发行规则，实行公司债券发行的登记制，以提高企业融资渠道的选择权和为存贷款利率市场化创造条件；加强债券交易市场基础设施建设，进一步促进场内、场外市场和有形、无形市场之间互联互通。加快发展多层次股票市场，积极探索依托于证券公司网络系统的场外交易市场；稳步提高上市公司治理水平和透明度，完善现代企业制度；深化新股发行制度市场化改革，积极创造条件，实行新股发行的登记制；建立股票发行与上市交易相分离的制度；健全退市制度；严惩内幕交易、操纵市场、欺诈上市、虚假披露等违法违规行为；积极探索长期资金进入资本市场的机制；支持金融产品创新，为投资者和金融机构提供更多的金融产品组合空间。

# 2. 以政府职能转变为核心，深化行政管理体制改革

加快政府行政管理体制改革是建设成熟的社会主义市场经济体制的关键。行政管理体制改革涉及的内容较多，但其中的核心是政府职能的转变，也就是实现政府职能定位由经济建设型向公共服务型的转变。目前来看，各级政府的建设型特征仍比较突出，在向服务型政府转变方面还面临不少深层的体制性障碍。下一阶段，唯有进行更深入的体制性变革，才可能在政府职能转变方面实现突破。

在本章中，我们首先对当前建设型政府的特征进行刻画，然后分析其背后的体制性根源。在此基础上，提出促进政府职能转变的几点思路。

## 2.1 地方政府行为的微观化、企业化和趋利化倾向值得关注

近年来，随着发展理念的更新，各级政府加强了以实现基本公共服务均等化为目标的公共财政体系建设，财政支出向教育、医疗卫生、社会保障等公共服务领域给予了更大程度的倾斜，政府的公共服务职能得到一定程度的强化。与此同时，政府的职能边界仍然存有外扩倾向，突出表现在将精力相对较多地投入生产经营领域，承担了大量的经济建设职能。在这种由政府主导经济发展的过程中，政府行为微观化、企业化、趋利化的倾向值得关注。

### 2.1.1　政府直接从事招商引资工作

目前来看，各级政府对招商引资、培育税源工作非常重视，普遍将招商引资工作提高到前所未有的高度，将其看作是关系所辖区域经济增长和财政增收的头等大事。为此，在政府的工作部署中，招商引资通常被视作各项工作的重中之重，甚至是作为第一要事列为党政部门的中心任务，将很大精力投入其中，"抢"商"抢"资。

在这一过程中，层层建立招商引资目标责任制，将任务逐级分解到人、到部门。而且通常情况下，党政部门主要领导作为第一责任人亲自从事招商工作。与此同时，为进一步调动公务人员的积极性，还实施招商引资的激励措施。除了物质性奖励外，更重要的是把招商引资纳入对政府人员工作考核的主要内容，作为干部提拔重用的重要依据。

### 2.1.2　政府直接经营城市，或者更确切地说，直接运营土地

地方政府以土地为载体，热衷于城市建设和房地产开发，近年来在中国已经是比较普遍的现象。地方政府往往凭借自身的"双重垄断"地位，也就是面对现有土地使用者（无论是农民还是城市居民）进行土地使用权强制征用的买方垄断和作为土地唯一供给者的卖方垄断，用很低的农业产值作价从农民手中征用土地，或者用较低的补偿标准征收城市房屋所有者的土地，然后再以高价将土地卖给房地产开发商或其他投资者。在这一过程中，土地价值实现了几十倍甚至上百倍的升值幅度，土地的增值收益因此成为地方政府增加财政收入的重要渠道。在不少地方，土地出让金加上相关税收，已占到地方财政收入的一半以上，事实上已成为"土地财政"。这不但可以为城市建设提供巨大的资金支持，同时也有助于弥补招商引资

过程中以低地价甚至是零地价出让工业用地的损失。① 而且，以土地为抵押作为融资工具还可以获得大量银行贷款，以此来进行基础设施投资和城市建设。事实上，在地方的投融资平台中，土地对资金的杠杆撬动作用格外突出。

同时值得关注的是，近年来地方政府运作土地的又一着力点是充分利用城乡建设用地增减挂钩的政策，积极推进土地整理特别是宅基地整理，实施农民集中居住点建设，借此实现建设用地指标置换。应该说，通过村庄整治，确实可以在一定程度上解决土地资源浪费的问题，并有利于实现农民居住环境的改善。但同样不可否认的是，盘活的土地一旦变为非农建设用地，对于地方政府来讲就可以有效突破用地"瓶颈"，进而带来可观的GDP和财政收入。在这样一场"新圈地运动"中，由于行政权力介入过多，直接导致公权利对私权利的侵犯，行政权对财产权的侵蚀，出现农民"被上楼"、"被城市化"、土地"被流转"的趋向。

在我们看来，地方政府过度渗入微观领域、直接参与经济运作，特别是在招商引资、土地经营方面所具有的强烈冲动，都表现出鲜明的公司化行为特征。美国斯坦福大学政治系教授戴慕珍（Jean Oi）曾使用"地方政府公司主义"(local state corporatism)② 这一概念相对直接地剖析了中国地方政府的企业化行为：一方面，在经济发展的过程中，地方政府具有了公司的许多特征，官员们如董事会成员那样行动；另一方面，在地方经济的发展

---

① 地方政府对于工业用地和商业住宅用地的土地出让，采取了迥然不同的方法。依托于商业住宅用地的，基本上属于服务业，其产品多具有本地消费的非贸易品特征，流动性不强，因此地方政府具有较强激励，利用其在土地一级市场上的垄断地位（特别是近几年引入招、拍、挂的竞争性出让制度后），有意控制商住用地供给规模来最大化商住用地的土地出让收入；而依托于工业用地的，基本上属于制造业，其产品多具有跨地域消费的贸易品特征，流动性较强，投资者往往根据土地成本来选择投资地，在这种激烈的投资竞争中，地方政府往往采取相对"温和"的协议出让方式，形成低地价甚至零地价。这种做法，尽管短期内会形成当前一次性的收入损失，但从长期看，吸引投资形成生产能力后会带来相对稳定的未来收入流。这种收入流不仅包括制造业本身的收入，还包括其引致的相关收入。只要这种收入流的贴现值，再加上土地出让收入，超过工业用地的供给成本，对地方政府而言就是可行的选择。尽管2006年开始工业用地也被要求纳入招、拍、挂的范围，但实际操作中，地方为吸引投资，在工业用地出让中往往进行有事先意向的挂牌出让，出让金明显偏低，有的地方还在土地出让后把部分出让金按投资额度返还给企业（关于上述机制的详细分析，可参阅陶然等：《地区竞争格局演变下的中国转轨：财政激励和发展模式反思》，《经济研究》2009年第7期）。

② Jean Oi. "Fiscal Reform and the Economic Foundations of Local State Corporatism in China", *World Politics*, 1992, Vol.45, No.1.

过程中，地方政府与企业密切合作。戴慕珍教授当初提出这一概念，主要是指 20 世纪 80 年代，社区政府（乡镇政府）与乡镇企业尤其是具有集体产权性质的乡镇企业之间较为密切的依存关系。特别是在乡镇企业建立的过程中，社区政府出面组织资金、土地、劳动力等初始的要素投入，并指派"能人"来担任企业负责人。目前来看，这种"地方政府公司主义"或者说地方政权"发展型政府"的特征仍然广泛存在。

客观地分析，在经济发展水平尚低、工业化进程尚处在起步加速阶段、市场尚不完善的情况下，地方政府在经济发展过程中的积极介入有一定的合理性。特别应当看到，地方政府在引资竞争中所表现出的种种"亲"企业行为对于改善企业运营环境很有裨益，尤其是对于民营企业而言。

但是，在政府介入的过程中，有一基本的原则必须明确，就是不能混淆相关行为方的权利边界和风险承担区间，造成过大的行政渗透和扭曲，从而影响市场的有效运行。有一种观点认为，在经济发展水平尚不发达的阶段，没有经济的增长、社会财富的增加、政府财力的累积，没有所有这些条件作为支撑的基础，就无法有效提供公共服务和提高居民福利。因此政府应对本地经济总量和财政收入的增加给予高度关注。但我们以为，这种关注并不必然意味着政府过度干预经济、主导经济，直接进行招商引资、直接介入生产经营等微观事务。事实上，企业和居民个人才是创造财富的主体，政府所有行为的基点应是如何最大限度地调动微观主体内生自主的力量，为其提供必要的服务、改善其运营环境（当然，这里的创造环境不是简单地提供优惠政策，而是应该营造高效宽松的行政环境、诚信法治的市场环境、稳定和谐的社会环境）。在此基础上，获得必要的财力保障基本公共服务的提供。

需要指出的是，在政府主导型经济发展模式所引发的政府行为微观化、企业化、趋利化的背景下，尤其是应防止"坏的市场经济"的出现，也就是政府强势介入过程中所产生的权力与资本合谋、权力与利益交换的权力市场化倾向。应当看到，这种"权贵市场经济"可能引发利益集团的内生形成。这种内生性利益集团不同于市场化过程中由公平竞争产生的一般性利益集团，他们往往受到更强烈的激励去维持现状，抵制某些具有帕累托改进性质的改革政策的引入。由于这些特殊的利益集团具有较一般的利益集团更强的行动能力，可以对政治决策过程施加更强的政治影响力，因此更有可能妨碍尚未完成的市场化转轨，使深度介入的政府权力无法随着经济发展阶段和市场成熟度的变化而适时退出，进而使制度安排长期被锁定在低效率均衡状态。对我们来说，世界上一些国家（如一些拉美国家和东南亚国家）因一个无处不在、极为强势的趋利性政府而带来的危害就是前车之鉴。这些由权贵控制和主导的市场经济国家纷纷落入发展的陷阱，无法顺利实现现代化的教训值得我们深刻吸取。

## 2.2 地方政府行为异化的深层体制性因素

中国地方政府超强干预模式的形成，除了体制惯性因素外，还与转轨时期特殊的体制性因素有关。在若干体制性因素中，影响最为深刻的是政绩考核体制和财税体制。

### 2.2.1 政绩考核体制的深刻影响

改革开放以来特别是 1994 年分税制改革后，向地方分权尤其是财政分权使地方有了相对独立的经济利益；同时，地方政府被赋予更多地主导地方经济发展的权力。而在政绩考核方面，长期以来，一直片面地用 GDP 来衡量地方的发展，来衡量官员的政绩。近年来，随着新发展理念的兴起，一些衡量社会发展和可持续发展的指标也开始被纳入对地方官员的考核和评价体系之中，但这种积极的变化仍不足以撼动 GDP 在整个考评体系中的核心地位。可以说，在现有的政绩考核体系和政治激励结构下，经济增长和财政收入增长成为重要的信号显示机制和上级识别（地方努力程度）机制，发展经济遂成为地方全部工作的核心。

对于这种强烈的增长偏好，我们可以通过各省"十二五"规划的 GDP 目标来加以透视（见表 2-1）。就国家层面而言，"十二五"规划将 GDP 年均增长率 7% 作为预期性指标，但从各地的规划看，没有一个将此作为自己的预期目标，除了北京、上海等少数几个省、直辖市将经济增速指标定为

8%~9%外，其余大部分省份的经济增速指标都定在10%以上。有些省份甚至提出在"十二五"期间实现GDP翻一番的目标，这就意味着年均增速将接近15%。还有一些省份进一步提出人均GDP也要实现五年翻一番的目标，这就预示着更高的经济增长速度。平均来看，全国31个省、区、市"十二五"预期的GDP年均增长率在10.5%左右。

由此看来，国家规划为7%，而地方规划为10.5%，后者高出前者50%。反观"十一五"的GDP增长规划，国家层面为7.5%，地方层面为10%，后者高出前者30%。从中央与地方增长目标的差距看，"十二五"规划比"十一五"规划进一步扩大了。这种扩大的趋势在中西部地区尤其明显：中部6个省，"十一五"规划的经济增速平均为10%以上，而"十二五"规划平均为11%以上；西部的12个省、区、市，"十一五"规划平均为10%以上，"十二五"规划平均为12%以上，追求五年翻一番和力争翻一番几乎成为普遍目标。

表2-1 各地"十一五"规划和"十二五"规划中的GDP年均增长率

| 省、区、市 | "十一五"规划 | "十二五"规划 |
|---|---|---|
| 北京 | 9% | 8% |
| 天津 | 12% | 12% |
| 河北 | 11%左右 | 8.5% |
| 上海 | 9% | 8% |
| 江苏 | 10%以上 | 10%左右 |
| 浙江 | 9%左右 | 8%左右 |
| 福建 | 9%以上 | 10%以上，力争翻一番 |
| 山东 | 10%左右 | 9%左右 |
| 广东 | 9%以上 | 8%以上 |
| 海南 | 9%以上 | 10%以上 |
| 辽宁 | 11%左右 | 11% |
| 吉林 | 12%以上 | 12%以上 |
| 黑龙江 | 10%以上 | 12%以上，五年翻一番 |
| 山西 | 10% | 13%，五年翻一番 |
| 安徽 | 10%以上 | 10%以上，力争翻一番 |
| 江西 | 11% | 11%以上，力争翻一番 |
| 河南 | 10%左右 | 9%以上 |
| 湖北 | 10%以上 | 10%以上 |
| 湖南 | 10%以上 | 10%以上 |

续表

| 省、区、市 | "十一五"规划 | "十二五"规划 |
|---|---|---|
| 内蒙古 | 13%以上 | 12%以上 |
| 广西 | 10%以上 | 10%，力争翻一番 |
| 重庆 | 10% | 12.5%，五年翻一番 |
| 四川 | 9%左右 | 12%左右 |
| 贵州 | 10%以上 | 12%以上，五年翻一番 |
| 云南 | 8.5%以上 | 10%以上，力争翻一番 |
| 西藏 | 12% | 12%以上 |
| 陕西 | 11%左右 | 12%以上 |
| 甘肃 | 10% | 12%以上 |
| 青海 | 10%以上 | 12%，五年翻一番 |
| 宁夏 | 10%以上 | 12%，五年翻一番 |
| 新疆 | 9% | 10%以上 |

资料来源：根据各地"十一五"规划和"十二五"规划文本整理。

事实上，在现行政绩考核体系下，地方官员面临着两种竞争：一是为地区的经济产出和税收而竞争，二是为各自的政治晋升而竞争。[①] 而前者直接决定了后者。于是，参与竞争的地方政府官员都会有强烈的动机选择尽力扩大产出，刺激投资，以免在竞争中处于下风。这符合本地区和地方政府官员自身的经济与政治利益。在这种竞争格局下，地方政府的"经济人"特征越发明显，具有强大的招商引资和经营城市的内在冲动。

### 2.2.2 财税体制的深刻影响

从一定意义上说，财税体制是导致地方政府行为异化的最为深刻的制度性因素。历史地看，20 世纪 80 年代至 90 年代初期的财政承包制改革，赋予地方政府"剩余索取者"的地位，从而对地方政府扩张经济曾经形成过较强的财政激励效应。而财税体制更为强大的刺激效应则来自 1994 年以来的财政分权化改革，由于具有较明显的财政集权特色，这种压力型财政使得地方政府为达到增加财政收入的目标而进一步产生了扩张的冲动。具体来看，现行财税体制在引致地方投资冲动方面的机制主要体现在：

---

① 参见周黎安：《晋升博弈中政府官员的激励与合作》，《经济研究》，2004 年第 6 期。

**1. 间接税比重过高，导致地方上普遍重视生产规模的扩大和投资规模的扩张**

1994 年以来实施的税收体系，包括增值税、营业税和消费税（含海关代征的进口环节增值税和消费税）在内的流转税，即间接税在税收结构中占有绝对比重，尽管这几年有下降趋势，但仍保持在一半以上的较高水平（从全国水平看，2010 年为 56.7%）；而所得税、财产税等直接税所占比重一直不高，其中所得税这几年尽管总体上有上升的趋势，但一直没有超过税收总收入的 1/3（从全国水平看，2010 年为 24.2%）。至于在地方层面上，增值税、营业税等流转税也是大宗收入来源。相对而言，所得税、财产税的占比也较低。

现行以间接税为主的税制安排下，在生产环节由企业缴纳的税收在税收总额中占有较大部分。① 在税收来源以生产方为主的情况下，一般来说，项目越多，投资越大，政府的税收就越高。这就使地方政府具有招商引资和发展工商业的内在冲动，以此扩张生产、扩大投资、增加收入。

**2. 不动产收入激励过度，强力推动地方上的城市建设和房地产开发**

（1）不动产税收占比较大。

在目前的税收体制下，由城市扩张和土地占用带来的税收特别是与土地和房屋有关的税收已成为地方财政预算内收入的重要组成部分。

其中，课征于城镇经营性房产的房产税、城市房地产税，② 课征于城镇土地使用权的城镇土地使用税，课征于占用耕地建房的耕地占用税，课征于房地产转让增值收益的土地增值税，课征于转移土地、房屋权属的契税，均属于地方税种，归属地方税务部门征收管理，收入由地方政府支配使用。

与此同时，与城市建设和房地产开发转让企业有关的营业税、所得税，尤其是针对房地产开发、建筑安装工程征收的营业税，也是主要的地方税种。由于其在开发（施工）项目所在地缴纳，税基流动性较小，地方政府

---

① 如消费税，目前是作为价内税，而不是价外税计征，也就是说，本来可以在消费环节直接向消费者征收的税，却选择在生产环节由生产企业代缴。尽管消费税目前是纯国税，其计征方式对地方政府的行为可能无法构成实质性的影响。但至少表明了目前税制设计中的生产化倾向，值得我们关注。

② 自 2009 年 1 月 1 日起，原课征于外资企业和外籍个人房产的城市房地产税已被取消，对内外资企业和个人统一征收房产税，以便更好地体现税收公平性原则和 WTO 的国民待遇原则。

可以充分征收。

综合算来，在一些地方，除了难以准确统计的土地收费，土地直接税收及由城市扩张带来的间接税收就占地方预算内收入的 40%。

（2）土地出让金收入增长迅猛。

除了不动产税收，地方财政中更大规模的不动产收益，来自出让土地的收入。

20 世纪 80 年代末，中国开始进行土地有偿使用改革，推行土地使用权批租（出让）制度。其要点在于按照所有权与使用权相分离的原则，由地方政府代表国家行使城市土地所有权，单位和个人兴建房产等不动产，必须向房产所在地人民政府取得土地使用权。地方政府可以一次性出让若干年的土地使用权（一般为 40~70 年，其中商品住宅用地的最长租期为 70 年），并一次性收取整个租期的土地出让金。

1989 年政府开始征收土地出让金时，按照规定，在进行必要的扣除后，实行中央与地方四六分成。但是，由于无法核实土地开发的成本，中央所得实际很少。1994 年后，土地出让金不再上缴中央财政，全部归地方政府支配和使用。历史地看，在 1999 年住房体制改革之前，土地出让金收入对地方财政的影响并不大。甚至在 2002 年前，地方政府也并未把土地出让金收入作为重要的财源来开掘。但随着商品住宅市场的发展以及土地有偿出让进一步市场化，土地出让金的规模迅速膨胀。[1] 特别是 2002 年 7 月 1 日施行《招标拍卖挂牌出让国有土地使用权规定》，以及 2004 年 8 月 31 日《关于继续开展经营性土地使用权招标拍卖挂牌出让情况执法监察工作的通知》中明确 "所有经营性用地必须以招拍挂方式出让" 后，土地出让金收入呈现明显的增长态势，其在地方财政总收入中的占比亦迅速提升。据统计：2001~2003 年，全国土地出让金收入合计 9100 多亿元，约占同期全国地方财政收入的 35%。而到 2004 年，全国出让金的价款达到了 5894 亿元，占

---

[1] 对于土地出让市场化与土地出让金大幅增加的内在关系，需要仔细分析。一方面，市场化方式确实强化了土地的价格发现机制。同时也应看到，现行的市场化交易方式是在政府垄断土地资源的情况下发生的。在这种扭曲的市场化交易中，地方政府完全可以通过控制土地供应量（尽管有一些正当的理由）的方式来增加其土地批租收入。

当年地方财政总收入的 47%。此后的 2005~2007 年，全国土地出让金收入分别达到 5505 亿元、7677 亿元和 11948 亿元。2008 年，受经济形势变动的影响，全国土地出让总收入有所减少，但仍高达 9600 多亿元。2009 年，随着房地产市场的迅速回暖，全国土地出让金收入攀升到 1.5 万亿元左右。[①] 2010 年进一步达到 2.71 万亿元的历史高位。目前来看，来自土地出让的收入一般占到省级以下地方政府总收入的 30%~50%，有些甚至达到 50%~60%，成为名副其实的"土地财政"。

还应当看到的是，如此数量可观的土地出让金收入，长期游离于预算之外，逐渐发展成为地方政府预算外收入的主要来源，一般被称为地方政府的"第二财政"，在一些地方甚至有变成"第一财政"的趋势。如在一些县市中，土地出让金收入占预算外财政收入的比重超过了 50%，有部分地区甚至占到了 80%以上。为规范土地出让金管理，2006 年 12 月，国务院下发《关于规范国有土地使用权出让收支管理的通知》，决定将土地出让收支纳入地方财政基金预算管理，即收入全部缴入地方国库，支出一律通过地方基金预算从土地出让收入中予以安排，实行彻底的"收支两条线"。但从实际情况看，真正落实还需一个过程。2009 年 7 月国家审计署发布的一份抽查报告就显示，10 个省本级、23 个市本级和 41 个县中，2007 年有 626 亿元土地出让收入没有纳入到预算管理。这就意味着，地方政府对这笔规模庞大的收入仍享有较大的自由支配和使用权。

这样，无论是基于占比较大的不动产税收，还是基于增长迅猛的土地出让金收入，地方政府都有充分的激励进行土地开发和城市扩张，以此促进建筑业和房地产业的发展，带动地方财政收入的增加。

此外需要关注的是，在目前诸多的房地产税种中，围绕土地和房屋开发建设、销售流转过程课征的税过多，而针对保有环节课征的税偏少。[②] 即便是在保有环节征收的税种，其主要赋税对象也是企业的经营性资产，而不是个

---

① 财政部统计的缴库土地出让收入为 14239 亿元，国土资源部统计的土地出让合同价款为 15910.2 亿元。

② 目前在房地产保有环节征收的税种，只有城镇土地使用税和房产税。2010 年，这两个税种占税收总收入的比重仅为 2.6%。相比之下，仅仅房地产交易环节涉及的契税和土地增值税，就占到 5.1%。

人的消费性财产。这些都进一步强化了地方热衷于投资和生产的倾向。

**3. 自主性财政收入不足，引致地方政府对于财政自给的强烈需求，从而强化了地方的投资冲动和微观介入**

（1）地方财政分享收入偏少。

1994 年的分税制改革，其主要诉求是提高"两个比重"（即财政收入在国内生产总值中的比重、中央财政收入在财政总收入中的比重），特别是提高中央财政收入的占比。因此，在中央政府和地方政府财政收入分配格局方面，经历了一次重大调整。通过改革，一些税源集中、易于征收、收入规模较大的税种被划为中央独享税或中央地方共享税，而且在共享税的分成比例上，也倾向于中央。特别是诸税种中规模最大的一种——增值税被划为共享税，中央分成比例为 75%，地方分成比例为 25%。另一大税种——企业所得税[①] 在 2002 年实行所得税分享改革后，也由原来的属于地方财政收入调整为中央和地方共享税，最初五五分成，2003 年后中央地方六四分成。在中央财政集中一部分收入的基础上，省以下各个上级政府又对中央地方共享收入和地方固定收入进行了分成。由于分税制只是对中央和省级财政的收入划分作了规定，而省以下每一级政府都有权决定它与下一级政府的收入划分办法，因此收入集中的效应就在各级政府间层层传递。

（2）合理的地方主体税种缺失。

如前所述，1994 年的分税制改革重点解决的是中央税和共享税问题，而对于地方税的有效性，却考虑得不是很充分。事实上，在财政收入向上集中的过程中，地方财政实际分到的独享税种数量有限，而且除营业税外，大多是零散、征收难度较大、税源不稳定的小税种。

（3）地方税权的自主性不足。

1994 年的分税制改革，主要关注的是中央与地方间收入的划分，至于中央和地方间的税权分配，并没有太大的调整，仍以高度的中央集权为特点。具体来说，对于中央和地方的共享税收入，所有的税权都归中央，地

---

① 以 2010 年的情况看，按照各税种收入占税收总收入的比重高低排列，第一位是（国内）增值税，占 29%；第二位是企业所得税，占 17.5%。由此可见，增值税和企业所得税是目前最大的两个税种。

方只能按固定比例从共享税收入中获得一定的份额，分享比例由中央确定；而对于完全划归地方的税种，包括开征、停征权，税基确定权，税目税率选择和调整权等在内的税收立法权和税政管理权也是高度集中的（即使是个别下放的权力也基本集中在省级政府，对基层政府而言无法分享到）。

目前这种税权过分集中的体制，尽管可以在一定程度上约束地方政府可能的非规范税收行为，但却使其无法根据自身的社会经济条件来设置合理的地方税种，也缺少自主调整税负水平的空间，没有办法根据当地的具体情况获得合理的、相应的税收收入，从而影响到地方的收入能力。

（4）支出责任和收入权力的非对称性分权。

在因地方财政分享收入偏少、合理的地方主体税种缺失、地方税权的自主性不足而导致一些地方财政增收困难的同时，各级政府间事权安排以及相应的支出责任却在缺乏规范的情况下总体上呈层层下放之势。这种局面的形成，主要还是与 1994 年的分税制改革密切相关。由于当时重在解决收入层面"两个比重"下降的问题，于是改革重点就相应地放在政府间收入划分的调整，而在支出层面则没有进行实质性的改革。在不同层级政府间的事权范围和财政支出责任划分缺乏明确和具体法律规定的情况下，下级财政支出责任受上级政府的行政性干预过多，极易导致下级政府支出规模的无度扩张，从而使地方财政特别是基层财政更加困难。

总之，1994 年分税制改革后，在中央与地方之间形成了新的财权与事权分配模式：对地方政府而言，存在着财权上移而事权下移的倾向。从地方财政自给率的情况看，2009 年和 2010 年已降至 1994 年以来的最低点（见表 2-2）。由于中央与地方财权和事权划分不对称的问题逐渐凸显，迫使地方政府想方设法上项目，扩大投资，增加地方财政收入。

表 2-2 1994 年以来中央与地方政府财政收支占比及财政自给率

| 年份 | 中央财政收入占比（%） | 地方财政收入占比（%） | 中央财政支出占比（%） | 地方财政支出占比（%） | 中央财政自给率 | 地方财政自给率 |
|------|------|------|------|------|------|------|
| 1994 | 55.7 | 44.3 | 30.3 | 69.7 | 1.66 | 0.57 |
| 1995 | 52.2 | 47.8 | 29.2 | 70.8 | 1.63 | 0.62 |
| 1996 | 49.4 | 50.6 | 27.1 | 72.9 | 1.70 | 0.65 |
| 1997 | 48.9 | 51.1 | 27.4 | 72.6 | 1.67 | 0.66 |

续表

| 年份 | 中央财政收入占比（%） | 地方财政收入占比（%） | 中央财政支出占比（%） | 地方财政支出占比（%） | 中央财政自给率 | 地方财政自给率 |
|------|------|------|------|------|------|------|
| 1998 | 49.5 | 50.5 | 28.9 | 71.1 | 1.57 | 0.65 |
| 1999 | 51.1 | 48.9 | 31.5 | 68.5 | 1.41 | 0.62 |
| 2000 | 52.2 | 47.8 | 34.7 | 65.3 | 1.27 | 0.62 |
| 2001 | 52.4 | 47.6 | 30.5 | 69.5 | 1.49 | 0.59 |
| 2002 | 55.0 | 45.0 | 30.7 | 69.3 | 1.53 | 0.56 |
| 2003 | 54.6 | 45.4 | 30.1 | 69.9 | 1.60 | 0.57 |
| 2004 | 54.9 | 45.1 | 27.7 | 72.3 | 1.84 | 0.58 |
| 2005 | 52.3 | 47.7 | 25.9 | 74.1 | 1.89 | 0.60 |
| 2006 | 52.8 | 47.2 | 24.7 | 75.3 | 2.05 | 0.60 |
| 2007 | 54.1 | 45.9 | 23.0 | 77.0 | 2.43 | 0.61 |
| 2008 | 53.3 | 46.7 | 21.3 | 78.7 | 2.45 | 0.58 |
| 2009 | 52.4 | 47.6 | 20.0 | 80.0 | 2.35 | 0.53 |
| 2010 | 51.1 | 48.9 | 17.8 | 82.2 | 2.66 | 0.55 |

注：财政自给率＝各级政府本级收入/本级支出

资料来源：根据历年《中国统计年鉴》计算所得。

（5）转移支付带来的激励扭曲。

近年来，为了增加地方政府的可支配财力，中央政府通过税收返还和体制性补助、专项转移支付、一般性转移支付等逐步加大了对地方支出的补助力度。但对不同地区而言，财政缺口得到弥补的程度是不同的；即便中央政府能够通过转移支付在较大程度上弥补地方财政的收支缺口，但财力与事权的匹配并不直接；而且转移支付中的税收返还同样具有鼓励地方政府增收的正向激励。[①] 对于地方政府尤其是中西部地区的地方政府而言，实行分税制以来，无论是在地方可支配财力中中央补助所占的比重，还是转移支付在地方财政支出中所占的比重，都处在相对较高的水平（2009 年地方可支配财力中中央补助所占的比重全国平均为 46.8%，同年地方财政支出的 39.1% 来源于中央财政转移支付）。从国际上大国比较的视角看，中国地方财政对中央财政转移支付的依赖性已经达到了相当的程度。对中央财政

---

[①] 此外，现行财税体制下实行的某些以奖代补、以奖代扶、财政收入增收奖励等举措，也事实上强化了地方政府多做项目、做大项目、提高财政收入的种种努力。

的依赖度越高，意味着地方财政的自主权越小。而且，在中央财政补助中，专项资金占了较大的比例，对这部分专项资金的分配和使用会施加不少限制，这也在一定程度上削弱了地方的财政自主性。于是，寻求更多的自主性收入仍是地方政府的主要诉求。

就地方财政而言，为实现收入与支出数量的对等性，大体存在着两种不同的匹配方式，即直接匹配方式和间接匹配方式。前者是指，在财政分权体制设计上，各级政府的支出数量与本级财政的收入数量基本相当；后者是指，在财政分权体制设计时，收入的划分不考虑地方政府本级收入和支出的匹配问题，而是在中央集中收入后，通过转移支付实现各级政府收入和支出的匹配。而这实际上涉及两种不同形式的财政下放，即支出责任和收入权力同时下放的财政下放形式，以及只有支出责任下放而收入权力不下放的财政下放形式。国外政治经济学文献的最新进展对这两种不同形式的财政下放进行了区分发现：那种只有支出责任下放，但收入权力上收，地方政府因此需要大量上级转移支付的财政下放形式，与支出责任和收入权力同时下放的财政下放形式，在治理绩效上存在很大差别。前者很容易产生一系列地方激励扭曲导致的成本。一些国别与跨国研究也表明，一些发展中国家，如拉美国家，在支出责任下放的情况下通过上级转移支付融资，结果是地方政府出现道德风险，政府支出规模和债务增加，甚至宏观经济不稳定。而只有支出责任和收入权力同时下放，即事权与财权相对应，才能取得财政分权理论所带来的政府效率改进。①

进一步分析，转移支付所导致的地方政府道德风险，源于转移支付可能造成官员行为问责制的不完备性并由此带来软预算约束问题，相应会降低财政拨款的使用效率。相关研究表明，在长期内，相对于中央政府对上缴税款的减免，中央政府的总量拨款（尤其是无条件或非配套补助）在刺激受补助政府的支出方面，其效应要大得多。同时，地方政府的预算支出对所接受转移支付增长的弹性，要大于对本地区非公共部门收入增长的弹

---

① 参见袁飞等：《财政集权过程中的转移支付和财政供养人口规模膨胀》，《经济研究》，2008年第5期。

性。也就是说，中央政府总量拨款所带来的预算支出，可能并没有像本地税收收入增长所带来的预算支出那样，对地方政府具有硬约束。这种现象被称作"粘蝇纸效应"（flypaper effect），①即资金被粘在它所到达的地方（money sticks where it hits），指中央政府拨付的资金会粘在它到达的地方公共部门。之所以会造成这样一种状况，一个重要原因是：如果地方政府的支出超过预算从而产生赤字时，可以不为其缺口负责，而由上级政府的事后追加补助来填补，那么地方政府就处于简单的收入接受者的地位。由于补助不是自有收入，只是一种廉价资金，可能使地方政府产生"财政幻觉"，刺激其超额支出、过度支出，并可能引致支出方向的不合理以及资金使用的低效率。应该说，软预算约束的存在，在一定程度上诱导地方政府财政赤字的增加，使地方财政陷入恶性循环。

### 2.2.3 土地制度的深刻影响

除上述政绩考核体制和财税体制的深刻影响外，土地制度也是影响政府行为的一个重要方面。

根据《宪法》规定，中国实行土地公有制度，"城市的土地属于国家所有。农村和城市郊区的土地，除由法律规定属于国家所有的以外，属于集体所有；宅基地和自留地、自留山，也属于集体所有。"但农民土地集体所有的制度安排实际上导致在产权归属上的模糊和混沌，产权主体事实上处于被虚置的状态，致使土地要素被牢牢掌握在各级政府手中。在土地转让和交易过程中，土地的国家所有制和集体所有制实际上演变成了政府所有制。

对于地方政府而言，在仍然垄断房地产的核心要素——土地资源的体制下，至少存在着两种获利机制。

---

① 关于粘蝇纸效应的经典分析，参见 Gramlich, Edward. "State and Local Governments and their Budget Constraint", *International Economic Review*, 1969, Vol. 10 （June）: 163–182; Gramlich, Edward. "Intergovernmental Grants: A Review of the Empirical Literature", in W.E. Oates （ed.）, *The Political Economy of Federalism*, Lexington, MA: Lexington Books, 1977: 219–240; Henderson, James. "Local Government Expenditures: A Social Welfare Analysis," *Review of Economics and Statistics*, 1968, Vol. 50 （May）: 156–163; Inman, Robert P. "Federal Assistance and Local Services in the United States: The Evolution of a New Federalist Fiscal Order", in Harvey S. Rosen （ed.）, *Fiscal Federalism: Quantitative Studies*, Chicago: University of Chicago Press, 1988: 33–74.

一是扭曲的市场化机制。在土地要素资源被垄断的情况下引入市场化交易方式，土地价格完全可能被操纵。通过有意控制土地供应量（尽管有一些正当的理由），可以拉高土地价格。对于资源垄断者来说，拉高土地价格可以最大化土地出让收益，获得较高的房地产相关税收，从而直接增加地方财政收入。在博取地方利益的过程中，官员个人的政治利益和经济利益也相应得到满足。

二是权力资本化机制。在现行的土地制度安排下，资源垄断者处于核心的地位，享有较大的自由裁量权。这为其创造了巨大的"设租"空间，也为潜在的土地需求者——房地产开发商提供了巨大的"寻租"空间。于是，权力与资本结盟、权力与利益交换，获取个人非法财富的腐败行为就自然而然地产生了。在现实生活中，我们看到了太多因此类权力资本化而"致富"的政府官员，也找到了房地产行业高利润的其中一个源头。

不仅如此，从某种程度上说，地方政府一旦掌握了土地，也就掌握了对地区金融资源的重要配置权。由于土地是当前银行最值得信赖的抵押物和担保品，地方政府可以土地作为抵押物向银行申请土地抵押贷款，获得廉价的金融资源，进行基础设施投资和城市建设。

在土地制度的这一背景下，地方政府对"经营城市"的热衷也就不难理解了。

## 2.3 改善财税激励结构，矫正地方政府的微观化行为

鉴于财税体制对地方政府行为的深刻影响，要促进政府行为的转变，需要从调整财税体制入手。这种调整的核心是应设法改变对地方政府行为的激励方向，即切断地方财政收入增长与政府重视生产经营之间高度关联的纽带，而使地方财政收入增长与政府有效提供公共服务之间更加直接地联系起来。具体来看，可采取如下举措：

### 2.3.1 降低间接税比重，弱化地方政府单纯追求产值增长的扭曲式激励

一般来说，在经济发展水平尚不发达的阶段，由于人均国民收入水平相对较低，税收征管能力也相对有限，因此，所得税、财产税等直接税税源不足，相比之下各种流转税的征收更容易实现。于是，形成以间接税为主的税制安排具有一定的必然性。

据有关资料显示，直接税与间接税的比重，高收入国家一般为 2∶1，中等收入国家一般为 1∶1，低收入国家一般为 0.4∶1。这也就意味着，随着中国由下中等收入国家转向上中等收入国家，以及与之相伴随的国民收入水平和税收征管能力的提升，扩大直接税，减少间接税（特别是在地方层面，建立以财产税、所得税等直接税为主体的税收体系，相应降低增值税、营业税等流转税的比重），就具有了更为坚实的现实基础。在这种内在机制发生作用的同时，还可以更加主动地通过税制结构的重新设计来适当降低间接税在整个税收收入中的比重。比如，进一步改革和完善增值税制度，在增值税由生产型向消费型转型改革的基础上，调降增值税税率，扩大抵扣范围，改变增值税税负水平偏高的现状。就今后几年间接税比重的调整目标而言，可先大致设定在 40%~50% 的区间，之后再相机作出进一步的调整。

在调降间接税比重的过程中，对于某些税种，在条件适宜的情况下，应探索改革从企业生产项下和从生产地收取的体制为从销售环节和产品最终消费地收取的体制。这一方面可以削弱地方政府与扩张生产规模之间直接的利益关系，弱化其直接参与生产经营活动的激励；另一方面也可以强化地方财政收入增加与当地居民收入和消费水平提升之间的直接相关关系，促使地方政府更加重视本地居民福利水平的改善。

### 2.3.2 调整现行的与土地、房屋有关的财政收入制度，遏制地方政府经营土地的冲动

可考虑将一次性收取的土地租金和集中在开发和销售环节的税收整合为统一的房地产税，探索在不动产保有环节统一征收以房地产价值为税基

的物业税或不动产税（特别是对居民房产征税），作为地方上一个稳定的大宗财政收入来源。并藉此把地方上短期行为的土地财政改造成为长期行为的土地财政，即从过分关注经营城市，转向努力提供公共服务。因为只要地方政府专心致力于优化辖区公共服务提供，就会使本地区的吸引力逐步提升，并引致地方不动产的不断升值，从而相应地扩大辖区内的税收来源。当作为未来地方主体税种的物业税价值在很大程度上取决于地方政府所创造的治理环境时，就将地方财源的培养与当地居民的安居乐业直接联系了起来，从而将地方政府的行为引入与其职能定位相符的更加规范合理的方向。

而在物业税正式推出之前，应进一步规范土地收入管理。严格将土地出让金全额纳入地方预算，实行"收支两条线"管理，并在地方建立"国有土地收益储备基金"，加大在征地拆迁补偿、耕地占补平衡、廉租房建设和对低收入家庭的住房补贴等方面的投入力度。也可以考虑将土地批租制改为土地年租制，也就是将一次性收取几十年的土地出让金改为每年收取一次土地年租金（土地使用费），由此减弱地方政府盲目出让土地的内在驱动力。

### 2.3.3 在坚持分权原则的前提下，合理划分各级政府的财权和事权

通过财税体制调整促进政府行为转变，最为关键的内容还是中央和地方间财政关系的调整。中央与地方财政的关系问题，核心是要解决在财力分配和政府职能分配上的适度集中，还是适度分散的问题。在这方面，我们的基本看法是顺应国际上分权化改革的趋势，继续坚持分权原则。而且，这种分权不仅体现在支出层面，同时也反映在收入层面上。

**1. 在事权划分上，继续充分发挥地方政府的作用。同时，适当强化中央政府的支出责任**

这至少应包括以下几个方面：

（1）重视地方政府在公共服务提供中的作用，一是有利于解决信息不对称的问题；二是有利于加强公共参与。

根据分权理论，地区之间的巨大差异必然会导致各地使用者对公共服务的异质性偏好，而辖区范围较小的基层政府能利用其信息优势更准确地

对当地的需求作出反应和决策，能更有效地提供符合当地偏好和当地具体条件的公共服务，从而能更好地满足使用者，保证基层政府在公共服务提供方面的更高效率。而且，基层政府更能够监督服务质量，也更容易负起责任。

公共选择理论的研究则表明，成员数量较少的"小集体"较之成员数量较多的"大集体"具有更高的公共服务效率。将支出责任下沉到地方，有利于将财政决策纳入普遍的公共选择过程，强化财政决策程序的公共参与特征。

（2）重视地方政府的作用，并不意味着中央政府由此可以甩包袱。

在确定中央和地方的支出责任边界时，总的原则是考虑公共服务的受益范围。对于受益范围遍及全国、具有显著规模效应和溢出效应的全国性的公共服务，中央政府应负有主要的支出责任。

近年来，随着人口流动规模的不断扩大，一些原具有地方属性的公共品产生了显著的跨地区甚至全国性的溢出效应，如公共卫生和基本医疗、义务教育、养老保险、失业保险等。以基本养老金为例，从国际上一些国家的做法看，普遍由中央政府统筹资金的筹集和管理，从而使养老金账户具有了可携性。当全国性的养老金体系整合形成后，不仅有利于劳动力在全国范围内的自由流动，也使养老金标准在不同区域之间趋向均等。而中国是世界上少有的养老保险由地方管理的国家。在碎片化的管理模式下，养老金账户跨省、跨市转移困难，对劳动力市场的流动性以及产业在区域间的转移形成了负面影响。

下一阶段，为构造中央与地方政府之间合理的职能分工格局，可考虑将养老、流动人口子女义务教育、司法、食品药品监管、跨流域大江大河的治理和跨区域的污染等领域的支出责任，适度上划到中央。并藉此降低专项转移支付的比重，削弱财政部门自由支配资金的权力，杜绝"跑步（部）进京"的不正常现象。

需要指出的是，充分发挥地方政府在公共服务提供中的作用与适当强化中央政府的支出责任在某些情况下可以是并行不悖的。这实际上涉及公共服务筹资与服务的分离问题。典型的如基础教育，在世界上一些国家，是由基层政府负责提供服务，而由高层政府负责提供资金。这样，不仅可以在服务提供中让决策者尽可能地了解需求；也可以在公共支出过程中贯彻平等标准，实施普遍覆盖，确保区域间的公平性。

**2. 在财权划分上，以设法增加地方自主性财政收入为核心目标，完善地方主体税种，合理划分共享税，改革税权过度集中的体制**

国际上关于财政分权研究的结果表明，为了更好地实现问责，政府的大部分支出应来自自身的收入来源，这样更有利于地方政府对辖区内居民（课税对象）负起责任，为本地区提供合意的公共物品。为此，应在收入层面实施更积极的分权化改革，以此来矫正目前支出责任和收入权力非对称性分权和地方财政高度依赖转移支付的格局。

（1）合理划分各级政府的税种。

在各级政府之间，特别是中央与地方政府之间税种的划分原则上，国际上不少财政学者提出了各自的理论。其中，比较著名的是美国财政学家马斯格雷夫（Musgrave）的七原则论，[①] 其主要观点是：

第一，由于社会公平关乎全体公民，因此以收入再分配为目标的累进税应划归中央；而且，采用累进制税率对个人征收的税种也应由最有能力采用综合税基的那一级政府征收。

第二，因为宏观稳定需要由中央政府在全国范围内进行调控，因此作为稳定经济手段的税收应划归中央，而具有周期性稳定特征，收入起伏不大的税收应划归地方。

---

① 除此之外，其他一些学者也围绕税收划分的原则进行了研究。如明孜（Mintz）提出了五原则，即效率（税收划分要尽量减少对资源优化配置的影响）、简化（应使税制简化，便于公众理解和执行）、灵活（有利于各级政府灵活地运用包括预算支出、税收补贴等措施在内的一系列政策工具，使税收与事权相适应）、责任（各级政府的支出与税收的责任关系应协调）、公平（要使全国各地区间的税种结构、税基、税率大体平衡，即各地居民的税负应平衡）。鲍德威（Boadway）等人提出了六原则，即所得税关系到全社会的公平，应划归中央；为保证全国统一市场的形成和资源在全国范围内自由流动和优化配置，对相关的资本税、财产转移税等税种应划归中央；对资源课税涉及公平与效率目标之间的权衡，应由中央与地方共享；具有非流动性特征的税收是地方所辖市政府收入的理想来源；作为受益性税收的社会保障税，可由中央与地方协同征收管理；多环节征收的增值税、销售税应划归中央，单一销售税、零售税等较适宜划归地方。塞力格曼（Seligman）提出了三原则：一是效率原则，即政府间收入划分应以征税效率高低作为标准；二是适应原则，即政府间收入划分应以税基的宽窄作为标准，税基宽的税种可划归中央税，税基窄的税种划归地方政府；三是恰当原则，即政府间收入划分应以税收负担公平与否作为标准。

第三，地区间分布不均的税源应划归中央，否则会引起地区间税收收入的不平衡。

第四，课征于流动性生产要素的税收最好划归中央，否则会扭曲资源在地区间的优化配置。

第五，依附于居住地的税收（如销售税和消费税）较适合划归地方。

第六，课征于非流动性生产要素的税收最好划归地方，因为税率差异不会改变生产要素的地区分布，可避免因地方税收竞争导致资源配置的效率损失。

第七，受益性税收及收费对各级政府都适用。

综合马斯格雷夫等人的研究成果，比较适宜划归地方成为地方主体财源的税种主要应具备以下特征：第一，税源具有明显的区域性、不易流动性；第二，以居住地为基础，可以有效地按照受益原则征收；第三，信息要求较细，地方征管效率更高。照此特征衡量，财产税特别是课征于不动产的物业税被公认为是最适合地方政府掌握的税种，具有成为地方税主体税种的优良潜质。首先，不动产具有难以位移、非流动性的特征，税源比较稳定。其次，不动产税所负担提供的公共品具有明显的受益区域和受益对象范围，可以体现受益征税的原则。最后，不动产差异性显著，征税信息需求量大，地方政府具有管理优势。

从国际上看，在许多国家，财产税都划归地方，成为不少实行分税制国家级次较低的政府（主要是县市一级）财政的主力财源。如从美国的情况来看，在联邦、州、地方三级政府构架下，地方政府，包括市、县、镇、学区和专区等都开征了财产税，在地方税收收入中占有绝对比重。其作为地方政府的主要资金来源，支撑着地方政府的公共管理活动。对于财产税，地方政府拥有部分立法权和全部执法权，可相对自主地决定财产税的税基与税率；并进行税款征收、日常管理和监督检查等一系列工作。在其他的一些发达国家，地方政府的财产税规模也普遍较大，成为其地方财政收入的重要组成部分，甚至是地方税收体系中的主体税种。

而从中国的税制结构来看，目前主要课征于不动产（房地产）的财产税收入也基本上划归地方所有，在地方税收收入中也占有一定的份额；但总的来看，财产税收入规模偏小，离地方税主体税种地位或地方主力财源地位还有一定的距离。政府税收收入多以商品税为主，所依赖的主体税种主要是增值税、营业税，而财产税占地方财政收入总额的比重却非常低。客观而论，不同的经济发展阶段，特别是不同的工业化和城市化水平，会导致不同的税制结构，因此中国的地方政府与发达国家的地方政府不具备可比性。但即使考虑到这一发展水平的差异，中国地方层面的财产税规模也低于发达国家。有研究表明，即使在一些城镇化水平已经达到一定程度的基层政府，财政收入结构也并无本质性变化。①

有鉴于此，我们认为，应结合前面提到的土地、房屋税制改革，通过开征物业税或不动产税来优化地方税结构，将其逐步培育成为地方政府的主要税源和地方税的主体税种，以此来提高地方财政的自给率。除了财产税外，从国际上地方税体系的普遍特征看，资源类税种，以及目的和行为类的税种也是地方税的主体形式。为此，应加快资源税的改革，并尽快开征环境税、碳税，作为地方主体收入来源的重要补充。

在发展基层政府支柱财源的同时，也可以考虑适当缩小共享税的比重，并对地方财政和中央财政的收入比例做一些调整，适度提高基层财政的共享税分成标准，尤其是省以下各级政府间财政收入的划分，也应采取按税种或按比例分享等规范办法，合理界定各级政府的收入来源，科学划分收入级次及共享收入分成比例。

（2）合理划分各级政府的税权。

为改变目前税权过于集中的局面，应进行更加深入的分权改革，适当扩大地方政府的税收管理权限，使其拥有更大的财政收入自主权。具体而言，对某些全国性影响相对不显著的税种，可在中央制定统一税收条例的前提下，允许地方政府根据各自的实际情况，对税目、税率、税基等税制要素，在一定的限度内作适当的规定和调整。比如，中央可设定统一的税率浮动范围，允许地方政府在此范围内自行选择。而对某些征税效应具有明显区域性的地方税，应扩大地方政府税种方面的选择权，允许地方政府在中央必要约束条件下通过地方人大的立法程序自行开征地方自己的税种。

---

① 参见周业安：《税费改革与乡镇民主建设》，《管理世界》2001年第5期。

**3. 寻求地方政府间竞争机制的新路径**

在谈到财税体制调整和矫正政府行为这一问题时，还有必要对财政分权所引发的地方政府间的竞争作一深入分析。长久以来，中国地方政府强大的分权激励和地方政府之间的竞争被认为是促进经济增长的重要动力。"中国特色的联邦主义"假说[①]强调了中国式的政府分权有助于增进中央对分权承诺的可信度和减少地方政府的软预算约束。该理论认为，中国的分权化制度安排对地方政府而言，带来了激励结构的改变，使其具有很强的动机去保持和维护市场化进程，推动地方经济增长。近年来，有的学者在此理论基础上进一步考察了中国分权的特殊经历，尤其是具有中国特色的激励地方官员推动地方经济发展的治理方式，即地方官员之间围绕 GDP 增长而进行的"晋升锦标赛"模式。在该模式中，以 GDP 为主的政绩考核机制使得地方政府官员面临的政治激励与推动地方经济增长激励之间实现兼容。[②]

如果说经济增长是过去阶段唯一发展目的的话，那么，随着发展视野融入更多的"人文关怀"以及由此所呼唤的政府职能转变，我们需要考虑的问题是，如何将地方政府间的竞争从单纯地促进经济增长更多地导入促进公共服务的改善。

按照传统的财政分权理论特别是财政联邦主义理论的一般性观点，政府间财政竞争（当然也包括地方政府的信息优势）应该有助于改善公共品的提供，进而提高居民福利水平。因为，对于理性的居民而言，他们要比较享受居住地公共服务的收益与履行纳税义务的成本。在这一比较的约束下，地方政府有最有效地提供公共品的动力。

具体到未来的地方实践，我们认为，可考虑借助物业税的推出，通过人口自由流动条件下的迁徙和"用脚投票"（流动性要素的退出威胁）机制来

---

① 参见 Montinola, G., Yingyi Qian and Berry Weingast. "Federalism, Chinese Style: the Political Basis for Economic Success in China", World Politics, 1995, 48 (1): 50–81; Qian, Y., and B. Weingast. "Federalism as a Commitment to Preserving Market Incentives", Journal of Economic Perspectives, 1997, 11 (4): 83–92; Qian, Y., and G. Roland. "Federalism and the Soft Budget Constraint", American Economic Review, 1998, 88 (5): 1143–1162; Jin, H., Y. Qian and B. Weingast. "Regional Decentralization and Fiscal Incentives: Federalism, Chinese Style", Journal of Public Economics, 2005, 89 (9–10): 1719–1742.

② 参见周黎安：《中国地方官员的晋升锦标赛模式研究》，《经济研究》，2007 年第 7 期。

形成地方政府之间的竞争。也就是说，居民通过变换居住地选择公共服务（如教育），可以在很大程度上影响地方的经济容量尤其是影响房地产的价值，进而对基于地方房产价值的不动产税产生实质性影响。于是，地方政府就具有了努力改善公共服务的激励。

需要指出的是，同样是基于吸引流动性要素流入而展开的财政竞争。这里所主张的财政竞争是吸引人口要素流入所带来的财产税税源之争，可以相应地提升居民的福利水平，是一种良性竞争。而目前各地普遍采取的财政竞争是为吸引资本要素和产业流入的税收减免之争，主要出于招商引资和促进生产的目的，在一些地方已逐渐演变成为某种"竞次"策略，即所谓打到底线的竞争（race to the bottom），有恶性竞争之嫌。因此这两种财政竞争具有本质的不同。

## 2.4 改变土地要素资源配置方式，克服地方政府的趋利化行为

### 2.4.1 加快土地要素配置和价格形成的市场化改革

前面已指出，地方政府对"经营城市"的强烈偏好，与其仍然保持着过大的土地资源配置权力密切相关。为此，应加快土地要素配置和价格形成的市场化改革，进一步压缩划拨土地的比例，加快建立经营性基础设施用地的有偿使用制度，设法扩大招标、拍卖和挂牌交易等市场竞争性出让资源方式的使用范围。对于现存的资源价格"双轨制"，应尽可能地实现并轨。为体现公益性目标的价格支持，在适用范围和使用力度上应严格控制，当非市场化价格不可避免时，应在市场化价格和非市场化价格之间构筑严密的隔离机制；同时非市场化价格形成并不意味着资源可以无偿使用，应通过建立资源有偿使用制度，以体现最基本的成本和价值观念，尽可能地缩小"双轨"的落差。事实上，价格支持应更多体现为前端支持，可考虑通过支持环节的后移（价格补贴）来实现公益性目标，进而从根本上消除"双轨制"存在的空间。

### 2.4.2 关键是厘清政府的角色定位

从矫正政府行为的诉求出发，土地制度改革的根本是切断政府利用对土地资源的垄断性经营权获取利益的管道。这里的关键是厘清政府的角色定位，应逐步弱化政府作为土地交易者和直接经营者的角色，强化其服务者和监管者的角色。

一方面，应改革行政性强制交易为市场化自愿交易，政府不再凭借强制力直接介入土地资源的交易，而应按照"依法、自愿、有偿"的原则由土地现有使用者和潜在需求者之间直接谈判和交易，政府只是作为第三方负责制定交易规则，监督交易行为，提供交易服务，维护好交易环境和秩序。

另一方面，可考虑将政府系统与国有土地资产管理与运营系统分开，由单独的国有土地资产管理系统（类似土地国资委）执行所有者职能，取得国家作为资源所有者应得的资源交易收益，政府只是获取资源交易过程中产生的相关税收收入；政府也不再直接经营国有土地资产，而由国有土地资产运营系统（类似土地国有资产经营公司）获得授权独家经营，在这种资源垄断性运营的次优安排下，需要强化政府的监管者角色，通过价格监管防止垄断定价和垄断暴利。在必要和可行的情况下，也可以考虑成立若干个国有土地经营公司，形成适度竞争的市场格局，以避免畸高的垄断性价格。

### 2.4.3 从根本上切断政府利用对土地资源的垄断性经营权获取利益的管道

应通过上述交易制度的改革及其"双分开"从根本上切断政府利用对土地资源的垄断性经营权获取利益的管道。

在土地制度改革中，一个很重要的方面是征地制度的改革。综合世界各国的土地制度安排，征地制度是政府解决重大公益项目用地的主要手段。尽管各国国情不同，但在征地制度方面，普遍遵循三项基本的原则，即符合公共利益原则（public benefit or public use）、确保公平补偿原则（just compensation）和法律程序正当原则（proper law procedure）。

下一阶段，应在已出台的《国有土地上房屋征收和补偿条例》的基础上，进一步考虑集体土地征用的规范问题，应坚持以下三点：

第一，政府不得随意收回农民的土地使用权（包括改变土地的使用方向），应将动用国家权力收回土地使用权的行为严格限制在公共利益之内。[①]而对于非公益性的改变土地使用方向和土地使用权转让，原则上无须再经政府征收转为国有，而直接由土地出让人和受让人在法律许可的范围内自主决定进行流转。

需要指出的是，为了防止征地权力的泛化，使公共利益的界定更加明确，有关法律在定义公共目的时，应将原则法和列举法相结合。也就是说，除了列出因公共目的而征地的一般原则外，还应列出公共目的的具体范围。从国际上看，对于公共利益的具体范畴，普遍涉及六个方面，即交通建设、公共建筑物建设、军事用途、公用事业需要、土地改革以及其他公共设施。

第二，政府如果确实需要收回土地的使用权，也不宜以非经济手段强行收回，而应以购买的方式收回，即实行征购。在这一过程中，土地现有使用者有获得合理经济补偿的权利（所谓合理经济补偿，就是土地现有使用者不因征地而增加经济利益或蒙受经济损失。这里的经济损失既包括土地征收行为所带来的直接损失，也包括一些间接损失和机会成本，特别是预期收益损失），补偿标准须参照土地的市场价值公平决定；[②]而且，对已经确权到户的土地，补偿费一般情况下应直接发放给被征地农户。

第三，在政府需要收回土地使用权时，应完善有关程序，利用公告、

---

① 事实上，即便是出于公共利益需要，政府需要使用非国有土地时，也并不一定要采用征用的方式。在一些国家，如澳大利亚，政府还可以通过租赁方式（租期为1~100年）、协议方式等使用非国有土地。从不同方式在使用中的先后顺序和频度看，一般优先选用租赁等方式，强制征地只是政府取得非国有土地的最后途径，现实中很少使用（参见窦红：《澳大利亚的土地使用与管理》，《中国土地》，2006年第6期）。

② 目前有一种观点认为，土地的市场价值中，有一部分是因为政府兴建基础设施而带来的。因此，以市场价值作为补偿标准并不合理。这实际上也是关于因外部性因素（包括经济社会发展和土地用途改变）带来的土地增值收益的归属问题，即"涨价归公"，还是"涨价归私"。对此，我们的看法是：(1) 在市场经济下，土地的市场价格本来就是由市场供求关系决定的，政府不能直接干预。(2) 政府进行基础设施建设，本来应遵循"取之于民，用之于民"的原则。在这一过程中，政府没有任何自身的利益可言。(3) 如果在土地价值调整过程中，形成了居民之间的利益不平衡，政府完全可以通过税收杠杆进行调节。事实上，在城市，因基础设施的兴建而导致周边房地产升值时，政府一般会利用税收杠杆进行调节，而不是直接参与增值收益的分配。为体现平等的城乡居民权利，这一原则应同样适合于农村。

协商、申诉和仲裁等机制，保障土地现有使用者有充分的知情权、参与权和决策权。

从国际上看，一些法治比较健全的国家，都具有相对完善的征地程序。比如，通过透明的参与和表意渠道设计，使受征地影响的土地持有人直接参与征地全过程（包括是否征地、如何征地、如何补偿、如何实施等），从而增强利益相对方主体在征地赔偿中的话语权。再比如为保证申诉和仲裁机制的公正性，除了由独立司法机构发挥制衡作用和提供有效救济机制外，一些国家和地区还设立了独立于征地审批机构的专业仲裁机构（如在东亚近邻地区，就包括日本的征收委员会、韩国的土地收用委员会、新加坡的上诉委员会、中国香港的土地审裁处等），如果被征收人对土地征收持有异议，则可以向该类机构提出申诉，以获得相应的裁决。这些国际经验值得借鉴。

## 2.5　以完善公共治理为重点，强化政府的公共利益倾向

### 2.5.1　国际上的理论和实践发展

我们主张进一步加强政府的公共服务职能，其中涉及的一个重要问题是如何确保政府真正地代表社会公众利益合理介入，或者说如何规避公共权力的异化问题。针对这个问题，国际上的理论和实践发展表明，政府治理结构的完善是一个重要着力点。

传统公共利益理论将政府看作一个"仁慈、博爱"的利他主义者，认为其作为公众的代理人，接受其委托和授权，理应代表公众的利益，将社会福利最大化的目标内化于其行动中。但20世纪60年代兴起的公共选择理论将政府视为一个具有"经济人"特征的理性行为主体，认为其有着不同于公众目标的私人目标（物质或非物质的），因此会更多地从自己的利益（包括政府部门的利益和官员个人的利益）出发作出决策。这种私利性可能导致公共权力的异化，特别是在公共政策形成和实施的过程中，存在政府被利益集团俘虏的可能。按照利益集团理论和俘获理论的分析，被收买意味着，政府不是站在公众的立场上而是作为利益集团的代言人，以最大化

利益集团的利益作为目标函数，由此形成代表偏见，偏离作为整体的社会偏好。

为使政府更有效地行使公共职能，20世纪80年代中后期兴起的新公共管理、多中心治理和新公共服务理论都强调了公共治理结构的重新塑造问题。按照新公共管理理论的分析框架，政府不再是凌驾于社会之上的官僚机构，而是负有责任的企业家，①公民则是其顾客或消费者，政府与公众之间的关系就演化为市场化和顾客导向基础上的供方与顾客之间的互动关系。相应地，在现代的治理架构中，政府的作用应从"划桨"转变为"掌舵"，而非政府部门的作用应从"被动排斥"转变为"主动参与"。而按照多中心治理理论的研究思路，随着社会的不断发展进步，民众对于政府的期望越来越高，也越来越趋于多元化。传统的以政府垄断为特征的"单中心治理"模式在庞大的需求面前是缺乏效率和回应性的，而以"权力分散、管理交叠和政府市场社会多元共治"为特征的多中心治理架构就成为满足民众需求，提高公共服务质量和效率的理想模式。至于新公共服务理论，则强调了"以公众服务为核心，以民主参与为手段，以是否实现公众利益为评价标准"的公共治理思路。在该理论看来，政府最重要的职责，是帮助公民明确地表达他们的共同利益需求，并且利用基于共同价值的集体努力和合作过程使满足公共需要的政策和项目得到有效和负责的实施。

理论的发展，催生了国际上公共领域的变革，特别是政府与公众以及政府与社会之间的基本权力配置格局发生了根本的转变：传统的以纵向层级和政治权威为特征的管理模式，逐渐被新的以民主程序和公民参与为特征的新型治理模式所取代，充分反映了"以人为本"、"主权在民"的核心价值取向。

---

① 需要强调的是，这里对于政府的企业家定位，是在市场失灵领域政府履行必要的职能时引入市场导向原则和私人管理方式所自然衍生的合理企业家行为。而前文所论述的中国各地普遍存在的政府企业家角色是地方政府过度渗透到市场本来可以正常发挥作用的领域，而扭曲形成的"越俎代庖"式企业家行为。

### 2.5.2 政府治理结构改革的重点

鉴于这一状况，政府治理结构改革的重点是建立自下而上的公共事项决策程序，使地方政府了解居民的真实需求，并作出积极的反应。

**1. 强化决策程序的公开透明和公共参与特征**

在公共服务供给决策过程中，为使利益相关者各自的真实偏好得以显示出来，应在确保各相关利益方获取充分信息的基础上，通过引入正式以及一系列非正式的程序（如听证会、决策咨询、公民调查等），形成有效的需求和利益表达机制。需要强调的是，在这一过程中，为使分散的居民利益更好地整合起来，应积极发展公益性和自治性的基层社会组织，代表居民反映其真正的利益诉求和权益。

**2. 从根本上解决地方政府权力的赋予方式问题**

为确保政府提供的公共服务在指向上是公共的，并且确保政府对公共需求作出及时的回应，应逐步改变权力由上级党委和上级行政部门赋予的方式，使权力真正来自公民的授予，即由本地居民直接选举行政领导。与此相联系，改革政府的绩效考评机制，除完善上级政府自上而下的评价机制外，还应积极引入由公民参与的自下而上的绩效评估机制，测度居民对公共服务提供的满意度，[①] 进而形成以结果为导向的问责机制。由此改变对基层政府官员的激励和约束条件，使其从追求上级政府支持最大化转向追求辖区内居民支持最大化。我们认为，只有经过这种民主授权方式产生的政府，才能使政府作为代理人的行为最大限度地符合委托人（公民）的利益，通过不断完善政府所提供的公共服务，提高居民需求的满足程度和社会福利水平。

在完善公共治理方面，很重要的是要推行民主财政管理体制改革。因为政府预算资金取之于民，既然公众将自己的财产权让渡给政府，委托政府使用所汇集的财政资金提供公共服务。那么，就应该真正用之于民，推行

---

① 从世界范围看，随着政府再造运动的兴起，为建立以满足公众需求为导向的政府，不少国家引入对公共服务满意度的测评机制，对公共部门服务质量进行评价。

财政的民主化，确保财政事务的处理按照民主程序进行，社会成员的公共需求得到充分的反映，公民在财政事务上的意见得到政府回应，政府财政行为受到公民的监督。一言以蔽之，就是要构建公民普遍参与的公共预算制定决策机制以及预算执行和决策结果的监督机制。

为此，在公共预算、决算和财务管理的过程中，应加强公共参与，把财政决策纳入普遍的公共选择过程，确保利益相关者能在某种程度上参与决策，使政府更好地把握辖区内居民的公共品需求偏好，尽可能地使决策兼顾到各方面利益。同时实行公开透明的预（决）算管理机制，提高公共资源使用的透明度，尽可能全面、详细、及时地向社会公布政府财政的收支状况、赤字状况、政府的资产和负债状况以及政府间的转移支付状况。在此基础上，提高对政府预算的民主监督和政府行为的约束力。可考虑引入以结果为导向的预算制度（result-oriented budgeting 或 target-based budgeting），通过公众、独立专家及民间组织构成的社会评价监督力量，对财政预算执行情况进行绩效评估，并相应建立起政府问责机制。应该说，与现行的自上而下的行政性监督体制相比，这种基于辖区内居民自下而上的财政监督制度，更有利于对财政资金的使用进行监督，评估其方向是否合理，效率是否较高，从而确保财政支出能够真正满足民众需求、完成公共预算的预期目标，并且确保以尽可能低的支出成本获得尽可能高的社会收益。

## 2.6 探索公共服务供给主体多元化

这事实上是政府责任的限度问题。我们认为，强调政府在公共服务领域的基本责任，并不意味着主张回归过去那种政府大包大揽的局面，而只是强调政府在最基本的公共服务中的支付责任。这一方面是因为作为发展中国家，面临政府财力的限制，更重要的是，还要避免因过度保障而带来负面激励和道德风险问题。部分高福利国家经济活力不足、经济增长迟缓的教训值得吸取，拉美民粹主义的危害也是前车之鉴。

与政府责任限度相关的另一个重要问题是公共服务供给模式的合理选择。在这方面，无论是理论发展还是已有实践都表明，依托于市场机制的私人部门，以及依托于自愿机制的第三部门（包括社区组织），都是可以充分利用的公共服务供给力量。也就是说，我们不宜过分强调政府的供给责任，而应更多强调竞争、私人参与等市场化运作机制的作用，政府只需加强相应的监管责任即可。

## 2.6.1 供给主体多元化的理论发展

按照传统的公共经济理论，由于公共物品具有非竞争性和非排他性的特点，通过市场方式供给公共物品是不可能的或者是成本高昂的，尤其是很难消除"免费搭车"等外部性问题，难免会陷入"公共地悲剧"。因此，由政府供给公共物品比通过市场方式即通过私人供给具有更高的效率。

从 20 世纪六七十年代开始，随着经济自由主义和反国家干预思潮在西方的兴起，现代公共经济学、新公共管理理论等学术思想的发展对传统的公共物品理论提出了挑战。他们怀疑政府作为公共物品唯一供给者的合理性，强调现实世界中的"政府失灵"，也就是由公共机构作为垄断性的供给者来提供公共物品可能并不会产生好的结果。更重要的是，他们开始探索通过非政府方式供给公共物品的可行性。

### 1. 关于现代公共经济学的理论贡献

现代公共经济学对于公共物品非政府供给可能性的论证，主要是从克服非排他性和避免"免费搭车"这样两个角度着手的。

如戈尔丁（Goldin）强调了公共物品消费方式上的"选择性进入"及其非政府供给的可行性。他认为，在公共物品的消费上存在着"平等进入"（equal access）和"选择性进入"（selective access）两种方式。"平等进入"指公共物品可由任何人来消费，其消费者群体在从部分社会成员扩大到全体社会成员的过程中，边际成本始终为零。而"选择性进入"指消费者只有在满足一定的约束条件，如付费后，才可以进行消费，因其消费者群体在扩大到一定数量时边际成本开始上升。一般而言，可以"平等进入"的公共物品是纯公共物品；而"选择性进入"的公共物品则是俱乐部产品。如果存在着"选择性进入"的方式，就可以通过私人付费、非政府投资和生产的方式来供给。

再如，德姆塞茨（Demsetz）强调了排他性技术和个人偏好多样化在决定公共物品供给方式中的作用。他认为，在能够排除不付费者的情况下，即如果存在排他性技术并且在经济上可行，私人企业能够有效地供给公共物品；同时他认为，如果不同的消费者对同一公共物品有不同的偏好，那么就可以通过价格歧视的方法来对不同的消费者进行收费。这两方面都论证了私人供给公共物品的可能性。

还如，布坎南（Buchanan）从规避"免费搭车"行为和避免"公共地悲剧"的视角出发，强调了公共物品集团供给的可行性。他的俱乐部理论认为，出于相同个人偏好而参加到同一俱乐部的成员，对集团供给的俱乐部产品评价大致相同，于是在制度上就存在一种激励，这种激励能够消除各成员"免费搭车"的动机；同时，在集团俱乐部产品不能满足成员需求的情况下，成员也会离开该集团，从而使集团蕴涵特有的激励与约束机制，促使集团高效供给公共物品。这就意味着，集团组织能够成为借助非政府手段供给准公共物品的一支力量。[1]

### 2. 关于新公共管理理论等的学术贡献

新公共管理理论的本质是对公共物品市场价值的重新发现与利用。该理论相信市场作为资源机制的效率，认为提高政府部门的效率，纠正政府失灵的最佳方法是在公共领域引入市场机制，并将私人部门的管理手段运用到公共部门，以促进竞争，提高公共物品的供给质量和效率。[2]

除新公共管理理论外，20 世纪八九十年代后出现的多中心治理和新公共服务理论，由于更多地强调政府—市场—社会共治的合作网络型治理架构，强调社会各单元（公共部门、非政府组织、私人企业和个人）多方参与的机制，从而也为公共服务供给主体的多元化提供了理论支撑。

---

① 除此之外，布鲁贝克尔（Brubaker）认为，公共物品消费上的"免费搭车"问题缺乏经验方面的科学根据，它忽视了现实中许多影响人们表明自己对公共物品需求的重要因素。比如，对他人信任的重视，使人们"免费搭车"的动机大大减弱。史密兹（Schmidtz）进一步认为，消费者在一致性同意原则下，通过彼此之间订立契约来供给公共物品，可以解决"免费搭车"的问题。而科斯（Coase）则通过对灯塔的经验研究表明，一向认为必须由政府经营的公共物品也是可以由私人供给和经营的。

② 当然，对新公共管理理论所力主的市场导向原则、私人部门管理技术的嵌入以及顾客至上的价值取向，至今在国际学术界仍然争议不断。但不可否认的是，这些基本原则和理念还是对公营部门的改革产生了深远的影响。

### 2.6.2 供给主体多元化的机理分析

实际上，上述理论发展已经隐含了供给主体多元化的实现机制。这里拟就此作进一步的展开分析。

**1. 公共物品的属性变异**

应当看到，纯粹的公共性并不是绝对的和一成不变的，而是随着客观条件的变化而发生改变。这种从纯粹公共性向非纯粹性或准公共性的转变建立在两个重要基础之上。

第一，需求水平的提升和需求弹性的增大。一方面，随着经济的发展和需求的扩张，原来意义上的纯粹公共品开始变得拥挤，也就是说具有了竞争性，从而使增加额外使用者的边际供给成本不再为零，这时向消费者收取一定的使用费来排除私人消费就有了必要。另一方面，随着经济发展水平的不断提高，在居民收入的增长超过只为生存这一基本水准的时候，人们对产品的需求开始变得富有弹性，这也就使收费和价格制度成为必要。

第二，技术的发展。产品设计方面的技术改进，特别是排除性量化技术的出现，部分地改变了原有的非竞争性和非排他性的特点，使得一定程度上的排除私人消费成为可能，这样就可以通过"受益者负担"的原则向使用者收取受益费用。

随着上述这种转化，价格形成和收费制度具备了必要性和可能性，从而为私人部门以市场化方式供给产品开辟了广阔的空间。

**2. 公共物品的多元化特征**

公共物品是一个外延广阔的范畴，除了纯公共物品外，还包括大量存在的介于纯公共物品和纯私人物品之间、不同时具备非排他性和非竞争性的准公共物品或混合物品。根据竞争性和排他性的程度，准公共物品又可分为两类：一类是消费上具有非竞争性，但是却可以较容易地做到排他，一般被称为俱乐部产品（club goods）；另一类是在消费上具有竞争性，但是却无法有效地排他，一般被称为共同资源（common resources）。

对于准公共物品，特别是俱乐部产品，由于涉及的消费者数量相对有限，因此彼此之间达成契约的交易成本较小。这容易使消费者根据一致性同意原则订立契约，自主地通过非政府方式来供给。不仅如此，对于俱乐部产品，由于存在着"选择性进入"方式，即可以在受益者范围内实现排他性消费，于是可以通过向俱乐部成员的收费来补偿供给公共物品而支出的成本，从而可以有效地将"免费搭车者"排除在外，大幅度地降低非政府供给产品的交易成本，进而为非政府方式介入提供激励。

### 3. 提供与生产的严格区分

这主要是针对纯粹公共物品而言的。应当明确，政府在公共物品提供方面具有责任，主要是确保公共物品供给目标的实现，也就是说，对公共物品提供的最终结果承担终极责任。但政府有责任保障公共物品得到满意的提供，并不完全意味着由政府直接生产，甚至不意味着由政府直接投资。事实上，可以在政府部门与非政府部门（私人部门、第三部门等）之间构筑起广泛的合作、协商与伙伴关系，如公私合作伙伴关系（PPP方式）等，通过市场机制或自愿机制，来提高公共服务的供给水平和效率。这样，政府就由直接的生产者或投资者转变为服务的购买者或者服务供给的撬动者。

## 2.6.3　供给主体多元化的具体路径分析

### 1. 私人部门的参与

首先是单纯生产层面的参与。从理论上讲，[1] 公共生产还是私人生产，取决于产品或服务的性质。私人部门有充分的激励降低生产成本，因此，当产品或服务的质量比较容易监督的时候，通过市场来组织生产就比较有效。但是，当产品或服务的质量非常难以监督的时候，如果通过市场来组织生产，私人部门的生产者就可能会牺牲质量而降低成本，这时，由政府来生产这些产品或服务就更加有效。[2] 这就意味着，除了那些可度量性和可立约性比较低的领域外，原则上应允许私人部门进入所有适宜进入的领域，

---

[1] 有关这方面的理论分析，参见 Hart, Oliver, Andrei Shleifer and Robert W. Vishny. "The Proper Scope of Government: Theory and an Application to Prisons", Quarterly Journal of Economics, Nov., 1997: 1127–1161; April Harding and Alex Preker. "Private Participation in Health Services", Washington, D.C.: the World Bank, 2003.

[2] 此外，公立机构一般也比较适合满足同质性比较高的需求，而民间营利机构在适应异质性需求方面一般具有较大优势。

通过服务合同外包或政府采购合同（contracting out）、服务管理合同（contracting in）、特许经营合同等，充分调动私人部门在服务供给中的作用，政府同时加强相应的监管责任。[1] 这也就意味着，即使是政府投资的领域，也可将某些生产经营环节和服务环节通过经营权拍卖、招投标制度以及承包和委托经营等形式，外包给私人部门。

其次是投资层面的参与。对于私人资本不愿进入的非营利性和公益性领域，可通过政策设计，如权衡投资风险和道德风险基础上的政府担保，税收减免或实物支持等，尽可能撬动和吸引私人部门的投资。特别是可以通过顺应市场规律和借助市场力量的机制设计，使私人参与满足某种社会目标，[2] 这方面很重要的是在引入绩效基础上的财政补贴以及补贴的公开拍卖和竞标机制。[3]

**2. 第三部门的参与**

从国际经验看，公民社会比较成熟的国家，包括行业自治组织、具有利他主义特点的社会组织（not-for-profit organizations，NPOs，如福利性中介机构、志愿者组织、慈善组织等）以及社区组织等在内的第三部门，凭借其自发性、自治性、创新性、灵活性和响应性（对服务需求做出更好的回应）的特征，在公共服务供给方面发挥了独特的作用，促进了公平与效率的良好契合。而且，这些国家的政府对第三部门参与公共服务，大都采取鼓励、扶持的政策，通过合同外包、政府采购、资金扶助、税收优惠等方式，在彼此之间建立起一种合作互动的关系。

需要指出的是，就目前阶段农村基层的公共服务提供而言，应重视农村社区自我供给和管理的模式，或者说是消费者自主联合供给的方式。显然，这里的社区组织应是体现公民社会特征的新型自治性社区，而不是政

---

[1] 除了合同监督机制外，在必要的情况下还需配合价格监管以及确保有效和公平竞争的监管。特别是针对信息不完全和信息不对称问题，在某些领域和环节也有必要加强社会性监管，如对服务质量的监管等。

[2] 理论和实践表明，私人参与从整体上有利于促进普遍服务，包括扩大服务供给覆盖范围，通过创新供给技术和服务模式、提高效率来降低服务成本和价格（中长期内），改善服务质量、提高对用户不同需求的反应能力等。

[3] 竞争的标的可以是提供服务所需的最低补贴额，然后由政府监督特定服务标准；或在固定补贴额的情况下就某些服务标准进行招标。

社不分体制下的传统社区。就其实质而言，是建立在信任和互利基础上的社会协调网络，是基于伙伴关系进行合作的自主自治的网络管理。社区供给机制能够发挥作用，便利集体行动，主要得益于三个方面的因素：其一，社区成员对于关乎自身利益的社区公共事务，具有一致行动的强烈愿望；对于受益范围相对明确的具有俱乐部性质的公共物品，具有参与供给的内在动力。其二，社区成员彼此之间相互熟悉，充分信赖，沟通良好，降低了集体行动中的交易成本；社区声誉机制又对个人行为的非一致性构成有力的约束，这些都促使农村社区在自我供给具有俱乐部性质的公共物品时具有合作的良好基础。其三，随着居民收入水平的提升，自我分摊的筹资方式成为可能。而且，农民通过提供劳动力、通过集聚建设和维护公共物品中所需的物资设备等，也会节约资金投入。其四，农村社区成员还可以动用各种社会关系，动员非社区成员参与资金筹措，在某些情况下类似第三部门供给机制的自愿捐助形式。于是，通过利益共同体内部各成员平等的协商，以及通过某些具备较强组织能力和一定权威声望的发起人，可以有效地进行社区公共服务的自主供给。

# 3. 公益性事业单位改革

近年来，随着改革开放的日益深入和社会主义市场经济体制的逐步完善，党和国家日益重视事业单位改革问题。

2011 年 3 月，中共中央国务院颁布了《关于分类推进事业单位改革的指导意见》，提出根据事业单位分类实行不同的人事管理制度。承担行政职能事业单位转为行政机构的，实行公务员制度；从事生产经营活动事业单位转为企业的，实行劳动合同制度；从事公益服务事业单位实行以聘用制度和岗位管理制度为主要内容的事业单位人事管理制度。

2011 年 7 月，国务院办公厅下发了《关于印发分类推进事业单位改革配套文件的通知》，印发分类推进事业单位改革的九个配套文件，对事业单位的分类标准、机构编制、法人治理结构、收入分配、职业年金以及改革中的财政政策、国有资产管理等问题做了较为具体的规定。

2012 年，新华社全文播发了事业单位改革的相应文件，标志着中国事业单位改革开始迈出实质性步伐。

由于公益性事业单位数量多、性质复杂、类型多样，改革难度大，下面主要研究公益性事业单位改革过程中的若干问题。

## 3.1 明确公益性事业单位的地位和性质

根据中共中央和国务院关于事业单位的三种类型划分，公益性事业单位是大多数，在事业单位中人数最多，类型也比较复杂。其中，教育、卫生、科学研究事业单位是主体部分，教育系统在职职工超过 2000 万人，卫生行业从业人员 1000 万人左右。其他类型的事业单位包括：文化、艺术、体育、新闻、出版、广播电影电视事业单位；农业、林业、水利、水产、畜牧、兽医事业单位；交通、海洋、地质勘察、测绘、气象、地震事业单位；社会保障、社会福利、检验检疫、环境保护、环境卫生、园林绿化、房地产管理、物资储备事业单位；机关、团体附属独立核算的事业单位；列入事业编制的各类学会、协会、基金会、监管机构等。上述多种类型的事业单位，除少数承担行政管理职能的事业单位进行参与公共管理外，具有生产经营功能的事业单位逐步转变为企业，而相当部分的事业单位则继续承担着公益性社会服务。中央文件也把事业单位定位为"经济社会发展中提供公益服务的主要载体，是我国社会主义现代化建设的重要力量"。

### 3.1.1 事业单位的产业属性

从产业属性看，公益性事业属于第三产业即服务业范畴。与一般服务业相比，事业单位提供的服务有其特殊性。首先，事业单位提供的服务属于公益性服务，属于政府公共服务的重要组成部分甚至主体部分。公共服务是营利性市场主体不愿意干或者难以充分提供的。其次，事业单位的组织运营是政府责任，必须有政府介入。政府介入的方式多种多样，包括资源投入和直接组织公共服务机构生产提供，或者委托及购买非公共服务机构提供的服务等。为了便于价格管制、质量监督和人事管理，政府举办的公共服务机构是事业单位的主体。最后，事业单位提供的公共服务包括纯公共服务和准公共服务两种主要类型。纯公共服务是全民共享、完全由公共财政支持的公益服务；准公共服务可以适当低于市场价格向服务对象收取一定成本费用，其收费可以用于弥补事业发展，但不得由事业单位职工内部分配。

### 3.1.2 事业单位的职业属性

从职业属性看，事业单位职工和营利性市场主体雇员相比，属于政府雇员类型，与公务员、参公管理公务员、国有企业管理人员一样，都属于

"国家工作人员"范畴。营利性市场主体的雇员可以完全参照劳动合同与市场价格确定雇佣关系，事业单位职工的劳动合同和雇佣关系等具有更严格的准入程序和技术条件要求。

### 3.1.3　事业单位的社会属性

从社会属性看，由于事业单位集中了国家 70% 左右的知识分子和 90% 左右的教师、医护人员。[①] 事业单位人员素质决定了国家公益性社会服务的质量和水平，国家关于事业单位职工的定位和相应政策导向，不仅体现了国家针对知识分子的政策，而且具有现代化建设风向标的意义。在工业化过程中，特别是后工业化时期，知识经济、服务经济日益占据主导地位，国家公益性服务质量不仅决定了一个国家的总体服务质量和福利水平，而且在很大程度上影响着经济增长潜力和国际竞争力。

从以上几个方面可以看出，事业单位是在计划经济体制下形成的一种社会服务的生产体制，是中国特色社会主义现代化建设的重要力量，是促进现代经济社会发展的重要依托，也是以政府投资为主由专门机构提供社会化、专业性、公益性服务的主要组织方式，是与政府具有非常密切的关系、在一定程度上承担政府功能的"非政府机构"。

## 3.2 明确事业单位改革的任务与目标

### 3.2.1　事业单位的变迁

在计划经济时期，由于严格的计划控制，事业单位完全隶属于政府机关，几乎相当于政府部门，自身缺乏发展动力和资源，服务数量短缺，既抑制竞争又导致服务质量难以提高。在一定时期内由于政治原因推广的大面积普遍公共服务，如教育、卫生等，总体水平不高，而且缺乏可持续性。

实行改革开放政策以来，经济建设是党和政府各项工作的核心，事业单

---

① 范恒山主编：《中国事业单位改革探索（上卷）》，人民出版社，2010 年。

位在相当长时间内因为无法带来直接经济效益不受重视。对于生产纯公共服务的事业单位（如义务教育、纯公益性科研单位等）来说，政府投入本来是维持其正常运转的基本条件，但是政府投入不足导致这些事业单位无法发展，公共服务数量明显不足；对于那些具有一定创收能力但政府投入无法保障其基本运行投入条件的事业单位（如高等学校、公立医院等）来说，过度强调了产业化、市场化发展方向，在一定程度上扭曲了这些事业单位的公益性质，影响了其公益性职能的发挥。

进入新世纪以来，我国提出了按照科学发展观要求全面建设小康社会的总体发展目标，这不仅需要继续保持国民经济的又好又快发展，而且需要更加注重加快发展社会事业，满足人民群众公益服务需求。但是，承担社会事业发展的主体力量——事业单位却由于体制机制改革滞后，无法满足上述需求。中共中央和国务院在关于分类推进事业单位改革的指导意见》中，把事业单位存在的突出问题概括为以下几个方面：一些事业单位功能定位不清，政事不分、事企不分，机制不活；公益服务供给总量不足，供给方式单一，资源配置不合理，质量和效率不高；支持公益服务的政策措施还不够完善，监督管理薄弱，这些问题都影响了公益事业的健康发展。虽然我国在建立社会主义市场经济体制的过程中已经对教育、卫生、科研、文化服务等领域的事业单位进行过多次改革，但没有从根本上触动事业单位的基本管理体制和运行机制。从总体上看，事业单位的体制机制还不适应社会主义市场经济的需要，不适应社会主义现代化建设的需要，不适应社会主义文化事业大繁荣、大发展的需要。因此，应当像推进物质生产领域的国有企业改革那样，大力推进服务领域的事业单位改革。

### 3.2.2 推进事业单位的改革必须有明确的目标

从数量和类型上看，中央文件已经明确提出：以后不再批准设立承担行政职能的事业单位和从事生产经营活动的事业单位。这就意味着通过一段时间的调整整顿，事业单位仅仅是指"从事公益服务的"公共服务机构。中央文件进一步明确提出了从事公益服务的事业单位的类型：承担义务教育、基础性科研、公共文化、公共卫生及基层的基本医疗服务等基本公益服务，不能或不宜由市场配置资源的，划入公益一类；承担高等教育、非营利医疗等公益服务，可部分由市场配置资源的，划入公益二类。根据事业单位的不同类型，决定采取什么形式的资源配置方式。不论什么类型，都必须强化事业单位的"公益属性"。这与前一个时期要求具有条件的事业单位通过创收解决自身的生存发展问题有较大的差别。

从微观目标上看，通过强化事业单位的公益属性和体制机制改革，充分调动事业单位工作人员的积极性、主动性、创造性，激发事业单位的生机与活力，不断提高公益服务水平和效率，促进公益事业大力发展。从宏观目标上看，要通过事业单位改革，建立起功能明确、治理完善、运行高效、监管有力的宏观管理体制和调控政策，形成基本服务优先、供给水平适度、布局结构合理、服务公平公正的中国特色的公益服务体系。

## 3.3 推进事业单位投入体制和资源配置方式的改革

### 3.3.1 明确政府对事业单位的投入责任

事业单位是政府举办的公益性服务机构，政府承担举办和运行资金等要素投入责无旁贷。计划经济时期尽管受经济实力不足和财政困难等方面因素的制约投入不到位，但是在承担责任方面的职责是清楚的。改革以后政府希望靠市场的力量引导资源配置，确立了市场机制在资源配置中的基础地位。市场机制的确在一些服务行业和领域发挥了一定作用，尤其是在高等教育、医疗服务领域，市场化、产业化程度很高。在公立医院中，政府财政投入比重大幅度下降，很多三甲医院来自政府的投入已不足医疗机构总收入的 10%。但是这种酬资机制在一定程度上造成了事业单位运行机制的扭曲，淡化了事业单位的公益性质，造成了资源配置的浪费，加重了人民群众的负担。只有从根本上明确政府财政对于事业单位的投入责任，才能确保事业单位的发展和公益性质。

### 3.3.2　加强对事业单位发展规划和宏观布局的管理

随着经济发展和居民收入水平的提高，人们的社会服务需求不断增长，对于事业单位的服务需求也会不断增多。同时，事业单位自身也具有强烈的发展动机。政府应当研究确定居民公益服务需求和事业单位的发展状况与趋势，并纳入国民经济与社会发展规划。对于需要发展的在资金等方面予以确保；对于短期内难以满足的需求，需通过鼓励市场机制发挥作用的方式，大力发展非国有、非营利性的社会服务组织提供服务。如果没有规划的引导，事业单位的发展则可能超越了政府财政的负担能力，无法持续。

### 3.3.3　严格实行"收支两条线"

对于事业单位服务型收费进行严格监管，纳入各级政府预算管理。事业单位的公益性与用户定制服务的适当收费并不矛盾。但是，如果将公益性事业单位的资金渠道定位于靠服务性收费弥补甚至替代，则后患无穷。

明确政府对于事业单位的投入责任，并不意味着事业单位的所有服务全部免费提供。对于一些服务项目的适当收费仍是必要的，如医疗服务项目如果100%免费，可能导致过度需求，浪费资源。但是，对于已经保障投入的事业单位来说，收费项目要公开，收费管理要严格，需要纳入各级财政预算，作为政府投入返还到事业单位之中。要避免事业单位之间"吃大锅饭"，但也要避免收费多的事业单位将收费项目视同自由资金，完全自主支配、脱离监管。只有将事业单位的收费和使用全部监管到位，才能有效防止具有创收能力的事业单位随意超预算开支，盲目攀比，浪费社会资源。同时，还可以适当减轻政府对于事业单位总体投入的预算压力，保持事业单位之间的协调、平衡发展。

### 3.3.4　加强绩效考核和产出管理，提高事业单位资源利用效率

事业单位作为公共财政支持的公益性服务单位，必须加强内部管理，提高资源利用效率。各级政府要对所属事业单位核定科学的产出目标，制定符合行业特点规律的指标考核办法，加强各项服务产出的管理。

通过分析比较不同事业单位的投入产出效率，鼓励先进，鞭策后进，使政府对于事业单位的投入发挥最大的效益。应当指出，由于事业单位的服务产出具有公益性和行业特点，又不同于企业比较单一的经济效益核算，对于事业单位的产出管理和考核技术环节更加复杂、难度更大。可以委托社会中介机构或者国际独立机构对于事业单位年度或一个时期的发展绩效予以科学评估，并根据评估结果予以相应的扶持或奖励。

应当指出，政府对于事业单位的投入管理与产出管理，不是完全的计划经济体制，应当允许事业单位在内部管理方面具有一定的自主权，各种规章制度更加符合事业单位自身的行业特点和发展规律，更加符合国际公益性服务机构的治理结构和管理体制，特别是在资产管理和产出绩效管理方面。这不仅是方便国际比较，更可以通过有效借鉴国际先进经验，促使社会主义市场经济体制下的中国事业单位的健康发展。

## 3.4 深化事业单位人事制度和薪酬制度改革

虽然中国实行改革开放政策已 30 多年了，政府机关逐步按照公务员制度建立新的用人体制，尤其是程序化的干部选拔任用体制。国有企业的用人制度随着现代企业制度和社会保险制度的建立，发生了翻天覆地的巨大变化。相对而言，事业单位用人制度依然在很大程度上延续着计划经济体制的用人制度：职工能进不能出，干部能上不能下，编制和职称制度越来越难以满足事业发展需要，体制机制相对僵化，单位内在发展活力不足，影响了公共服务的质量和效益。

### 3.4.1 深化事业单位改革必须改革传统的人事管理制度

作为公益服务机构，事业单位的编制管理既要严格又要灵活。从总体上看，事业单位的编制必须符合国民经济和社会事业发展总体规划，不能随意突破，依据编制管理办法分类设岗，建立权责清晰、分类科学、机制灵活、监管有力的事业单位人事管理体制。在事业单位内部人员聘用和管理方面，必须建立与社会主义市场经济相适应的灵活的用人机制，健全劳动合同为依据的招考聘用制度和岗位职责为核心的考核评价制度，形成公开招聘、竞聘上岗、按岗聘用、合同管理的人事管理制度。要根据事业单位的行业特点与岗位特点，通过科学、公开、竞争的方式，选择最能胜任的人才充实到事业单位的专业技术岗位和相应岗位。人事制度改革的核心是严格的聘任制，劳动合同与岗位聘期必须严格执行，真正使人才流动起来，把资源更好地配置到最有才华的人才和最具创新能力的时期。

### 3.4.2 人事制度改革必须与收入分配制度改革有机衔接起来

与整个国民收入分配格局的混乱局面一样，目前事业单位收入分配制度十分混乱。一方面，事业单位内部的工资制度基本沿用着计划经济时期的"平均主义"和"大锅饭"，不同层次即管理人员、技术人员、扶助人员的收入差距难以真正体现每个工作岗位的绩效与贡献。另一方面，从总体上看，目前事业单位专业技术人员名义收入与社会平均工资的差距明显缩小。"文革"前一级教授收入是社会平均工资的十几倍。20 世纪八九十年代和 2006 年，机关事业单位职工工资进行了几次改革，但机关公务员的工资增幅明显高于事业单位职工。特别是 2006 年之后，公务员规范了津贴补贴，实行了"阳光工资"，而事业单位直到 2011 年之后才在部分行业开始实行绩效工资。

根据历史资料统计，事业单位的人员收入不仅与社会平均工资的差距缩小，而且与公务员的收入增幅差距反而变大（见表 3-1）。与国有企业管理人员的薪酬制度以及公务员系列的在职福利相比，事业单位薪酬制度的内在激励机制明显不足。另外，由于长时间不解决事业单位薪酬制度改革与规范问题，加上一些政策鼓励事业单位通过创收方式解决职工的收入、待遇和福利问题，对预算外资金及项目资金监管又不到位，在一定程度上又导致了不少事业单位的非工资性收入混乱。特别是在公立医院、高等院校等获得预算外资金较多的事业单位，职工名义工资比较低，特别是年轻职工，但实际收入又不低。这种局面不利于事业单位职工做好本职工作，提供优质的公益性社会服务。

表 3-1　机关公务员与事业单位技术人员平均工资变化

单位：元、倍数

|  | 省部级 | 厅局级 | 县处级 | 乡科级 | 科员 | 教授 | 工程师 | 技术员 |
|---|---|---|---|---|---|---|---|---|
| 1985 年改革 | 205.00 | 160.00 | 122.00 | 89.00 | 64.00 | 140.00 | 97.00 | 58.00 |
| 1993 年改革 | 760.00 | 533.00 | 369.00 | 278.00 | 218.00 | 558.00 | 293.00 | 215.00 |
| 2006 年改革 | 4070.00 | 2434.00 | 1488.00 | 971.00 | 700.00 | 1975.00 | 861.00 | 630.00 |
| 8 年间 | 2.71 | 2.33 | 2.02 | 2.12 | 2.41 | 2.99 | 2.02 | 2.71 |
| 13 年间 | 4.36 | 3.57 | 3.03 | 2.49 | 2.21 | 2.54 | 1.94 | 1.93 |
| 21 年间 | 18.85 | 14.21 | 11.20 | 9.91 | 9.94 | 13.11 | 7.88 | 9.86 |

资料来源：根据中国社会科学院当代中国研究所学者提供的相关数据整理。

深化事业单位收入分配制度改革是一项重大决策，但是必须像国有企业薪酬制度改革与规范公务员薪酬制度那样下决心解决。否则，事业单位收入分配薪酬制度的激励动力和约束机制不健全、收入分配混乱的状况难以克服。

目前，政府在规范事业单位职工收入分配制度的时候，一般倾向于采取"基本工资"、"津贴补贴"、"绩效收入"三大板块结构，而且似乎更加看重"绩效收入"部分。其实这不太符合事业单位工作稳定、职业生涯长、积累经验相对重要的特点。对于事业单位的绝大多数一般职工来说，应当加大基本工资与津贴补贴部分的比重。对于事业单位的少部分法人或高级管理人员，可以参照职业经理人模式，适当强化"绩效收入"的概念，加大业绩考核的力度。当然，推进事业单位收入分配制度改革，首要前提是提高工资总体水平，使其收入与人力资本积累相匹配。这也是促进自主创新能力需要，符合转变经济发展方式要求。其次，切实按照分类指导、分步实施、因地制宜、稳慎推进的原则推进改革。再次，对于绩效工资要慎重，对于绝大多数事业单位职工还是以岗位工资为主。又次，要切实加大事业单位预算外资金监管，规范非工资收入，打击和取缔非法收入。最后，要建立和完善事业单位职工工资正常调整机制。

## 3.5　统筹推进事业单位与机关公务员社会保险制度改革

逐步建立起独立于单位之外、资金来源多渠道、保障方式多层次、管理服务社会化的现代社会保险体系，是中国建立社会主义市场经济体制的重要任务。中国自 20 世纪 80 年代进行社会保险制度改革，经过 90 年代初期的试点，中后期的基本制度框架建设，到目前已经基本建成了覆盖大部分职工的社会保险制度，特别是职工基本养老保险制度、职工基本医疗保险制度。2010 年全国人大通过了《社会保险法》，标志着社会保险制度基本实现了制度全覆盖。

### 3.5.1　分开考虑机关公务员和事业单位职工基本养老保险制度面临种种难题

但是，在这部法律中，也留下不少缺憾，其中把事业单位职工社会保险制度与公务员社会保险制度尤其是基本养老保险制度分开处理，是其中引发争议比较大的一个领域。事实上，为了推进事业单位基本养老保险建设，国家选择一些省市进行试点，进展也不是十分理想。这说明，把属于国家财政供养、同属于"国家工作人员"身份的事业单位职工与机关公务员人为地切割成两个社会保险制度，在理论上和实践中都遇到了较大的阻力。

关于分开考虑机关公务员和事业单位职工基本养老保险制度的弊端，我们在 2010 年度的《中国社会保障发展报告》中进行过论述，不再全部赘述，这里仅简单重复以下主要观点。

推进事业单位养老保险社会统筹制度改革，是继企业职工基本养老保险社会统筹改革之后的又一重大制度改革。目前的改革方案是简单沿用企业改革的办法，把事业单位职工养老保险制度与企业职工统一起来，同时单为几百万公务员另行制定新制度。这一思路显然混淆了国家公职人员与企业职工养老保险制度交费机制的内在差异（一个财政为主缴纳费用，一个企业为主缴纳费用），也混淆了事业单位职工与企业职工各自工作性质、特点、职能定位等方面的区别，同时把作为国家公职人员的公务员和事业单位职工人为地割裂开来，把公务员队伍孤立起来，形成新的矛盾。

### 3.5.2　世界各国一般把国家公职人员与企业职工分开来单独建立两套制度

世界各国一般把国家公职人员与企业职工分开来单独建立两套制度，而不是把公职人员本身进一步拆分开来，而且出现了公务员、职员和企业职工养老保险日益一体化的趋势。旧中国、我国的台湾地区都是把公教人员（包括公益性的事业单位）一视同仁的。我国的香港地区没有实行社保制度，但是政府对公务员和公立大学教师的社保政策也是一视同仁的。

在我国事业单位三种类型中，绝大多数属于国家财政供养的国家公职人员，其养老金改革应当统筹考虑、一起设计、综合改革、协同推进。在大部分西方发达国家中，这些部门的从业人员与公务员都划为公职人员，基本养老保障制度是统一的。我国机关事业单位职工退休制度本是统一的。试点中人为地把事业单位和公务员的养老体制分开，不仅加剧了社会保障制度的碎片化，而且还会增加管理成本和社会摩擦成本。

### 3.5.3　不易在基本养老保障上造成知识分子与党政干部的对立

事业单位人员主要是知识分子，特别是高级知识分子，如果不处理好改革中各种关系，将会造成知识分子与党离心离德，造成知识分子与党政干部之间矛盾，把几百万党政干部孤立起来，甚至成为舆论关注和攻击的焦点，诱发社会稳定和政治问题。目前由于公务员待遇过于突出，导致新一轮的"公务员热"，青年人才争相报考公务员，而不是到生产科研一线工作，不是鼓励创新和创业。这种导向长期下去，势必将影响我国的科技进步与创新精神。

推进机关事业单位职工养老保险制度社会化改革是大势所趋，有关部门尤其是主管部门应认真研究机关事业单位养老保险的改革思路。在指导思想上，不仅要从经济角度，而且更要从政治高度，来把握事业单位养老制度改革，把它放在完善我国收入分配格局中进行方案设计。改革思路要更多地考虑公平性、效率性和可持续性原则。推进机关事业单位养老保险制度改革，要有利于保障事业单位人员队伍稳定，要有利于促进科技创新和社会事业发展，要有利于形成弱化初次收入分配不平衡和收入差距过大的合理机制，要有利于整体推进社会主义和谐社会建设和完善社会主义市场经济体制。

### 3.5.4 逐步缩小机关事业单位和企业之间养老保障方面的差距

我国养老保险制度改革，要注意使养老金成为缩小收入差别而不是扩大收入差别的内在机制。养老保险体制改革是收入分配制度改革的重要环节。在改革方案设计过程中，还应与初次分配领域的改革有效衔接，加强公务员与事业单位人员的工资改革，规范公务员与事业单位人员的工资制度，防止不合理的初次分配制度对养老保险制度改革造成的负面影响。在方案设计过程中，还需要做好公职人员界定和统计等基础性工作，注重借鉴国外有益的经验，完善这项制度设计。在方案内容上，也需要考虑财政分担责任、制度衔接、转移接续等问题。要在深化收入分配制度和人事制度改革基础上，同步推进机关事业单位养老保险制度改革，并且在改革方案设计和配套措施等方面相互协调。

值得欣喜的是，我国人力资源和社会保障"十二五"发展规划中明确提出了统筹考虑机关公务员和事业单位职工基本养老保险制度改革的问题。中共中央和国务院在关于事业单位改革的指导意见中进一步统筹考虑企业、事业单位、机关离退休人员养老待遇水平问题。一方面，要大力推进事业单位工作人员基本养老保险制度改革，基本养老金制度逐步与企业职工一样；另一方面，提出建立事业单位工作人员职业年金制度，按照"老人老办法、新人新制度、中人逐步过渡"的方式，妥善保证事业单位离退休人员养老待遇水平的平稳过渡、合理衔接，保持国家规定的待遇水平不降低。另外，提出进一步完善事业单位职工参加基本医疗、失业、工伤等社会保险的政策。但是，这些政策如何落实、事业单位职工社会保险制度如何在实践中推进，还有很多问题需要研究和探索。

## 3.6 推进公益性事业单位改革的相关建议

### 3.6.1 加大政府财政和公共投入

加大政府财政和公共投入，是确保事业单位提供服务公益性的前提。公益服务的特点是外部性和福利性，必须得到外部资金的支持才能维护这类公益性组织的运转。外部资金保障的程度和性质，决定着这类组织的发展导向。如果政府资金能够足够保障，事业单位的运转与政府部门比较类似，也将完全按照政府的意图提供公益性服务；如果政府财力保障不足，又允许其通过"创收"渠道弥补资金不足，其机构运转将在很大程度上受资金或资源提供方的左右，无法充分地保障其公益性质。公立医院市场化、高等教育产业化的政策导向，已经积累了足够的教训。

### 3.6.2 逐步实行"收支两条线"

规范事业单位收费并纳入财政预算管理，逐步实行"收支两条线"，是矫正事业单位"趋利性"的发展导向、行为扭曲和收入分配秩序混乱的制度保障。事业单位是公共资金兴办的公益性机构，其各类资产包括无形资产均属于公共资产，在法律法规允许范围内的事业单位的成本性收费，应属于公共收入，要纳入财政预算管理。此外，允不允许事业单位进行"创收"以及"创收"收入多少为宜，目前政策界限模糊，需要认真研究。有一点必须明确，事业单位不是营利性企业，不能把"创收"作为目的，更不能把"创收"收入作为增加职工收入和福利的"小金库"随意支配。要加快制定有关法规政策，可以探讨逐步扩大事业单位"收支两条线"的范围，遏制事业单位趋利性发展的动机，规范"创收"行为和"创收"资金的管理。

### 3.6.3 规范并大幅度提高公益性事业单位职工的薪酬

规范并大幅度提高公益性事业单位职工的薪酬，是弱化事业单位"创收"动机、规范收入分配秩序、遏制事业单位腐败、确保事业单位公益性、提高公共服务公平性、更好实现国家设立事业单位以提高公共服务质量和效益的根本举措。从整体上看，事业单位职工受教育年限长、人力资本明显高于一般劳动者和公务员，其专业性劳动强度大、复杂程度高、风险比较集中，应当具有明显高于社会平均工资、与其市场化价格相适应的工资薪酬待遇。公务员、事业单位、国有企业管理人员等国家公职人员之间收入分配关系失衡、心态失衡，导致全社会收入分配秩序混乱。国家已经采取措施逐步规范公务员工资和津补贴问题。公务员收入已经明显高于事业单位职工，事业单位职工收入尤其是绩效收入迟迟不能兑现，有条件的单位靠"创收"，隐性收入、灰色收入问题突出，甚至引发不少腐败问题。长此以往，后果将不堪设想。在政府不断加大对事业单位财政投入、规范事业单位创收行为的前提下，需要大幅度提高事业单位职工工资收入。

政府对于事业单位的投入尤其是全额保证职工的薪酬，是确保事业单位性质和功能的纯粹公共支出，不等同于在市场上、社会上购买服务，需要改变"只养机构不养人"的市场化观念。在成熟的市场经济体制中，国家公务员（含参公人员）、公立事业单位从业人员、国有企业从业人员，是国家收入分配制度的重要体现，应当有一个基本协调、平衡的制度规范（如国家机关司局级管理人员、事业单位教授级职工应当达到国有企业中层以上高管人员的平均年薪，达到同期普通劳动者收入的 5~10 倍。当然，国有企业管理人员需要有与经营效果关联的收入奖励，事业单位也需要在加强工作绩效考核基础上增加绩效工资奖励）。合理确定事业单位从业人员工资水平，保持对人才的吸引力，保证从业人员得到有合理合法的较高收入保障其有尊严的生活水平，安心于本职工作和事业发展，提高公益服务的数量和质量。只有让事业单位职工尤其是技术骨干生活得有尊严、收入来源正当化，才能让全社会形成正确的人才观和人力资本发展导向。

### 3.6.4　加快中央直属事业单位尤其是中央各个部委所属事业单位的统一改革

加快中央直属事业单位尤其是中央各个部委所属事业单位的统一改革，

是全国事业单位改革的重点。中央直属事业单位属于各类、各行业事业单位中的"国家队"定位，是改革发展的风向标，具有举足轻重的地位。没有中央直属和各个部门直属事业单位的彻底改革，就不可能有全国事业单位改革的成功。中央政府目前财力雄厚，具备加快事业单位改革的各种条件，不要久拖不决，成为整个经济体制改革和全国事业单位改革的后腿。

为推进中央直属和各个部门直属事业单位的改革，我们提出以下几点改革建议：

一是加快建立中央直属事业单位的创收上缴制度，尽快实现"收支两条线"，遏制事业单位创收动机，重塑事业单位公益性形象。

二是加快事业单位收入分配制度改革，中央各个事业单位的名义工资收入水平及收入结构应当尽快一体化，中央政府对这些单位职工人员工资要充分保障，不要从创收经费自我调剂，宁肯少建几个医院、高校，少一些基建投入，也要先把收入分配关系理顺，实现同城同待遇、同级别同待遇，同时根据工作业绩实行差别化的绩效工资。

三是整合中央单位离退休管理机构，建立中央直属部门和直属单位统一的养老金制度和社会保险管理机构，解决日益增多的机关事业单位离退休人员社会化管理问题。

四是加快剥离事业单位内部经营单位人、财、物与事业单位公益性服务职能，政府机构内部服务性事业单位转换为独立的市场主体，实行政府公共服务集中采购制度，健全服务采购流程监管体系。

五是加强社会事业单位改革领导和宏观管理，整合部门政策研究机构，强化综合政策决策咨询和执行协调。适应行政管理体制和大部制改革要求，建立统一、协调、配套的改革机构，强化综合决策咨询机构。目前中央政府宏观调控和管理功能日益强化、财力大幅度增加，各个部位掌握着大量资源，条条布局资源有利于建立全国统一市场和公共服务平台，但也可能强化部门利益。隶属于这些部门的政策研究机构往往成为部门利益的智囊和代言人，难以站在国家角度提供政策建议，加剧部门之间协调难度，导致资源配置效率低下。在落实事业单位法人自主权的基础上，改革各个部门政策性研究机构，与各个部门行政管理脱钩，将其整合为统一的、综合性的政策研究咨询机构，扩大其综合决策和政策协调功能，使其站在全党、全国和全局角度谋划发展改革中的重大问题。

大力引导社会力量与民间资本作为"非营利性机构"进入社会服务领域。中央政府、省政府和市政府可以根据需要和财力分别设立一定数量的直属事业单位，超出财政保障能力的可以借鉴国有企业改革的做法，采取裁撤、合并、股份化等方式转换"事业单位身份"。允许并鼓励引导社会力量广泛参与公益性服务领域，大力兴办社会资本投资的非营利社会服务组织，形成提供主体多元化、提供方式多样化的社会服务新格局，努力为人民群众提供广覆盖、多层次的社会服务。

# 4. 进一步建立健全公共财政制度

## 4.1 成熟市场经济国家的公共财政制度

### 4.1.1 成熟市场经济国家政府职能与财政支出结构的演变

以历史视野观之，人类对于政府应承担职能的认识是不断深化的。成熟市场经济国家的政府职能，正是在人类认识不断深化的背景下，在不同的历史时期侧重点有所差异，到 20 世纪 80 年代之后逐步趋于稳定。如表4-1 所示，在 20 世纪的初期，各国的公共支出水平均非常低，因为那时越小的政府被认为越好，政府的职能主要限于社会管理和社会秩序的维持。在经历了"一战"、"二战"由于战争导致的高支出之后，20 世纪 60 年代各国普遍开始强调政府的收入调节及经济稳定功能。各主要工业国家的财政支出水平大幅度上升，并由此形成了福利国家的基本特征。但 20 世纪 70年代的经济滞胀让人们又开始重新思考国家在许多活动领域的职能，这一时期的政府政策既不能有效配置资源，不能按照明确的目标来再分配资源，也没有实现经济的稳定。近些年来，一些国家开始了减小政府规模的尝试，从总体上看，近些年来公共支出水平较为稳定，甚至有稍许的下降。

到今天，面向民生的社会保障支出已成为成熟市场经济国家的财政支出主体。社会保障资金通过一般税收、具有专门用途的社会保障税或费等财政收入形式来筹集的。随着社会保障制度的逐步健全，许多国家财政在

表 4-1　17 个成熟市场经济国家的公共支出水平及结构（占 GDP 比例）

单位：%

| 年份 | 1870 前后 | 1913 | 1920 | 1937 | 1960 | 1980 | 1990 | 1995 |
|---|---|---|---|---|---|---|---|---|
| 公共国防开支 | | | 2.4 | 3.7 | 3.4 | 2.5 | | 2.0 |
| 补贴与转移支付支出 | 1.1 | | | 4.5 | 9.7 | 15.1 | 21.4 | 23.2 |
| 公共教育支出 | 0.6 | 1.3 | | 2.1 | 3.5 | 5.8 | | 6.1 |
| 公共医疗支出 | | 0.3 | | 0.4 | 2.4 | 5.8 | 6.4 | |
| 公共养老金支出 | | 0.4 | 1.2 | 1.9 | 4.5 | 8.4 | 8.9 | 9.6 |
| 公共失业支出 | | | | 1.3 | 0.3 | 0.9 | | 1.6 |
| 中央政府利息支出 | 2.5 | 2.2 | 3.1 | 3.4 | | 3.1 | | 4.5 |
| 公共投资总支出 | 2.0 | 2.8 | 3.4 | 3.8 | 3.2 | 3.5 | | 2.9 |
| 政府总支出 | 10.7 | 12.7 | 18.7 | 22.8 | 27.9 | 43.1 | 44.8 | 45.6 |
| 人均 GDP（美元） | 2119.0 | 3723.0 | | | 9083.0 | | 20372.0 | |

资料来源：维托·坦齐、卢德格尔·舒克内希特著：《20 世纪的公共支出：全球视野》，商务印书馆，2005 年。

社会保障上的负担越来越重。为了保障社会保障制度的可持续性，提高社会保障的效率，成熟市场经济国家的社会保障水平不断提高，财政责任不断增强。从规模上看，社会保障支出从小到大，已有不少国家社会保障支出占 GDP 的比重超过 10%。社会保障支出达到 GDP 20% 及以上的国家有瑞典、芬兰、荷兰等；达到 15%~20% 的国家有丹麦、奥地利、意大利、法国、德国、比利时、挪威；达到 10%~15% 的国家有英国、加拿大、美国、日本、爱尔兰、瑞士等。

成熟市场经济国家政府所承担的社会保障责任不同。据此，社会保障制度可以区分为福利型社会保障制度与传统型社会保障制度。传统社会保障制度只提供最基本的社会保障责任，典型的国家如美国。福利型社会保障制度则提供了"从摇篮到坟墓"的各种社会福利，典型的国家如英国、瑞典等。成熟市场经济国家财政与社会保障模式的差异，财政与社会保障制度的密切程度不同。"福利型"的保障制度，财政干预程度较深，而财政对"保障型"的社会保障制度牵涉较浅。

### 4.1.2　成熟市场经济国家的宏观税负和政府收入结构①

税收是市场经济国家财政收入的主要来源，宏观税负，即税收收入占GDP 的比重通常被用来衡量政府参与国民收入分配的程度。从总体上看，宏观税负水平与经济发展有密切的关系，成熟市场经济国家的宏观税负也较高。随着经济的发展，成熟市场经济国家的宏观税负水平均有不同程度的上升，如 OECD 成员国 1965 年的平均宏观税负为 25.6%，2006 年上升为35.9%。但是，经济发展水平并不是决定宏观税负水平的唯一因素，由于各国国情的不同，经济发展水平相似的国家宏观税负也存在着较大差异。如美国、日本 2006 年的宏观税负水平分别为 28.0% 和 27.9%，这一比重甚至低于发展中国家巴西；但同为成熟市场经济国家的欧盟 15 国的平均宏观税负则高达 39.8%，北欧国家瑞典、丹麦的宏观税负则接近 50%（49.1%）。社会保障制度的建立和发展是影响世界各国宏观税负水平的重要因素，成熟市场经济国家社会保障税在税收收入中占有很高的比重。

税收是市场经济国家实现经济社会发展目标最重要的政策工具之一，除组织收入的功能外，税收制度在调节收入分配与经济稳定方面均可以发挥重要作用。为了实现多重政策目标，成熟市场经济国家均实行复合税制，即同时设立多个税种对所得、消费和财产征税。其中，所得税和财产税直接对收入和财产的所有者征收，又称为直接税；消费税对商品和服务的流转额或增值额征收，又称为流转税或间接税。从总体上看，成熟市场经济国家中，税制结构的基本特征是，经济发展水平较高的国家直接税的比重较高。如 2006 年，美国、英国、日本、法国、德国等成熟市场经济国家直接税的比重分别为 83.2%、81.1%、70.6%、69.2%、71.3%。在直接税中，收入分配功能显著的个人所得税和社会保障税的比重较高，企业所得税的比重较低。如 2006 年，欧盟 15 国个人所得税、社会保障税、企业所得税占税收收入的平均比重分别为 25.1%、28.1%、8.8%；美国上述三个比重分别为 36.5%、23.8%、11.8%。

---

① 本节数据来源：OECD："Revenue Statistics 1965–2007"。

成熟市场经济国家均建立了包括房地产税、遗产与赠与税在内的比较完善的财产税体系，但各国财产税收入的差异较大。2006 年，OECD 成员国财产税占税收收入的比重平均为 5.7%。其中超过 10% 的主要国家有美国、英国、加拿大、韩国，分别为 11.1%、12.4%、10.1%、13.2%；超过 8% 的国家有澳大利亚、日本、法国、西班牙，分别为 9.1%、9.1%、8%、9%；但德国、奥地利仅为 2.5% 和 1.4%。

### 4.1.3　成熟市场经济国家的预算制度与财政管理制度

财政收支活动应当以公共化为目标，但其必须由具有私利的政府机构和官员来执行。为此，需要相应的管理制度来规范这一过程。在成熟市场经济国家，以现代预算制度为主体的财政管理制度，是各国政府公共收支的基本管理制度。按照王绍光（2007）的表述，成熟市场经济国家都经历了两次财政制度转型，第一次是从"领地国家"向"税收国家"转型，第二次是从"税收国家"向"预算国家"转型。[①] 可以说，只有经历过这两次财政制度转型，成熟市场经济国家的公共财政制度才能得以建立。而综观成熟市场经济国家的以预算为主体的财政管理制度，可以发现其具有如下典型特征。

首先，预算制度必须建立在法治的基础上。从形式上看，成熟市场经济国家都是由包括宪法在内的一系列的法律法规，规定了预算的过程、相关预算文件以及各相关机构的职责。一般说来，世界各国大都由行政机构主导预算的编制，即由一个核心预算机构（如财政部）集中资金的分配权，编制整体的政府收支计划（即政府预算草案）。政府预算草案必须报立法机构审查、批准才能有效，并在预算执行过程中以及执行后接受立法和审计机构的监督和审查。在相关机构的职责方面，最为重要的就是如何在行政机构和立法机构之间的权力分配。像英国这样的议会君主制国家，立法机关的预算权力较小，主要是由内阁承担整体预算责任的行政预算体制；在

---

① 王绍光：《从税收国家到预算国家》，马骏、侯一麟、林尚立主编：《国家治理与公共预算》，中国财政经济出版社，2007 年。

一些总统制国家，立法机关的预算权力较大；而像半总统制、议会共和制这样的国家，则立法机关的预算权力处于中间。然而无论如何，预算必须经过立法机构审批且可问责，才具有合法性，这是各国普遍遵守的基本原则。

其次，全面覆盖、公开透明、追求绩效是预算和财政管理制度的发展趋势。从各国预算的发展历程来看，早期预算改革的主要任务是建立一套有效的监督控制体制，确保所有的公共资金都用于公共目的，同时减少各种浪费，或者说预算改革主要是"控制取向"。自20世纪50年代开始，以美国为代表的西方成熟市场经济国家，在已做到良好控制的基础上，发动了许多改革，相继发展出规划—项目—预算、零基预算等预算编制方法，以进一步提高公共资金的配置使用效率。尤其是20世纪80年代以来，许多成熟市场经济国家吸收以往改革的成果，着力推广新绩效预算，强调在加强总额控制的基础上，给予执行机构更大的自主权，以提高政府公共支出的效率。这类改革在部分发展中国家也广泛开展。在预算的全面覆盖、公开透明方面，近年来较为强调税式支出、或有负债以及准财政活动等问题。其中税式支出是指各种税收优惠政策导致的政府收入减少。由于这种收入减少同样是为了实现政府的各项政策，因此可以看作政府的公共支出。

最后，预算外资金普遍存在，但管理方式差异很大。现代预算制度要求全面覆盖所有政府收支，然而这并非是说对所有资金都采用完全一致的管理程序。很多国家都存在那种无须立法机构进行年度讨论审批，没有采用标准预算程序管理的资金，典型的如社会保障资金。这在国际上被称为预算外资金，其内涵比我国的这一概念要广。世界货币基金组织的数据显示，成熟市场经济国家预算外资金占政府支出的比重高达50%，其主体是社会保障资金。成熟市场经济国家预算外资金产生的主要原因，是传统的预算模式无法适应现代政府职能扩大的需要，或者为追求预算绩效而放松控制的需要。典型的如各国的社会保障资金，这些资金都具有专款专用、一旦设立不能扣减的性质，因此无法在年度预算中讨论分配，其预算管理程序与常规预算有所差异。不过，成熟市场经济国家的预算外资金的设立，一般都有明确的法律法规，规定资金的用途、资金来源以及治理结构，且一般要求在预算报告中直接或者以附属的方式得以体现。如日本的《财政法》明确要求所有政府收支应纳入年度预算中，各种预算外资金采用特别会计预算的方式，与一般会计预算分开递交到国会审批。总体来看，成熟市场经济国家预算外资金至少保证了立法机构的知情权，且其预算外资金的管理和监控也与常规的预算资金差异不大，其主要的特殊性可归结为"专款专用"。

### 4.1.4 成熟市场经济国家政府间财政关系的基本格局

在当今世界上的多数国家，政府机构大多分为中央、省（州、邦、地区等）、基层政府（市、县、乡镇等）三个级次，后两者可以统称为地方政府。所谓政府间财政关系，主要解决的是在不同级次政府间分配履行政府职能的事权和支出责任，并安排相应财力的问题。合理安排政府间财政关系，不仅有助于提高公共服务提供的效率和均等化程度，还有助于政治稳定。

一般认为，像宏观经济稳定、收入再分配、全国性公共品的提供（如国防、外交、全国性基础设施）等职能，应当主要由中央政府承担。而像地方性公共品的提供，由于地方政府具有信息和管理优势，因此适度向其分权可以提高效率。从各国实践看，财政分权的程度多大，如何进行财政分权，这些问题受到政治体制、历史事件、经济地理条件等多方面因素的影响；并不一定有统一的范式，也并非是一成不变的。总体上看，像加拿大、美国等联邦制国家，地方政府承担的政府职能较多，其财政支出占整个政府支出的比重约在50%，但美国近几十年的动向是联邦的作用越来越大。像英国、法国等单一制国家属于集权程度较深的国家，地方政府财政支出占整个政府支出的比重约在20%以下，但法国近期的改革却倾向于将很多以前由中央政府承担的职能下放到地方。而像日本这样的单一制国家，其地方政府的支出占整个政府支出的比重也超过40%。

在不同级次政府间分配政府职能，就要求相应分配财力。对此，世界各国通行的做法是以分税制为基础，赋予地方政府一定比例的自主收入，然后借助纵向或横向的转移支付加以平衡，具体采用的手段则多种多样。世界各国大都由中央政府掌握了国家税收收入的大部分，如美国达到60%，日本为 63%，澳大利亚为 70%，加拿大和德国也达到约 50%，英国、法国、葡萄牙的财力则大部分集中在中央政府。在具体实践中，各国往往将税基稳定、流动性强的主体税种，如增值税、个人所得税、公司所得税等掌握在中央政府手中，而将财产税、车辆税、销售税留给地方政府。由于几乎所有国家的地方政府，其自主收入都不能满足其支出需要，因此，转移支付对于多数国家的地方政府都非常重要，在 OECD 国家的这一比重达到 30% 以上。各国的转移支付也形式多样。按照对资金用途的限制程度，一般可分为专项转移支付、分类转移支付和一般性转移支付三大类。澳大利亚、加拿大、德国、英国还采用地方政府间的横向转移支付制度。

在政府间财政关系的管理制度上，成熟市场经济国家首先是高度重视政府间财政关系的法制化和规范化。多数国家均是由宪法规定了中央和地方政府的事权、分税制以及转移支付的基本格局。像德国的《基本法》，对于这些方面还规定得非常详细。除此之外，很多国家还有专门的法律对此加以具体规范，如日本的《地方自治法》、德国的《联邦财政平衡法》等。政府间财政关系的法制化决定了其规范化。其次是在如何保证确立省与基层政府之间的财政关系问题上，各国差异较大。像加拿大、美国等国，宪法中没有明确省以下基层政府的财权和事权，因此具体由各州规定。总体而言，各国的基层政府在税权以及税收收入分享上均处于弱势地位，较多地依赖于上级转移支付。最后是注重加强对地方债务的管理。越来越多的国家都赋予了地方政府在国内借债的权力，以提高其财政能力。一般来说，成熟市场经济国家限定地方债务仅限于用于资本投资，以保证其有还款能力。同时都注重对地方债务的管理，以控制风险，主要的手段包括：依靠资本市场约束型、由中央政府和地方共同协商型、制度约束型、行政控制型。

### 4.1.5　对中国的启示

中国以建设成熟的社会主义市场经济为目标，必须实现由全能型政府向公共服务型政府的转变。与之相适应，财税制度要进一步建立健全公共财政制度，并以此成为推进经济体制、社会体制、行政体制改革的重要抓手。成熟市场经济国家财税制度可以为中国下一步的改革提供如下启示。

首先，政府职能以及财政支出结构的方向，应逐步从以经济建设为中心，转向以民生福利为中心，构建公共服务型政府。其重点应是以社会保障制度为重点的基本公共服务体系的建设。中国社会保障制度的运行，必须纳入财税体制的框架。社会保障支出的资金来源必须纳入全口径预算管理，做好公共预算与社会保障预算的衔接工作。这一方面是基本公共服务体系建设的需要，另一方面也是财政可持续发展的需要。

其次，宏观税负的确定应与构建公共服务型政府的需要相一致，并不能简单地通过与成熟市场经济国家的比较来确定税负高低。

再次，现代税制体系的设计应着眼于兼顾实现多种功能，而非取得收入一种功能。当前中国税制体系中，以组织收入为主要功能的税种，如增值税、营业税的比重较高，以收入分配和实现其他重要社会政策目标的税种，如个人所得税、消费税的比重偏低。未来应逐步完善所得税制度，建立财产税体系，适时出台居民房产税和遗产税制度，充分发挥税收调节社会存量财富分配的功能。

又次，世界各国，尤其是成熟市场经济国家的经验表明，政府预算制度是政府公共政策以及政府治理的核心，应当建立在明确的法律框架的基础上。预算由立法机构审批并可问责，也是其具备合法性的基础。预算改革应当致力于全面覆盖所有政府收支，提高预算的公开透明度与绩效。在世界各国，一些预算管理程序与常规预算不同的预算外资金也大量存在。对于这些资金，重要的是确保其经济和治理合理性；并有专门的法律法规为其确立合适的治理框架，确保其会计、内控、审计标准与报告标准与常规预算基本一致。

最后，政府间财政关系的核心是如何在不同级次的政府间合理分配事权并安排相应的财力。成熟市场经济国家在这方面的一个突出特点是相关制度的法制化与规范化。而在具体的手段上，则与国情紧密相关，方式多样，各有利弊。对于我国政府间财政关系的改革而言，重要的是应当紧密结合国情，在分税制和转移支付制度设计方面灵活运用各种手段，形成稳定的制度安排并逐步走向法制化，以提高公共服务的均等化程度和提供效率。

## 4.2 以消除二元财政体制和改善民生为目标，大力调整财政支出结构

### 4.2.1 当前财政支出结构的现状

分析中国的财政支出结构存在着诸多困难。首先，我国的政府支出管理体制以及财政统计并没有做到全口径，大量的政府性收支游离于预算管理体制之外。其次，我国一般预算内财政支出有较为详细和准确的数据。但是在 2007 年之前，我国公布的财政支出数据，总体上是按照资金使用的性质，即是建设性支出还是经常性支出来分类，在经常性支出中再按照功能进行较粗的分类。这种分类方式，使得我们无法从政府职能角度对财政支出结构进行分析，无法全面了解政府为承担其相应的职能而花费的政府性资金。2007 年的政府收支分类改革，基本上按照世界货币基金组织（IMF）《2001 年政府财政统计手册》所提出的分类方式，即按照国际通用的政府职能标准对财政支出进行分类。这使得进行国际比较成为可能。不过，2007 年的收支分类改革，依然与国际通行的分类方式存在一些差异，需要细化处理。

表 4-2 以 OECD 成员国为成熟市场经济国家的代表，将中国的数据按其分类进行初步的转化，并加以比较。① 从表 4-2 来看，社会保障和就业、一般公共服务、医疗卫生、教育是 OECD 各成员国财政支出的主要项目。一般公共服务是政府存在并履行最基本职能的基础，在所有国家都超过了10%。社会保障、医疗卫生、教育都可归结为民生性支出，是现代政府的最主要支出职能，表中各 OECD 成员国的三类支出比重都在 60%左右。当然，在各个 OECD 成员国之间，不同国家的财政支出结构差异也较大。如在社会保障和就业（主要是养老）的支出比重方面，欧洲国家和日本均非常高，尤其是法国、德国和北欧国家都超过了 40%，而美国和韩国则低于 20%。

① 具体处理方式见表下注释。

其原因在于，美国的养老保障体系较为依赖于企业年金等方式，而韩国的养老保障体系发展相对较晚。

表4-2　中国与部分OECD国家按功能分类财政支出结构比较

单位：%

| 支出功能 | 美国 | 法国 | 德国 | 英国 | 日本 | 韩国 | 北欧三国 | 转型三国 | 中国 |
|---|---|---|---|---|---|---|---|---|---|
| 一般公共服务 | 13.5 | 13.3 | 12.5 | 11.0 | 14.0 | 13.2 | 12.2 | 15.1 | 15.4 |
| 国防 | 11.5 | 3.4 | 2.3 | 5.7 | 2.6 | 9.2 | 3.4 | 3.4 | 6.4 |
| 公共安全 | 5.7 | 2.4 | 3.6 | 5.8 | 3.9 | 4.7 | 2.2 | 4.7 | 6.2 |
| 经济事务 | 10.0 | 5.4 | 7.2 | 6.3 | 9.9 | 21.3 | 8.1 | 11.0 | 20.1 |
| 环境保护 | — | 1.7 | 1.4 | 2.3 | 3.4 | 3.2 | 1.1 | 1.6 | 2.2 |
| 城乡社区事务 | 1.9 | 3.6 | 1.9 | 2.1 | 1.8 | 3.9 | 1.3 | 2.4 | 6.5 |
| 医疗卫生 | 21.1 | 13.7 | 14.3 | 16.0 | 19.6 | 13.5 | 14.6 | 11.8 | 7.4 |
| 文化体育传媒 | 0.9 | 2.9 | 1.6 | 2.0 | 0.4 | 2.9 | 2.5 | 2.8 | 1.7 |
| 教育 | 16.9 | 11.2 | 8.8 | 13.0 | 10.6 | 15.7 | 13.7 | 12.0 | 13.8 |
| 社会保障就业 | 18.6 | 42.4 | 46.5 | 35.9 | 33.9 | 12.4 | 40.9 | 35.2 | 20.3 |

注：北欧三国分别为瑞典、丹麦和挪威。三个转型国家分别为匈牙利、捷克和波兰。OECD组织公布的各成员国财政支出功能分类，按照IMF（2001）的标准共10类，而中国公布的2008年一般预算支出功能分类有16类。其中部分可以按照IMF（2001）的标准加总起来，如农林水事务、交通运输、工业商业和金融等事务三类可加总为"经济事务"，中国的一般公共服务和外交可加总为OECD的一般公共服务。然而，中国2008年的数据还有科学技术、地震灾后恢复重建支出、其他支出三类在OECD组织数据中没有对应项，三类支出占当年一般预算支出的比重达到9.3%。表中将地震灾后恢复重建支出分配为经济事务，"其他支出"在10类功能中平均分配，"科学技术"中的基础研究分配到教育，应用研究分配到经济事务，剩余项在其他8个功能中平均分配，再计算各个支出功能的比重。OECD诸国的数据中包含了社会保险形式的所有社会保障方面的支出，而我国公布的一般预算支出中未包含社会保险基金的支出。表中将中国社会保险基金支出（扣除重复项）计入财政总支出，并分别分配到医疗卫生（城镇基本医疗保险支出）和社会保障项中计算所有支出功能的比重。
资料来源：表中OECD组织成员国比重根据OECD（2009）的资料计算所得，部分国家为2006年数据，其他为2007年数据。中国比重根据财政部公布的2008年一般预算决算资料，以及"2008年度人力资源和社会保障事业发展统计公报"中的社会保险支出数据计算所得。

如果将我国情况与这些国家进行比较，较为突出的差异在于我国的经济事务（包括农林水、交通、工商金融等项目）支出比重异常高，远超除韩国之外的其他OECD诸国。总结来看，我国财政支出结构中经济事务以及城乡社区事务的比重，较其他国家（韩国除外）显著为高，差距约在15个百分点。医疗卫生以及社会保障支出的比重则显著较低。这从国际比较的角度反映我国财政支出的经济建设色彩较为突出，民生性支出却存在不足。而对于社会上广泛关注的一般公共服务支出（以行政管理费为主体）过高、教育支出比重过低等问题，却没有明显证据。

以上分析未将大量政府性基金（包含土地出让金）、预算外支出数据计算在内。如果考虑到这部分政府性资金，则以上现象可能更为突出。如果按照全口径财政支出来分析，可以大致估算出我国的经济建设支出（经济事务和城乡社区事务）比重大约在 40%，与其他国家的差距更为明显；而医疗卫生和社会保障就业支出的比重将进一步降低，约在 20%。[①]

### 4.2.2　以改善民生为重点调整财政支出结构，促进政府职能转型

当前中国财政支出结构的突出特点是经济建设支出比较高，而社会性与再分配性相对欠缺。从平衡财政职能和满足社会发展要求的角度，未来应从改善民生入手，大力调整财政支出结构。一方面，着力压缩财政投资性支出，特别是压缩在竞争性经济领域的财政投资性支出，减少或控制行政管理支出规模。另一方面，着力增加以改善民生为代表的各类公共服务性支出，尽快消除一些基本公共服务长期供给不足的状态。在当前，尤其要确保新增财力全部和绝大部分投向义务教育、就业、基本社会保障、公共卫生和医疗保障、生态环境保护、文化、社会治安等基本公共服务领域。

当然，中国财政支出结构的调整，需要考虑到发展阶段的影响。例如，我国的社会保障事业和医疗卫生事业的改革近些年才开始大幅提速，因此暂时的比重较低并非突出的问题，可以预期未来会有较快的改善。又如世界上许多发展中国家遇到的突出问题，往往是政府无法为基础设施筹集到充足的资金，而作为本节比较对象的成熟市场经济国家历史上已经过大规模建设的阶段，因此中国的经济建设支出比重达到 40%左右，对于我国经济社会的持续发展是否存在严重障碍，是否是一个非常严重的问题，则需要客观评价。

为此，在处理投资性支出与消费性支出的关系时，一方面要控制并调减投资性支出的规模；另一方面要注意投资性支出要有保有压。严格控制公共资本流向一般竞争性领域和行政事业部门的基本建设，保证社会对基本公共设施的投入需求。在消费性支出上，从严控制行政性公共消费，突

---

① 白重恩、汪德华、钱震杰：《公共财政促进结构转变的若干问题》，《比较》，2010 年第 7 期。

出预算保证重点，使有限的资金用于教育、医疗、社会保障与就业、"三农"、自主创新、环境保护等社会发展的薄弱环节和与民生有关的支出上。

### 4.2.3 增强财力保障，推进基本公共服务均等化

基本公共服务均等化是政府转型的重要目标，也是新型城市化战略、扩大内需战略的重要抓手。未来财政支出结构调整的首要问题，应是按照"国家基本公共服务体系'十二五'规划"[①]提出的要求，从推进城镇化和城乡融合的大局出发，以常住人口而非户籍人口为单位，按"无差别待遇"原则，着力于缩小不同所有制之间、城乡之间、区域之间在享受基本公共服务方面的差距。

首先是要加强城乡基本公共服务规划一体化，推进城乡基本公共服务制度衔接。涉及公共服务的各类规划，要贯彻区域覆盖、制度统筹的原则要求，以服务半径、服务人口为基本依据，打破城乡界限，统筹空间布局，制定实施城乡统一的基本公共服务设施配置和建设标准。以制度统一为切入点，抓紧制定和实施统筹城乡基本公共服务制度的工作目标和阶段任务。鼓励各地开展统筹城乡基本公共服务制度改革试点，有条件的可率先把农村居民纳入城镇基本公共服务保障范围；暂不具备条件的，要注重缩小城乡服务水平差距，预留制度对接空间。

其次是加大农村基本公共服务支持力度，以输入地政府管理为主，加快建立农民工等流动人口基本公共服务制度，逐步实现基本公共服务由户籍人口向常住人口扩展。进一步加大公共资源向农村倾斜力度，新增预算内固定资产投资要优先投向农村基本公共服务项目。结合户籍管理制度改革和完善农村土地管理制度，逐步将基本公共服务领域各项法律法规和政策与户口性质相脱离，保障符合条件的外来人口与本地居民平等享有基本公共服务。积极探索多种有效方式，对符合条件的农民工及其子女，分阶段、有重点地纳入居住地基本公共服务保障范围。

再次是高度重视基本公共服务体系的局域均等化问题。对优化开发区域

---

① http://www.gov.cn/zwgk/2012-07/20/content_2187242.htm.

和重点开发区域，要根据工业化、城镇化需要，加强基本公共服务能力建设，使基本公共服务设施布局、供给规模与人口分布、环境交通相适应。对限制开发和禁止开发区域，要加大财政转移支付力度和财政投入，保障不因经济开发活动受限制而影响基本公共服务水平的提高。加大困难地区基本公共服务支持力度。加大对贫困地区、革命老区、民族地区、边疆地区和集中连片特殊困难地区的基本公共服务财政投入和公共资源配置力度，政府基本公共服务投资项目优先向这些地区倾斜。

最后是建立与经济发展和政府财力增长相适应的基本公共服务财政支出增长机制，切实增强各级财政特别是县级财政提供基本公共服务的保障能力。应综合考虑法律规定、受益范围、成本效率、基层优先等因素，合理界定中央政府与地方政府的基本公共服务事权和支出责任，并逐步通过法律形式予以明确。当前应逐步将适合更高一级政府承担的事权和支出责任上移，增加中央和省级政府在基本公共服务领域的事权和支出责任。强化省级政府在教育、就业、社会保险、社会服务、医疗卫生等领域基本公共服务的支出责任，条件成熟时应将养老保险等支出责任划归中央。各级政府均要优先安排预算用于基本公共服务，并确保增长幅度与财力的增长相匹配、同基本公共服务需求相适应，推进实施按照地区常住人口安排基本公共服务支出。提高县级财政保障基本公共服务能力。中央财政要完善县级财政保障基本公共服务的激励约束机制，根据基层工作实绩实施奖励。

### 4.2.4 改进公共行政激励机制，促进服务型政府的建立

客观评价，当前我国中央层面由生产建设型政府向公共服务型政府转型的自主性增强，转型的步伐也较快。近十年来大量民生福利项目的推出就是最好的说明，然而地方层面的进展仍然缓慢。多数观点认为地方财力不足，是导致地方政府不重视公共服务的主因，但近年来随着转移支付制度的不断完善，地方政府实际支出了全部财政支出的70%左右。再加上地方政府预算外生财有道，其掌控的资源规模无论是从绝对量上还是相对量

上都已大大膨胀（平新乔，2006）。[1] 因此，地方政府不重视政府职能转型，依然强调政府的生产建设功能，忽视公共服务体系的建设，现行体制对地方的激励应是其主因。

由于地方官员的晋升由上级任命，而考核的主要指标则是 GDP 增长率和招商引资的数额，导致地方政府相互竞争经济增长非公共服务，成为地方财政"重基本建设、轻人力资本和公共服务"的体制根源（傅勇、张晏，2007）。[2] 一般而言，地方政府由于接近公共物品与服务的消费者，更有条件了解居民的需求信息，能够更好地提供公共物品与服务，以满足本地区民的公共需求。然而，越来越多的研究关注到，在中国特殊的官员晋升机制下，地方政府对经济增长率的热衷导致了财政支出结构的扭曲和政府作为公共物品提供者角色的缺失。并且这种结构偏向并不会因为地方财力状况的改善而发生根本性的扭转。

既然官员晋升的行政机制是造成地方财政支出结构偏离的重要原因，因此，相应的改革思路有两条：一是改革现有的政府绩效考评机制，弱化基于经济增长的单一激励。例如，由单一的增长率指标改为更具综合性的指标体系，纳入环境质量及其他相关因素，如绿色 GDP 指标，以减少对行政官员的激励扭曲。再如，将地方居民满意度纳入地方官员的考核体系。二是加大力度推动基层民主建设，强化地方人大对政府官员的监督与问责，引入差额选举的方式，让居民有能力影响地方官员的仕途，以引导地方政府有效配置公共资源，更好地满足民众对公共服务的需求（周黎安，2007）。[3]

---

[1] 平新乔：《中国地方预算体制的绩效评估及指标设计》，北京大学中国经济研究中心讨论稿系列，2006 年，No.C2006018。

[2] 傅勇、张晏：《中国式分权与财政支出结构偏向——为增长而竞争的代价》，《管理世界》，2007 年第 3 期。

[3] 周黎安：《中国地方官员的晋升锦标赛模式研究》，《经济研究》，2007 年第 7 期。

## 4.3 健全财税的收入分配功能，推进新一轮税费改革

### 4.3.1 现行政府收入体系的基本格局与问题

长期以来，受独特的财政统计制度的影响，人们对于中国政府财政收入的整体格局认识并不全面，无法进行国际比较。高培勇等（2010）按照国际货币基金组织的财政统计口径，首次对中国全口径财政收入的整体面貌进行了核算，为评估现行政府收入体系的基本格局奠定了基础。[①] 表 4–3 是按照同样的口径与思路进行的核算。

表 4–3 1998~2011 年中国全口径财政收入

| 年份 | 全口径财政收入 | 宏观税负（占GDP 比重） | 一般预算收入合计 | 全国政府性基金净收入（扣除土地出让收入） | 预算外合计 | 土地出让收入 | 社保基金缴费收入 |
|------|------|------|------|------|------|------|------|
| 1998 | 17254.28 | 0.204 | 10209.44 | 1854.00 | 3082.29 | 507.00 | 1623.10 |
| 1999 | 19795.06 | 0.221 | 11734.11 | 2111.94 | 3385.17 | 521.70 | 2211.80 |
| 2000 | 22686.06 | 0.229 | 13674.01 | 2214.20 | 3826.42 | 625.58 | 2644.50 |
| 2001 | 26927.94 | 0.246 | 16686.08 | 1865.05 | 4300.00 | 1317.88 | 3101.90 |
| 2002 | 31523.76 | 0.262 | 19163.24 | 1895.85 | 4479.00 | 2454.26 | 4048.70 |
| 2003 | 38421.26 | 0.283 | 21941.63 | 2138.62 | 4566.80 | 5421.31 | 4882.90 |
| 2004 | 45404.03 | 0.284 | 26614.40 | 2511.98 | 4699.18 | 6412.17 | 5780.30 |
| 2005 | 52530.95 | 0.287 | 31842.55 | 2936.23 | 5544.16 | 5883.81 | 6975.20 |
| 2006 | 64193.52 | 0.303 | 38940.42 | 3496.13 | 6407.88 | 7676.89 | 8643.20 |
| 2007 | 83788.345 | 0.326 | 51599.32 | 3681.41 | 6820.32 | 12150.00 | 10812.30 |
| 2008 | 96964.602 | 0.322 | 61566.90 | 5261.35 | 7502.35 | 10375.00 | 13696.00 |
| 2009 | 107738.60 | 0.321 | 68518.30 | 4371.65 | 6414.65 | 13964.00 | 14470.00 |
| 2010 | 142751.95 | 0.356 | 83101.51 | 7675.08 | 5794.42 | 29109.94 | 17071.00 |
| 2011 | 165779.56 | 0.352 | 103874.40 | 10222.71 | N/A. | 31140.42 | 20542.00 |

资料来源：由作者根据《中国财政统计年鉴》、财政部预算司公布的历年财政收支数据所得。

---

[①] 高培勇、张德勇主编：《"十二五"时期的中国财税改革》，中国财政经济出版社，2010 年。

表 4-3 的核算的结果表明：2011 年中国全口径财政收入已达到 16.58 万亿元，几乎是 1998 年的 10 倍。[①] 以现价 GDP 为分母计算宏观税负，中国的宏观税负自 1998 年以来基本上处于稳步上升状态：1998 年为 20.4%，2010 年、2011 年已超过 35%。如果与成熟市场经济国家相比较，中国的宏观税负水平已经不低。从结构上看，2011 年政府性基金收入（扣除土地出让收入）、社保缴费收入、土地出让收入分别超过 1 万亿元、2 万亿元、3 万亿元，而一般预算收入也首次超过 10 万亿元。其中，预算外收入自 2011 年正式取消，相应收入分别归到一般预算收入和基金收入项中。

以全口径视角全面评价中国的政府收入体系，可以发现其存在两大突出问题：一是管理严格的税收收入比重过低和非税收收入比重过高。自 1998 年至 2011 年，一般预算收入在其中的比重仅占 60% 左右，正式的税收仅占 55% 左右。而在成熟的市场经济国家，其政府收入绝大部分是正式的税收。与之相比，中国的特点即是税外的缴费、基金收入比重过高。由于非税收收入存在权威性不够、波动性较大，且相应的支出管理不够严格，因此如此大规模的非税收收入比重，应是未来改革的重点问题。

二是在全口径收入的主体，税收收入之中，直接税占比低而间接税占比高，两者间的配置极不均衡，这也是我国所面临的一个基本矛盾。自改革开放以来的历次税制改革，几乎都将逐步提高直接税占比、相应降低间接税占比，从而实现税类或税种配置上的大致均衡，作为一个重要议题。然而到今天情况并没有改善。以 2011 年为例，按照国家税务总局口径的统计，在全部税收收入中，来自流转税的收入占比为 70% 以上，而来自所得税和其他税种的收入合计占比不足 30%；来自各类企业缴纳的税收收入占比为 92.06%，而来自居民缴纳的税收收入占比只有 7.94%。可以说，由企业法人缴纳、走商品价格通道，既是我国现实税收运行格局的两大典型特征，也集中体现了我国现行税制结构以及由此而形成的税收收入结构的失衡状况。进一步的观察还可发现，现行的个人所得税，尽管以居民个人为

---

① 需要注意的是，财政收入数据都是现价，因此这种增长指标并不能简单地与 GDP 的不变价增速进行比较。

纳税人，但是，由于它实行分类所得税制且采用间接的征管办法——代扣代缴制，故而也不属于完全意义上的针对居民个人征收的直接税。针对居民个人征收的财产税，又是现行税制体系中的"空白"之地。这实际上告诉我们，在中国的现行税制体系中，基本没有完全意义上的直接税。

这种失衡的税制结构和税收收入结构，不仅在国内经济社会发展进程中遭遇了一系列的麻烦，而且在全球经济走入持续震荡的背景下，其弊端越来越充分地显露出来。

比如，这种高比例、大规模的间接税收入集中于商品价格渠道向全社会转嫁，不仅使得税收与物价之间处于高度关联状态，在现实生活中确有推高物价之嫌，而且一旦遇到通货膨胀压力较大、物价上涨趋势明显的情形，便可能推动税收与物价交替攀升，甚至为政府控制物价水平的努力带来不确定因素。从某种意义上可以说，税收已经演化成为商品价格的不可承受之重。这种高比例、大规模的税收收入集中来源于各类企业，不仅会普遍加重各类企业的税收负担，使得中国企业的税收负担水平整体偏重，而且注意到不同规模企业之间的竞争能力差异，还会使小微企业承受更重的事实税收负担。从某种意义上可以说，税收已经成为企业负担的不可承受之重。

又如，对间接税收入以及对企业纳税收入的过度依赖，不仅使绝大部分税收的归宿不易把握，在事实上成为由广大消费者负担的大众税，而且会在相当程度上转移政府对其他税类或税种的注意力，淡化以所得税和财产税为代表的直接税建设，使得诸如调节收入分配、缩小收入差距之类的现代税收功能的发挥受到阻滞。

再如，注意到中外税制结构之间存在的巨大差异，对间接税收入以及对企业纳税收入的过度依赖，不仅会推高境内商品相对于境外商品的价格水平，削弱境内商品和企业的国际竞争力，而且会通过出口退税环节形成对进出口商品价格水平的差别影响。在欧美经济形势面临相当不确定性、贸易保护主义泛滥的今天，这显然会进一步带来或加剧国际贸易领域的摩擦。

### 4.3.2 按照"以支定收"原则严格界定适当的宏观税负水平

财政收支规模代表着政府介入经济运行的深度和广度，其水平应与经济发展阶段相适应。上面的核算表明，当前我国的全口径宏观税负水平已经达到 35%，这一数字即使与成熟市场经济国家的美、日相比较也较高。与之相关的是，当前我国经济运行中的一个突出的问题是居民收入比重过低，且处于下降通道之中。居民收入比重过低，导致居民消费上不去，进而阻碍扩大内需战略的实施，阻碍经济转型。为此，从促进经济转型的角度出发，应重视财税制度在调节国民收入分配方面的作用，逐步提高居民收入占国民收入的比重，实现政府收入、企业收入和居民收入三者之间的协调增长。

需要注意的是，从成熟市场经济国家的经验来看，财政收入比重与居民收入比重并非简单的此消彼长的关系。如图 4-1 所示，在 OECD 国家的国民收入分配格局之中，居民收入比重普遍较高，处于 60%~80%，但其政府财政收入比重却差异很大，高者接近 60%，低者接近 20%。这背后的原因在于，财政活动并非仅仅从收入一端减少居民收入，还可以从支出一端通过转移性支出增加居民收入。

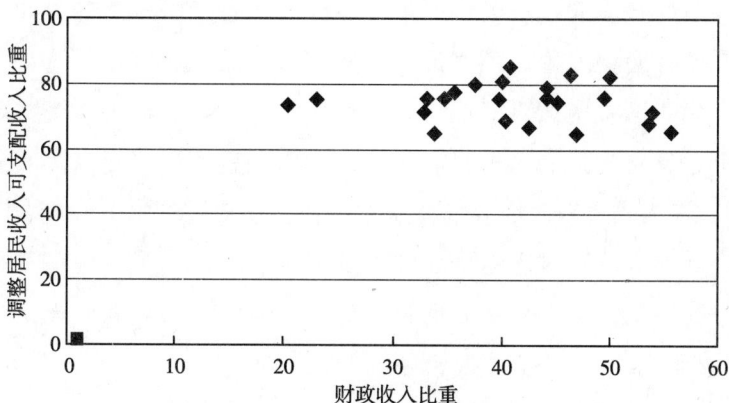

**图 4-1 OECD 成员国财政收入比重与居民可支配收入比重**

对应于中国的情况，"国富民穷"的基本格局确实存在。其背后的原因既有近年来宏观税负上涨过快的因素，也有上节分析的财政支出结构中侧重经济建设的因素。从改革的方向来看，应在厘清政府与市场边界的前提下，清晰界定政府必要的财政支出规模，逐步减少经济建设支出，增加民生福利性支出。在此基础上，按照"以支定收"原则，严格界定适当的宏观税负水平。总体而言，当前35%的宏观税负是与过于庞大的经济建设支出格局相一致的，在公共服务型政府转型逐步成功，经济建设支出得以大幅压缩之后，应逐步降低宏观税负，当前应至少稳定宏观税负。

在稳定宏观税负水平并以逐步减低为目标的同时，我们认为应着重调整政府收入的结构。应提高税收收入、社会保障收入在政府收入中的比重，相应降低行政事业性收费、各种专项收入和政府性基金在政府收入中的比重。应适度提高财政统筹资金的比重，相应降低专款专用收入的比重。完善地方政府税体系建设、建立规范的地方政府债务融资渠道，降低地方政府的土地出让收入的依赖。

在具体措施上，应进一步加强对行政事业性收费项目和收费标准的审查，取消不合理的收费项目、切实按照成本补偿和非营利的原则审定收费标准。审核和完善各类专项收入和政府性基金的征收标准、支出范围及征收期限，应当由一般预算保障的支出应及时纳入一般预算进行统筹安排，适度减少专款专用收入、提高财政统筹收入的比重；有必要长期存在、专款专用性质的政府非税收入，如社会保险缴费、排污费等，在适当时候应通过开征社会保障税、环境保护税实施"费改税"改革。进一步完善国有土地出让、国有资产（资源）有偿使用制度，在编制国有资本经营预算的基础上，建立规范的国有资本收益、收取制度。适度提高国有资产（资源）、国有资本收益在政府收入体系中的比重。应重视地方政府收入体系的建设，降低地方政府对土地出让收入的依赖，通过开征居民房产税等措施完善地方税体系，加强对地方债务及地方融资平台的监管，建立规范的地方债务融资渠道，有效控制地方债务风险。

### 4.3.3 以实施结构性减税为契机优化税制

成熟市场经济国家的经验已经表明，现代税收的功能包括：组织收入、调节分配和稳定经济。税收的基本功能当然是为政府取得收入。但是，在它介入 GDP 分配并为政府取得收入的过程中，事实上亦改变着原有的 GDP 分配格局以及原有的国民财富分配格局。所以，税收的另外两个十分重要的功能，就是调节居民之间的贫富差距和熨平经济的周期性波动。现代税收的上述三个功能，是分别由不同的税种来担负的。由诸个税种所构成的税制体系就像是一个交响乐队。虽然每个税种的共同任务都是取得收入，但相对而言，直接税较之间接税，具有更大的调节分配和稳定经济作用。间接税较之直接税，则具有更大的组织收入作用。在现代经济社会中，随着调节分配和稳定经济的税收功能日趋重要和愈益凸显，打造一个融收入与调节、稳定功能于一身的"功能齐全"的税制体系，已经成为各国税制建设的共同目标。也正因为如此，成熟市场经济国家税收发展所呈现的一个基本轨迹是：由简单原始的直接税到间接税，再由间接税过渡到发达的直接税。

与这一要求相比较，今天的中国税制的突出问题恰恰是直接税比重过低，间接税比重过高，税制的调节分配和调节经济行为的功能不突出。如上文所述，鲜有直接税或基本没有完全意义上的直接税的现行税制格局，已经不适应于当前的经济社会形势，更不适应于越来越趋于完善的社会主义市场经济体制。

为此，未来我国税制结构调整的基本方向就是：以实施结构性减税为契机，减少间接税，增加直接税；减少来自于企业缴纳的税，增加来自于居民缴纳的税。具体来说，以实行综合与分类相结合的个人所得税制和开征居民房产税并结束财产保有层面的无税状态为突破口，构建起适合中国国情的直接税体系。同时要开征或增加资源、环境税负，以促进科学发展观的实施。以营业税改征增值税为基础，进一步降低流转税税负。以此为基础，逐步增加直接税并相应减少间接税在整个税收收入中的比重，最终实现直接税与间接税的均衡布局。从而，建立起一个融收入与调节、稳定功能于一身的"功能齐全"的税制体系。

间接税是结构性减税的主要对象，重点是增值税。在我国现行税制结构下，可归入间接税或称流转税的税种主要有三个：增值税、消费税和营业税。其中，增值税块头儿最大，它的收入占比在 2011 年是全部税收收入的 37.75%，消费税和营业税的收入占比分别为 9.41% 和 14.29%。鉴于当前经济形势和继续实施积极财政政策的需要，在财政所能承受的范围内尽可能地放大结构性减税的效应，无疑是结构性减税的重要着眼点。由于增值税在所有流转税中的块头儿最大，而且营业税改征增值税的试点方案已经公布，营业税终归要被增值税"吃掉"；特别是倘若不同时出台其他配套措施，"扩围"后的增值税收入占全部税收收入的份额将升至 50% 以上，比重明显偏高，所以，结构性减税的主要对象显然应锁定于增值税。可以预测，在营业税改征增值税进行试点并逐步向全国推广的基础上，不仅是增值税，而且包括其他流转税税种在内，都将迎来一场旨在降低税负水平并进一步完善流转税税制的重要改革。可考虑在流转税税制完善之后，降低增值税税率，由此而腾出的空间将为增加直接税，进而推动旨在优化税制结构的整体税收改革铺平道路。

直接税的比重应进一步提高。重点是实施"综合和分类相结合"的个人所得税税制，强化个人所得税的征管。尽快在上海、重庆试点的基础上，开征居民房产税。在"十五"规划、"十一五"规划、"十二五"规划中，都已明确个人所得税的改革方向是建立健全"综合与分类相结合的个人所得税制度"。未来应遵循这一基本方向加快改革步伐，在此基础上，推行以家庭为基础纳税。阻碍个税走向"综合与分类相结合"的税制的关键因素，是征管能力。中国个税平均税率以及最高税率均不低，但个税税收收入仅占总税收收入的 7%，远远低于同等税率国家的水平，这背后即是征管能力的制约。为此应以社会信用体系建设、信息化手段等措施，着力提高税务部门的直接税征管能力。对居住用房开征房产税，已经讨论多年。近期上海和重庆开始试点，但并没有其他地方跟进。未来应扩大居民房地产税的试点范围，以进一步打击投资性和投机性购房，有助于房地产市场的稳定发展，同时逐步完善中国的财税体系。

资源、环境领域税负应进一步增加。从中国发展现状来看，大幅度提高资源税的税负，对于节约资源，保护环境，平衡东西部的资源利益而言都大有帮助。为此未来应进一步扩大资源税的征收范围，采取"从价"方式进一步提升税率。以财税手段促进环境保护，是包括中国在内的世界各国的重要政策方向。从发达国家经验来看，所谓环境税应当是一个体系，而并非仅是一个单一的税种。也就是说，在整个税收体系的各个税种之中，都应当有促进环境保护的内容。从中国税制的现状来看，资源税、增值税、消费税、企业所得税等税种，或者通过税种本身，或者通过税收优惠措施，发挥了促进环境保护的作用。鉴于中国环境保护的重要性大大增加，未来应开征独立的环境税和碳税。

## 4.4 以完整性、科学性为目标，加快预算及财政管理制度改革步伐

### 4.4.1 预算与财政管理领域现存的问题

在公共财政的导向下，"十一五"时期中国公共预算沿既定的框架进一步巩固和深入。大量的预算外资金已进入预算管理，散落于行政部门的预算权不断集中的同时，预算利益相关者在中国整个预算过程中的地位和角色发生了变化，完全行政主导型的预算模式正在弱化，公众、公众利益代表权力机构对预算影响力越来越显著，其表现为：预算外部监督机构——权力机构对预算监管的范围、力度、深度逐步加强；作为行政体系内部核心预算机构——财政部门的预算监督地位日益巩固；预算过程逐步向公民开放，公众预算参与性提高（马骏，2007）。[1]预算权的分配开始由行政体系内部的集中和规范，逐渐推进到立法（权力机构）层面的主导和强化；整个预算过程逐渐从内部行政控制走向公共责任的外部政治控制的阶段。

改革推进至此，如何克服和突破既得利益者对预算改革形成的阻力，将预算改革形成的预算分配权力重构以法律加以确立和实现成为深化预算改革亟待解决的问题。而体制中存在的深层次矛盾也成为"十二五"时期继续强化预算"法治化、完整性、统一性"的制度障碍。

---

[1] 马骏、侯一麟、林尚立主编：《国家治理与公共预算》，中国财政经济出版社，2007 年。

**1. 预算法治化滞后**

《预算法》是保障权力机构实施有效监督的制度基石，是确立预算权力在权力机构、行政机关以及其他预算参与者之间的分配的法律框架。1994年《预算法》以及《预算法实施条例》的先后出台明确规定了中国预算管理的基本制度，对于规范政府行为，依法理财、依法治财提供了重要的法律依据。然而，现行《预算法》及其《实施条例》脱胎于计划经济体制向市场经济体制转轨之时，其内容不可避免地带有计划经济体制时代的烙印，具有一定的局限性。在历经 1998 年之后的预算改革，特别是行政层面所启动的部门预算、国库集中收付以及政府采购等预算改革后，现行的《预算法》在诸多方面已不适应现实形势的发展，与预算管理现状也多有冲突。

当前的预算改革仍多停留在行政层面，改革成果也多以行政性法规、部门法规、规范性文件、通知等形式加以确立。这在一定程度上印证了行政权力在中国预算法治化过程中发挥主导作用的观点。同时，行政层面推动的预算改革由于缺少全国人大或其常委会通过的法律确认，法律级次较低，使得权力机构在实现预算审批和监管权限过程中难以获得实质性的法律保障，更不利于预算民主化和法治化的建设。

《预算法》与其他法律之间互不衔接。部门法律冲击或肢解了《预算法》。现行《预算法》明确规定"地方各级预算按照量入为出、收支平衡的原则编制，不列赤字"。但同时，《教育法》、《农业法》、《科技进步法》等法律法规对教育、农业、科技等投入占财政支出增长比重都有明确规定。就省级政府来说，每年仅教育、农业、科技三项按法律要求安排的支出增长就要占当年新增财力的 80% 以上。在这种情况下，年度预算安排既要保证本地基本社会事业发展和行政事业单位职工工资发放，又要符合相关法律的规定，还要实现《预算法》规定的财政平衡，致使财政部门往往处于陷入"有法难依"的境况。《预算法》作为财政预算主导性法律的地位受到冲击和挑战。

**2. 预算完整性有待加强**

预算完整性是权力机构实现预算监管的前提和基石。中国《预算法》规定所有政府收入都必须纳入政府预算，接受人大监督。然而在现实执行过程中，由于预算编报技术原因或是受部门利益的肢解而脱离人大的监管，预算完整性无法得到切实落实和保障。例如，中央政府每年向全国人民代表大会以及向社会公众提交和公开的预算草案中仅包括了公共预算以及政府性基金预算情况。这与实际政府收支数据存在着较大的缺口。诸如国有资本经营预算、① 社会保障预算等重要政府收支内容均未在提交的预算草案中反映和体现。改革的滞后性使国有资本经营预算以及社会保障预算编制的规范性、合法性在一定程度上受到质疑，也给不同类型预算衔接制造了麻烦，政府预算实现"全面性"目标推进缓慢。因此，积极推动社会保障以及国有资产经营管理等配套改革，并提出切实可行的预算衔接方案是推动上述预算外资金实现综合预算管理的前提。

除此之外，税收优惠、政府担保等形式的政府广义预算外活动在中国广泛存在。但这部分政府性收支活动及其对宏观经济和政府财政收支的影响，目前并未受到足够重视。然而根据中国现有预算管理办法，上述政府性活动对政府财政收支的影响并不在提交人大的预算报告中反映，甚至财政部门也无法掌握这些信息。这就意味着政府部门变相利用其可控社会资源替代了传统的财政支付方式，绕过预算部门，甚至是财政部门的审查来实现其影响社会经济的功能。

### 3. 预算权力配置的行政主导

预算权行政主导最突出的表现就是行政部门实质性地控制了基金以及部分专项的审批权。我国的基金预算是"预算上单独编列，专款专用，自求平衡"。其设立、运行多依据、依照事先设定的法律、法规而定。除非更改相应条款，否则具有自动赋权和延续性特征。目前中国基金项目审批权分散于各级行政部门。依据授权立法原则，大量基金的设立、具体征缴标准和使用均是以行政机构或主管部门颁布的行政法规。权力机构对基金预算仅有知情权并不具有实质意义上的审批权。这不仅导致人大预算监管以及立法权限的弱化，同时也加强和固化了各行政部门的利益，成为深化预算改革的阻力。另外，在一般预算项目（年度拨款预算）中包含了大量的

---

① 按照全国人大要求，中央本级国有资本经营预算于 2010 年首次提交全国人大审查。

专项项目，立法机构对这部分政府收支并无实质意义上的预算审批权限，使年度预算难以实现综合性的授权分配。

"预算调整"是政府为了应对现实中突发或应急事件，在一定程度上背离预算年度性和严肃性原则而进行的预算收支增减行为。中国现行《预算法》规定只有《预算法》定义的预算调整才需要人大审批。而对于其他非《预算法》定义的预算调整（包括动用预备费、预算划转和经费留用以及预算追加、追减引起的收支平衡或者收支盈余）都无须人大审批。实践中很多属于预算调整的行为没有纳入预算调整的法定程序，导致现实中脱离人大监管的预算调整频繁，法律严肃性降低。

以部门预算为代表的改革，目标是将预算分配权在行政层面上集中，这是十余年来预算管理改革的核心内容之一。与改革前相比，部门预算改革在一定程度上削弱了行政支出部门对本部门资金的控制力度，部门绝大部分资金开始进入财政部门的监督视野；"收支两条线"和国库集中收付制度推行也一定程度上切断了本部门经济利益与所控预算外资金规模的关联性。但即使如此，现阶段预算分配权在行政体系内部二次分割问题并未得到彻底解决。表现为在某些部门和领域，支出部门的决策行为仍未发生根本性的转变。如发改委、科技部等部门对项目资金的分配仍有相当大的决策权和影响力。某些部门的预算外资金即使进入了部门预算，财政部门仍不可能将之视为一般性收入来统筹安排和使用。

**4. 预算及财政管理制度的科学化、精细化有待加强**

预算以及财政管理制度的核心，是提高财政活动的决策和执行的效率，为此必须高度重视其制度的科学化、精细化。然而在这方面，当前我国有待加强的领域还有很多。

中国预算年度自公历 1 月 1 日起至 12 月 31 日止。即年度审批的政府收支计划的法律效力持续一个自然年。而中国每年"两会"审议下一年政府预算报告的时间一般在第二年的 3 月初；经审批的预算一般要从 4 月起或更晚一些才能发生法律效力。但政府收支又是一个持续性的过程。这就意味着每年 1~3 月，政府预算在尚未被权力机关授权批准的情况便已开始执行了，而实际编制出的 1~3 月的预算失去其应有的约束力和意义。这不仅有悖于《预算法》作为预算根本大法的严肃性，更无法保证未经授权的预算执行和监督的有效性。

充足的预算编制、审批时间是确保行政机关充分反映支出需求，保证权力机关翔实了解政府收支情况，实现有效预算监督的基础。按照现行法律法规的时间要求，各基层部门编制预算的时间一般仅一两个月左右。目前，尽管财政部将预算编制的时间提前到 9 月初，但从预算编制到表决通过也仅 6 个月左右的时间。由于时间太仓促，制定的预算内容粗略、不准确、不具体的现象难以避免。预算初审时间一般仅一个月，这使得预算初审往往流于形式。

预算及财政管理中的控制导向和绩效导向一般会存在冲突，需要科学设计以提高财政活动的效率。当前我国的一些财政管理制度往往过多重视细节上的控制导向，在执行中与现实情况不能吻合，进而导致制度无法有效执行。

公共财政框架下的财政监督，是一个覆盖整个财政活动的广泛的、多层次的、全方位的监督，其监督手段也应是多样化的。不过，由于受长期以来财政监督传统做法的影响，财政监督的手段常常采取专项治理的方式进行，根据中央及地方各级政府的统一部署，对"小金库"等某一专项领域或财政收支的某一环节进行特定的监督检查。财政监督也一般限于事后监督，事前和事中监督较为缺乏。同时财政监督的权威性与严肃性不足，对一些违反财经法规、随意改变财政资金支出用途或管理不善造成的浪费损失，查处力度不大，起不到惩前毖后的作用。比如，近些年审计署每年都能查出不少中央部门在预算执行中存在的挤占挪用和转移财政资金、多报多领财政资金以及违规收费等问题，年年查、年年有问题，这在很大程度上说明了财政监督的威慑力不足，对财政管理的促进作用不够。

## 4.4.2 以完整性为目标进一步推动"全口径"预算

应坚持预算的完整性原则，将全部政府收支纳入预算之内，形成一个由公共财政预算、社会保障预算、政府性基金预算、国有资本经营预算共同组成，覆盖全部政府收支的财政预决算体系。从预算编制的范围看，完整的预算应包括政府公共预算、社会保障预算以及国有资本经营预算和其他预算。其中，公共预算反映政府以公共管理者身份提供公共物品或服务而进行的收支活动，资金来源为一般税收，纳入人大年度预算审批的范畴；带有权益性项目性质的社会保障预算如前所述应纳入基金预算独立管理；国有资本经营预算宜实施独立管理的模式，但其收益可进入年度预算审批。这样，尽管适用的预算管理模式存在差异，不同类别的政府收支从理论上讲都分别能够实现行政以及立法层面的预算监管。

此外，通过稳定、透明、合理的资金流动，解决四类预算之间的衔接的问题，继而构建起相互钩稽、相互关联的完整预算体系。社会保障预算应独立管理、封闭运营，其收支情况每年定期接受人大的审查，并向社会公众公开。以"独立性"保证公民未来的"养老钱"不被任意挪用；以"公开性"让公众清楚了解政府未来支付义务和自身的权益。相反，一般公共预算和国有资本经营预算对社会保障预算以及两者之间资金的流动就属于开放性的。公共预算以及国有资本经营预算的年度结余可以用于补充社会保障基金的不足；一般公共预算与国有资本经营预算间资金的流动则反映了政府以投资人身份对国有资本的注资、扶持以及获取收益的行为。当前应进一步加大国有企业分红力度，建立国有资本经营预算与公共财政预算、社会保障预算之间的有机衔接。

### 4.4.3　加快《预算法》修订，以法律形式确立预算分配权

作为财政领域的一部核心法律，《预算法》通过设计预算程序、规则以"法"的形式确立预算参与者在公共资源分配中的地位和角色，规范其各自的博弈行为，在众多的预算参与者之间（包括公众与公共部门、权力机关与政府机构以及政府体制内部横向与纵向）形成相对稳定的责权分配关系。针对当前我国《预算法》存在的诸多问题，应加快修订进度，着眼长远制度设计，确立《预算法》在财政经济法律、法规中母法的地位，以此为基本原则来处理其他经济法律与之相冲突和矛盾的条款。只要涉及各支出部门预算收支问题时，凡与《预算法》不一致的法定支出（包括《农业法》、《教育法》、《环保法》等的规定）均应以修订和完善后的《预算法》作为其他法规

或法律的规定基础。

以法律方式确立重构之后预算权的分配（包括审查权、编制权、调整权等）架构，明确和细化各级权力机关、各级政府、财政机关以及预算支出部门的预算管理权限以及相应的受托责任：①确认权力机构在预算监管中的主导地位，保障其预算的审查权，适时赋予其预算修订权，并扩展预算审批范围，实现预算审查的"全面性"；细化具体审批程序，力求程序公正、合理；提前审批时间，以保证审查过程充分、完整。②确认部门预算改革后，财政部门在行政体系内部预算综合控制和监督的权限，以法律形式正式确立部门预算编制方法、编制时间和程序。③确认各行政执行部门为具体预算编制的主体，以达到发挥其信息优势，保证部门职能需要的目的。④在划分权利的基础上，细化和落实违法后所应承担的法律责任。以可诉性条款以及明确的惩罚措施来确保《预算法》及其《实施细则》的法律严肃性。通过合理、合法地在各预算主体之间分配各项预算权限，将有利于形成监督有效、运行高效、执行公平的预算运行格局。

### 4.4.4 完善财政支出监督问责机制，制约财政贪腐与浪费

财政资金的配置是一种再分配行为，由于政策结果的非中性特征，各利益相关者也会从自身利益出发，通过各种方式——游说决策部门、请主管领导打招呼、动员社会舆论，甚至直接的贿赂——来引导财政部门最终采用对其有利的那种支出方式。这又刺激决策者在选择支出方式的过程中通过创设租金以谋取不正当的利益。以上两种因素相互作用，有可能使政策结果严重偏离事先设定的良好目标。因此，仅仅通过政府间职责的划分，不足以使公共部门自动实现公共物品和服务的有效供给。一个有效监督和可问责的政治体系对于财政支出结构改革的成败是至关重要的。如果缺乏可问责任性，那么，高强度的经济激励将导致官员的腐败、省际间的保护主义和政府为既得利益集团所掳获。

随着体制改革进程的深入中国的财政分权越来越需要走向制度化，制度建设的重心应当是，使决策单位面临硬预算约束，培养财政决策的可问责性，制约财政贪污、腐败与浪费。为此，"十二五"时期中国政府应继续

深化财政与预算管理制度改革，提高各级政府预算的完整性、强化其法治性，加强立法机关对各级财政及政府部门的监督。在具体措施上，除强化财税部门的内部监督之外，应高度重视审计部门作为国家治理的"免疫系统"功能，进一步提升其地位，增强审计结果的权威性和可问责性。为此，需要将审计部门划归全国人大领导，使其成为权力机构加强财政监督的主要抓手。

### 4.4.5 强化财政管理的科学化、精细化

财政管理是政府为了履行职能，依法运用一定手段，对财政收支及相关经济活动过程进行决策、计划、组织、协调和监督等的行为和方式，贯穿于制定和实施财政政策、编制和执行预算等财政工作的全过程。它既是政府管理活动的重要内容，也是整个国民经济管理活动的有机组成部分，其最终目的是更好地满足社会公共需要，促进经济社会又好又快发展，为此需要高度重视财政科学化、精细化管理。科学化管理，就是要从实际出发，实事求是，积极探索和掌握财政管理的客观规律，遵照财政法律法规要求，建立健全管理制度和运行机制，运用现代管理方法和信息技术，发挥管理人员的积极作用，把握加强管理的方向和途径。精细化管理，就是要树立精益思想和治理理念，运用信息化、专业化和系统化管理技术，建立健全工作规范、责任制度和评价机制，明确职责分工，完善岗责体系，加强协调配合，按照精确、细致、深入的要求实施管理，避免大而化之的粗放式管理，抓住管理的薄弱环节，有针对性地采取措施，增强执行力，不断提高财政管理的效能。科学化、精细化是有机的整体，科学化是精细化的前提，精细化是在科学化指导下，按照统筹兼顾的原则，把科学管理要求落实到管理的各个环节，落实到管理人员岗位，体现集约管理、注重效益的要求。财政管理科学化、精细化是落实科学发展观的必然要求，符合现代管理的发展趋势，是新形势下做好财税工作的迫切需要。

## 4.5 以清晰划分事权为重点调整政府间财政关系

1994 年实施的分税制改革，是改革开放之后政府间财政关系领域力度

最大、影响最为深远的制度创新。分税制以及其后的相应改革，奠定了今天中国政府间财政关系的基本框架，所起到的积极作用非常明显。然而，1994 年分税制改革本身并不完全，其后 20 年的高速发展又出现了一系列新的问题，这些都为在新的时期对政府间财政关系进行调整提出了新要求。

### 4.5.1 当前政府间财政关系存在的问题

**1. 政府与市场的边界不清晰导致政府间财政关系难以稳定**

从宏观上看，目前中国政府与市场的边界，并未像成熟市场经济国家那样处于稳态，政府职能"越位"与"缺位"的现象并存。整体上政府职能在不断扩张和变化的过程中，不同级次间政府职能的分配，以及相应的政府间财政关系的确立都存在困难。

中国经济和社会发展不平衡，经济发展与社会发展均比较快，新领域、新问题层出不穷，这是政府与市场边界不清晰的客观基础。一般而言，公共产品、社会保障以及收入分配等属于"市场失灵"的领域，政府应当发挥主导作用，弥补市场的不足。然而，实际中政府在这一本职工作方面却存在不足。现行政府间财政关系的制度安排中也存在一些不利于科学发展的因素，从而对粗放型经济增长产生激励，不利于引导地方政府开展提升公共服务能力与效率的良性竞争，不利于推动地方政府积极性向科学发展和提供有效行政管理与公共服务转变。

客观地看，当前政府间财政关系在法制化和激励机制方面也存在一些问题，结合政府职能的框架尚未稳定的现状，容易导致"人治"造成政策的不稳定性，扭曲投资和消费行为。同时，地方政府往往有过度谋取地方利益的激励，形成地方割据，影响资本、劳动力等生产要素的自由流动；对于有外部性的财政责任，难以做到合理划分，应该中央管的事务让地方管，或者二者都不管。地方政府忽视外部性、中央与地方激励不相容的问题若长期持续，必将对我国全局性发展造成不可忽视的危害。

**2. 事权与支出责任划分不合理**

客观地看，相对于收入划分、转移支付制度以及财政管理制度而言，在政府职能范围已发生较大变化的背景下，政府间支出责任的划分领域的改革较为缓慢。1994 年的分税制改革，基本未涉及事权划分的改革。尤其是自 2003 年以来，多项重大民生福利项目的出台，基本沿袭由中央制定基本政策框架，事权及支出责任由地方承担，但中央政府给予高额补助的模式。10 年间中国的政府职能范围扩张很快，但基本上都采取了"打补丁"式的一事一议方式，分配中央和地方政府间的事权和支出责任，而基本格局没有发生实质性改变。这是目前中国财税体制领域的最大问题，具体表现在以下三个方面：

一是由于政府间职责划分的法律制度过于原则化，实际中难以操作，导致许多事权的划分不清晰。这既容易引发责任推卸问题，也容易导致多头执法的问题，影响公共服务的提供。如省市县政府在市场监管领域特别是在文化、安全生产、食品安全等方面监管权责不清，层层组建执法队伍，有时针对同一相对人的同一违法行为多层多头执法。

二是中央与地方之间部分事权划分不适宜，导致地方承担了许多中央应当承担的支出，中央也承担了一部分属于地方的事务。尤其是在成熟市场经济国家需要中央承担主要责任的社会保障领域，中国基本上将其划为地方事权并由其承担支出责任，中央主要提供补助。还有如国防、界河航道的管理与养护、食品监管、国家安全责任、司法等，执行中普遍由地方承担了一部分支出。

三是部分事权划分执行不规范。这一方面是中国事权划分的特殊性的主要体现。由于与政府职能实现相联系的权力分配问题，使得有些事权虽然有明确分工，但执行中调整随意性大。如上级政府往往以给项目、加资金为条件，搞评比达标，要求地方设置对口机构，将属于地方的事权随意上收。实践中，不同级别的政府影响力不同，上级政府能够通过包括人事权在内的各种权力影响下级政府，从而产生中央请客、地方埋单，或上级政府出政策、下级政府埋单的情况。

总的看来，由于事权划分方面存在的一系列问题，导致地方承担的支出责任过重。此外，由于地方财政承担了许多应当由中央完全承担的项目经费，部分应由地方承担项目中央财政也安排了专款，几乎所有的财政支出科目都是公用科目，几乎所有事务都是共同事务，造成了你中有我，我中有你，职权不清，责任不明的局面。在当前的国家治理架构中，中央政府各部门在事权划分上处于强势地位，可以自行出台财政支出政策，且要求地方自行承担或予以配套，也给地方政府有效安排财政支出造成了干扰。

**3. 收入划分格局争议较大**

财政收入的划分是政府间财政关系最重要的内容之一。1994年分税制改革的重点就在于此。改革的结果是扭转了过去中央收入比重过低的局面。不过，近些年来社会上普遍认为中央收入比重过高，地方收入比重过低已成为财政领域的重要问题。总体来看，级次越高的政府财力越充裕，而最末端的县乡政府财力普遍不足。也有意见认为中国地方收入比重已经较高，如考虑全口径财政收入更是如此。

如图4-2所示，如果仅考虑一般预算收入中中央收入的比重，则其从1998年至今较为稳定在50%左右，1998~2004年处于上升趋势，而2004年之后处于下降趋势，2011年开始低于50%，为49.4%。但是如果考虑包括社保缴款、土地有偿使用收入和政府性基金收入在内的全口径财政收入，则中央收入的占比自1998年以来一直低于40%，即地方收入占比在60%以上。且近些年来这一比重处于下降趋势，2011年为32.8%。

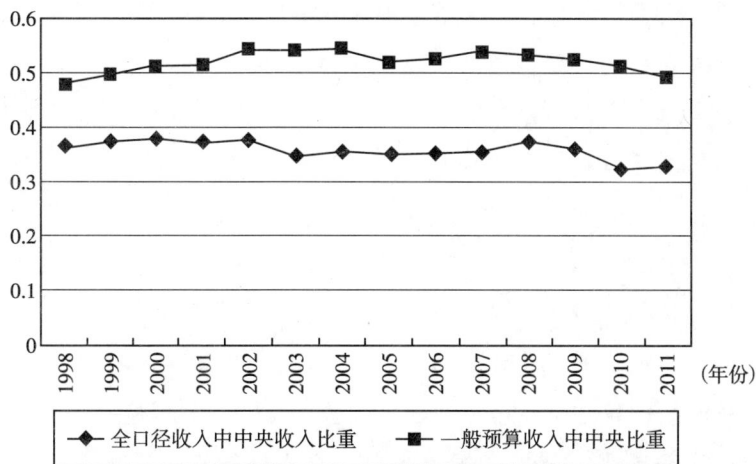

图4-2　一般预算收入与全口径财政收入中的中央收入比重

事实上，以上对于中央、地方收入划分的不同意见，其视角有差异，所得结论不同当属正常。认为中央收入比重不高的观点，主要是从与成熟市场经济国家比较的视角获得结论。在成熟市场经济国家，一般说来中央收入比重均高于 50%，与之相比中国中央收入比重确实过低。[①] 认为中央收入比重过高，地方收入比重过低的观点，主要是从与地方政府的支出责任视角观察。由于中国与成熟市场经济国家不同，绝大部分支出责任均由地方政府承担，与之相比，现有的收入划分格局中地方收入比重确实不足。

重要的是，现实中既存在基层财政困难的情况，也存在土地出让金高涨的现象。这正体现了政府间财政关系存在的多方面问题：一是省以下分税制改革不到位；二是土地等收入未纳入总体分配框架；三是财政收入划分应与支出责任划分相适应。因此无论地方收入是过多还是过少，都反映了分税制政府间财政关系改革需要进一步深化。

除此之外，目前我国中央地方收入划分格局中，若干税种的收入划分未能遵循其经济属性。如在成熟市场经济国家，所得税由于其具有调节收入分配的功能，主要是中央税。而在我国，1994~2001 年所得税主要是地方税，2002 年所得税收入分享改革后，中央地方各占 50%。再如资源税，成熟市场经济国家主要归中央所有，而我们目前绝大部分划为地方收入，只有海洋石油资源税属于中央收入。在资源税税负将不断提高的背景下，若一直维持现有格局，最终必然会扩大地区间的收入差距。

**4. 政府间转移支付总量过大、结构不合理**

首先是转移支付规模总量过大。2011 年中央对地方转移支付达到 34881.33 亿元，已占到地方本级支出的 37.74%。如果再计入中央对地方的税收返还，则中央对地方税收返还和转移支付总额达 39921.21 亿元，占地方本级支出的比例已经达到 43.2%。分地区看，即使是发达的东部沿海地区，财力自给度也仅在 80% 左右，即还需要中央政府的转移支付；而不发达的西部地区，财力自给度均在 40% 以下。与之相比，2007 年美国联邦对州和地方政府的转移支付只占州和地方支出的 21.6%。可见，中国的财政转移支付总量十分庞大。就一个国家而言，在资金转移过程中难免会发生各种各样的成本，理想的做法应该是尽可能地压缩转移支付的规模。照此来

① 参见 4.1。

看，中国转移支付的规模显然过大。这有助于增强中央政府的调控能力，但不利于地方政府积极性的发挥。

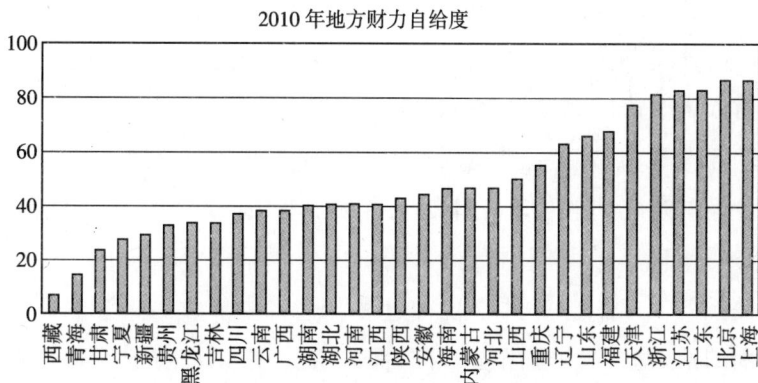

图 4-3　2010 年各地区财力自给度

其次是结构不合理。除税收返还外，中国财政转移支付主要包括一般性转移支付和专项转移支付两大类。其中一般性转移支付的目标在于均等化地方政府的公共服务能力。专项转移支付能够更好地体现中央政府的意图，促进相关政策的落实，且便于监督检查。而且，从目前现实来看，专项转移支付能够解决许多一般转移支付所不能解决的问题，特别是一些基本公共服务水平（最低转移支付所对应的公共服务水平）提高问题。因此，专项转移支付要与一般性转移支付共同发挥各自的作用，不可偏废。虽然一般性转移支付的规模一直在扩大，但总体上仍然偏小，难以在均等化公共服务上充分发挥作用。而税收返还的地位虽然持续下降，但绝对数额仍然较大，2011 年仍在 5000 亿元以上。税收返还与财政转移支付所应起到的均等化作用是相悖的，影响了财政均等化水平，直接导致各地人均财政支出仍存在相当大的差距。

最后是制度方面存在缺陷。什么项目用均衡性转移支付，什么项目用专项转移支付，没有标准。造成转移支付项目繁杂，"打补丁"项目较多，不利于转移支付资金效益的有效发挥。专款配套政策缺乏规范的设计程序和统一政策，一些部门自行出台配套要求，部分地方存在负债配套、虚假配套问题，既影响了政策目标的实现，也加重了地方财政的负担。一般性转移支付种类过多，不利于不同种类的财力性转移支付之间的协调；均衡性转移支付所依据的标准收入与标准支出的测算公式以及决策程序还不够公开透明，在一定程度上影响了均等化目标的实现；专项转移支付的决策程序、使用方式、资金使用的监督等方面也都需要进一步加强。

### 5. 省以下政府间财政关系未稳定与基层财力困难

1994 年分税制改革主要规范了中央与省一级财政关系，而未建立起省级以下各级财政之间的规范化体制。省以下各级政府收入划分仍不尽合理。现实中，省级以下政府间财政关系的确定主要采取了"模仿"中央与省一级财政关系的基本做法，共享税种过多，且将主要收入来源的税收集中在较高级别的地方政府。全国省、自治区、直辖市，设有 5 个以上共享收入税种的省市就有 16 个，大部分地区省分享比例占大头。部分省仍然按企业隶属关系或行业划分省与市县的共享收入，不利于企业间的改组、改制、联合和兼并，不利于产业结构合理调整和区域经济协调发展。

这种省以下政府间财政关系的基本格局，客观上加剧了县以下财政的困难，使得县以下财政难以实现良性循环。近年来，通过中央实施一系列以缓解县乡财政困难为目标的措施，局部县乡财政困难状况得到了较为明显的缓解。但县级财政特别是中西部地区县级财政在发展中又遇到一些新的困难。特别是公共财政保障范围不断拓宽、支出标准也不断提升，总体上基层财政压力依然较大。

从成熟市场经济国家经验来看，分税制一般要求各级政府都有自己的主体税种。但当前我国留给地方的税种虽然不少，但较为分散，缺乏主体税。同时，分税制改革方案中规定了中央税、地方税和共享税的立法权集中在中央，地方税务机构负责征收地方税，然而对地方政府是否拥有一定的立法权（如全国性地方税以外的税种的立法权）却没有明确的规定。而在成熟市场经济国家，中央政府在掌握主要税收立法权的同时，为了调动地方政府的积极性，大都赋予了地方一定的税收立法权和管理权。

### 6. 若干新问题缺乏相应的制度框架

在分税制实施近 20 年以来，政府间财政关系出现了若干重大的新问题、新动向，均缺乏明确、清晰的制度框架。这主要表现在一般预算收入之外的政府收入规模逐步扩大，如何在政府间划分缺乏明确制度；依然以户籍为标准的二元政府间财政关系，未能重点关注高达 2 亿多的流动人口，也无法有效引导实现新型城市化战略目标等；地方债务风险等问题上。

税收收入是财政收入的主要组成部分，因此收入划分主要是分税问题。但在中国社会主义市场经济条件下，大量国有经济、国有资源、国有土地存在的现实中，财政收入的划分范围应当超越分税，除分税外还应涉及分利、分租、分费等一系列问题。

在二元政府间财政关系方面，传统上主要关注财力向城市倾斜，忽视了农村。目前这方面的情况有所改善。但是，目前的政府间财政关系对各级政府事权和支出责任的分配，转移支付资金的分配，依然强调以户籍人口为测算单位，与我国流动人口高达两亿以上规模，新型城市化战略需要大力推广的格局不相适应。如图 4-4 所示，如以常住人口为分母计算，经济发达省份的广东、江苏、山东，且人均财政支出却排在全国后列。由此也导致，城市流动人口以及随迁子女的基本公共服务的供给与需求，长期处于失衡状态。中央政府虽然一再强调推动基本公共服务均等化，向城市流动人口提供基本公共服务，但在政府间财政关系上缺乏必要的安排。

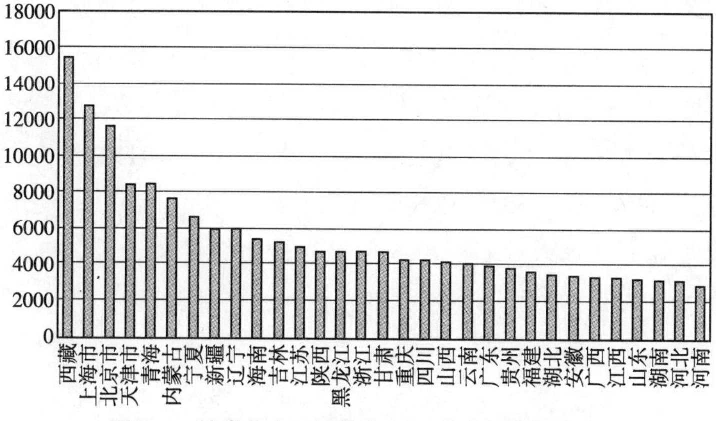

**图 4-4  按常住人口计算的 2009 年人均财政支出**

分税制政府间财政关系中相对独立的地方政府应该拥有发债权。地方政府发债权的落实也是一个重要的问题。我国现行法规实质上不允许地方政府发债，但近些年来以地方融资平台为主要形式的地方债务规模已经非常庞大。根据审计署的审计结果，截至 2010 年底，全国地方政府性债务余额 10.7 万亿元。其中，政府负有偿还责任的债务占 62.6%；政府负有担保责任的或有债务占 21.8%；政府可能承担一定救助责任的其他债务占 15.58%。地方政府举债融资缺乏规范，公共财政融资体制有待完善；地方政府性债务收支未纳入预算管理，债务监管不到位。特别是部分地区和行业偿债能力弱，存在风险隐患。如个别地方政府负有偿还责任的债务负担较重；部分地方的债务偿还对土地出让收入的依赖性较大；部分地区高速公路、普通高校和医院债务规模大、偿债压力较大。这些地区的地方债务，未来控制失效的风险较大。

### 4.5.2 以明晰事权划分和支出责任为下一步改革重点

政府间财政关系的调整涉及方方面面的利益，影响重大，并极富挑战性。总的来说，中国政府间财政关系改革的方向是建立现代国家政府治理财政制度。下一步政府间财政关系改革应将财力与事权相匹配作为完善现行政府间财政关系的基本原则。改革的重点应是适度上划部分基本公共服务类的事权和支出责任到中央以及省级政府。尤其应将养老、司法、流动人口子女义务教育、食品药品监管等领域的事权和支出责任，适度上划到中央或省级政府。

多级政府体系下，政府间事权划分的基本依据是受益范围原则与效率原则等，而财权配置遵循的是税种的基本属性。不同的原则和标准决定了"财权与事权相匹配"不可能成为政府间财政关系的常态。在明确政府间事权划分的基础上，界定各级政府支出责任，划分财政收入，再通过转移支付等手段调节上下级的财力余缺，补足地方政府履行事权存在的财力缺口，实现"财力与事权相匹配"，才是确保整个政府间财政关系有效运转的理性选择。

目前阻碍实现财力与事权相匹配的主要原因，是支出责任过度分散到地方政府的现实。为此，首先，需要将一些不属于政府的职能下放给企业和市场。凡是企业和市场能做好的事情政府就应该退出，避免过多干预。其次，应像成熟市场经济国家那样，以外部性影响范围、信息复杂程度、激励相容为标准，划分中央和地方，以及地方政府间的事权和支出责任。① 这包括，将影响劳动力流动、带有再分配性质的社会保障项目的事权和支出责任，尽可能划归中央或省级政府，尤其是养老保险；当前突出影响新型城市化战略的流动人口子女的义务教育支出责任，更多的是由中央承担；司法、食品药品监管等事务，由于可能存在严重的地方保护主义倾向，因此以激励相容为标准，应尽可能增加中央的事权。

除此之外，事权划分还应重视制度的确定性和稳定性，需要有相应的法律框架和制度安排予以明确。因而应当通过预算法的修订，或者指定政府间财政关系法，明确各级政府财政支出责任，并规定超越责任的相应处罚措施。为此，还应改革行政管理体制，减少职责同构。并且，出台各项支出政策时必须有对应的财政资金配套。

### 4.5.3 以压缩规模、调整结构为重点重构政府间转移支付制度

首先，应当尽可能压缩转移支付的规模。影响转移支付规模的因素有许多。增加中央事权和支出责任，将可以明显降低转移支付规模。与之同时，还应当前所能进行的转移支付是针对预算内财力而言的。未来转移支付规模的确定还必须考虑到政府掌握的其他财力。同时，转移支付规模的确定还必须解决选择集权型转移支付制度，还是分权型转移支付制度的问题。集权型、分权型，或者混合型制度的选择，可能存在某种程度的等价关系，关键的问题是要寻找到约束制度类型选择的因素。

其次，应取消税收返还，重构一般性转移支付与专项转移支付。税收返还作为1994年改革的过渡性措施，一般性转移支付是通过测算标准收入与标准支出之间的缺口，再考虑财力因素而确定的。下一步应尽可能完善一般性转移支付制度，在标准收入的测算中融入更多的激励因素，考虑更多的财政努力因素，以尽可能减少其负激励效应。专项转移支付因其政策目标明确，仍需保留。应尽可能使专项转移支付的决策公开透明，并在一定范围内引入竞争机制。应创造条件让更多的地方政府参与此类专项转移支

---

① 楼继伟：《中国需要继续深化改革的六项制度》，《比较》，2011年第6期。

付资金的竞争，以尽可能降低政策目标实现的成本。当前专项转移支付内容庞杂，需要对这些项目进行归类整理，采取公式化计算方法，进一步提高这些资金的管理水平。另外，专项转移支付的确定有必要根据实际情况，适当放弃需要地方配套资金的要求。

最后，需要构建规范化的财政转移支付制度。迄今为止，中国政府间转移支付的实施还缺少系统性，转移支付的调整多由中央的有关"通知"和"决定"规定。这不仅影响到地方合理的确定性预期的形成，而且影响到规范的政府间财政关系的形成。当前，中国转移支付制度框架的构建，首先要做的是通过政府间财政转移支付立法，确定转移支付制度的远景战略规划，使各相关经济主体明了转移支付制度的调整趋势，明确整体改革的时间表，让地方政府形成事先的确定性预期。明确的规定远胜于临时性的规定。

### 4.5.4  采取多种措施改善基层财政

其一是可以考虑减少政府层级。探索实施中央—省—县（市）三级政府，实行市不管县、乡镇自治的体制；或者考虑实体三级加两个半级（地区和乡镇作为派出机构层级），以解决分税分级体制和省以下理不清的体制框架问题。不过，考虑到中国人口众多、幅员广阔，政府层级的减少将可能导致国家治理的不稳定，这种探索应倍加慎重。

其二是要赋予省以下各级地方政府相应的财权和财力。在收入安排上，当务之急是赋予基层政府与其所承担的支出责任相适应的具有增长潜力的收入，在省以下彻底打破按隶属关系划分收入的做法，实行按税种或比例划分收入；省以下政府间财政支出责任调整必须有财力作保障；上级政府制定相关支出政策时，要充分考虑省以下各级政府的承受能力；对于超过省以下政府承受能力的政策，上级财政要通过一般性转移支付而非专项拨款的方式对下级政府进行必要的补助。对于上级政府委托下级政府承办的事务及其共同事务，上级政府要通过专项转移支付的方式安排足够的财力。

其三是完善省以下财政管理。包括在有条件的地方大力推广省管县的财政管理体制；暂时不具备条件的，应研究将省对下的转移支付测算到县，并采取必要的措施加以保障,保证县级财政正常运转。根据省以下政府间支出责任划分状况,清理和压缩省级的专项转移支付项目,严格控制专项转移支付资金规模,加强对转移支付资金的监督管理。进一步完善财力性转移支付的分配办法,提高财力性转移支付的比重,重点帮助财政薄弱地区缓解财政困难。在转移支付中强化激励约束机制,逐步建立绩效评价机制,加强资金监管,提高资金使用效益。

其四是健全地方税体系,赋予地方一定税权。其主要思路是在统一税政的前提下,赋予省级政府适当税政管理权限,培育地方支柱税源。对于一般地方税税种,在中央统一立法的基础上,赋予省级人民政府税目税率调整权、减免税权,并允许省级人民政府制定实施细则或具体实施办法。在健全地方税体系的过程中,一个重要的步骤是建立房产税或居民房产税体系。居民房产税在各国都是比较大的税种,且在绝大多数国家为地方税。此外,地方税体系的建设,还可依赖于燃油消费税、环境税等直接与地区公共服务相关的税种。

### 4.5.5 加快建设处理新问题的制度框架

当前政府间财政关系面临的突出问题主要是三个方面:一是规模庞大的非税收收入几乎全部归于地方政府,如何在政府间划分制度未定型;二是以户籍人口为标准安排政府间财政关系,与高达两亿的流动人口的需求不适应,且不利于新型城市化战略的实施;三是地方债务的制度安排亟须明确。

在非税收收入的政府间划分制度方面,由于社会保障缴费、一般政府性基金均属于专款专用性质,其收入归属应与事权和支出责任归属相一致,因此其改革的重点是事权划分与支出责任的配置。唯一需要考虑的是土地出让收入的管理体制问题。从抑制地方政府卖地冲动这一角度考虑,未来可以明确并规范土地出让金管理与分配机制,确定一固定比例,将其用于全国性的民生福利性事业。

在满足流动人口的基本公共服务需求方面,如上文所述,应以尽可能将其吸纳进入城市生活为基本导向,确立相应的事权划分和支出责任。一方面可以将其中的部分支出责任上划到中央,如养老保障等,以此避免与地方政府的激励不相容，促进基本公共服务均等化和劳动力自由流动。另一方面，对于不适合上划到中央的事项，应明确以流入地政府为主要责任单位提供基本公共服务，同时中央政府应设置专项转移支付资金，以提高流入地政府的积极性。

在地方政府债务的管理制度方面，当前应规范地方融资平台的发展并明确其债务偿还机制，有效控制其风险。从长远考虑，应进一步推进地方债试点工作，逐步实现以规范的地方债和市政债，替代现行不规范的地方融资平台。对于地方债和市政债的管理制度，应采取由中央确定总盘子的基础上的市场调控性制度。

# 5. 进一步深化金融体制改革

## 5.1 过去 10 年我国金融体制改革所取得的成就

过去 10 年，我国坚定不移地推进和完成一系列具有里程碑意义的重大金融改革，不断完善金融宏观调控，加强金融监管，提高驾驭复杂经济金融局面的能力，积极稳妥地处置金融领域重大风险隐患，全面提升金融业对外开放水平，我国金融业发生了新的历史性变化。

### 5.1.1 深入推进金融机构特别是大型商业银行改革，金融业综合实力和抗风险能力显著提升

亚洲金融危机后，一些舆论认为，我国大型商业银行已经处于"技术性破产"的状态。我国果断推动大型商业银行股份制改革，按照核销损失、剥离不良、注入资本、公开上市四个步骤，在国家财政支持下，稳步实施，工、农、中、建、交等国有控股商业银行实现在上海和香港两地上市。通过改革，大型商业银行脱胎换骨，面貌焕然一新，公司治理逐步健全，风险管控能力和盈利能力显著提高。

全面深化农村信用社改革。过去多年，农村信用社曾面临很大的困难和金融风险。我们按照明晰产权关系、强化约束机制、增强服务功能、国家适当支持、地方政府负责的总体要求，对农村信用社进行了全面改革。鼓励各地农村信用社根据实际情况选择产权模式和组织形式，国家给予财

政补贴、税收减免和借款支持，并将管理和风险处置责任交由省级政府负责。改革后，农村信用社的历史包袱和风险隐患得到有效化解，服务"三农"的主力军作用显著增强。2011年年末，农村信用社（含已转制的农村商业银行和农村合作银行）不良贷款率下降为5.7%，资本充足率提高到9.6%；涉农贷款余额4.5万亿元，占全部金融机构涉农贷款的比重达到32.2%。

我们按照分类指导、一行一策的原则，稳步推进政策性金融机构改革。深入开展证券公司综合治理，有效化解行业性重大风险，证券公司走上规范发展轨道。大型国有保险公司基本完成改制，部分已成功上市。村镇银行等新型农村金融机构建设有序推进，股份制商业银行等其他各类金融机构改革发展都取得明显成效。

通过采取一系列重大改革举措，我国银行业、证券业、保险业快速发展，资产质量显著改善，盈利状况持续向好，风险抵御能力和服务经济社会发展的能力明显增强。2011年年末，我国金融业总资产达119万亿元，比2006年年末增长149%。其中，银行业总资产108万亿元，证券业总资产4.7万亿元，保险业总资产5.8万亿元，分别比2006年年末增长146%、181%和196%。2011年年末，商业银行资本充足率12.3%，比2006年年末提高5个百分点；不良贷款率0.9%，比2006年年末下降6.2个百分点。

### 5.1.2 健全分层有序的金融市场体系，特别是彻底解决了长期困扰资本市场发展的股权分置问题

股权分置是我国股票市场建立初期遗留的最大难题，一直制约着股票市场的健康发展。2005年，我国启动股权分置改革，按照尊重市场规律，有利于市场稳定和发展，切实保护投资者特别是公众投资者合法权益的总体要求，采取统一领导、分散决策的办法，积极稳妥、循序渐进地推进改革，目前已顺利完成。这项重大改革实现了非流通股在股票市场的逐步流通，理顺了两类股东的利益机制，创造性地解决了历史难题，推动了股票市场的转折性变化。股票市场功能不断健全，有力地支持了大型金融机构改制上市，支持了一大批国有骨干企业和民营企业的投融资活动，推动了

基础设施、支柱产业和高新技术产业快速发展。2011 年年末，沪深两市上市公司 2342 家，总市值 21.5 万亿元。我们还积极创造条件，把握时机，推出创业板、股指期货、融资融券，丰富市场功能，完善市场运行机制。

我国积极稳妥地发展各类金融市场，全面推进货币、债券、期货、保险、外汇和黄金等市场建设。债券市场规模迅速扩大，2011 年年末，各类企业债券余额达 4.9 万亿元，位居世界前列。期货市场稳步发展，覆盖农产品、金属、能源、化工和金融等领域的期货品种体系初步形成。保险市场快速发展，2011 年保费收入 1.4 万亿元，是 2006 年同期的 2.6 倍。外汇市场交易主体增加，产品不断创新。金融市场基础设施不断完善，支付清算体系效率明显提高。我国已基本形成功能相互补充、交易场所多层次、交易产品多样化的金融市场体系，配置资源和服务实体经济的能力不断增强。

### 5.1.3 稳步推动人民币汇率形成机制和利率市场化改革，人民币国际地位明显提升

2005 年 7 月 21 日，我国按照主动性、可控性、渐进性原则，启动人民币汇率形成机制改革，实行以市场供求为基础、参考"一揽子"货币进行调节、有管理的浮动汇率制度。在国际金融危机冲击十分严重的时候，我们保持人民币汇率基本稳定，不参与竞争性贬值，为抵御危机冲击、促进全球金融稳定和经济再平衡发挥了积极作用。我们始终坚持平稳释放升值压力，保持人民币汇率处于相对合理水平，将负面影响降到最低。截至 2011 年年末，人民币对美元累计升值 30.4%，实际有效汇率升值 28.6%，目前人民币汇率呈现双向浮动态势。人民币汇率形成机制改革，有力促进了我国外贸结构、产业结构优化升级，促进了国际收支基本平衡，为推进人民币资本项目可兑换奠定了坚实的基础。经常项目顺差占国内生产总值的比重持续降低。我国与 14 个国家和地区签署了总额为 1.3 万多亿元人民币的双边本币互换协议，跨境贸易人民币结算金额达到 2.6 万亿元，人民币国际地位明显提升。这充分证明中央确定的汇改原则、策略是正确的，符合我国国情和国家利益。

我们有序地推进利率市场化改革，放宽了人民币贷款利率上限和存款

利率下限，放开外币存贷款利率，建立货币市场基准利率体系，利率在优化资源配置和货币政策传导中的作用进一步显现。

### 5.1.4　加强和改善金融宏观调控，有力促进了经济平稳较快发展

我们坚持正确把握金融宏观调控的方向、力度和节奏，综合运用利率、汇率、存款准备金率和公开市场操作等工具，促进货币信贷合理增长，调整优化信贷结构，较好地处理了金融支持经济发展、控制通货膨胀与防范金融风险的关系。特别是面对突如其来的国际金融危机冲击，我们果断实施积极的财政政策和适度宽松的货币政策，推动了我国经济率先企稳回升。随后又针对经济运行中出现的新情况、新问题，适时调整货币信贷政策，并与其他政策协调相配合，在保持经济平稳较快发展的同时，扭转了一度出现的物价过快上涨势头。我国金融宏观调控的科学性、前瞻性和有效性显著提高。

### 5.1.5　不断提高金融监管的专业性和有效性，有力保障了我国金融安全稳定

我们立足基本国情，不断完善银行、证券、保险分业监管体制，加强金融监管协调。积极借鉴国际监管理念和标准，改进监管方式和手段，突出合规监管和风险监管，对系统性风险隐患早发现、早干预，监管的有效性明显增强。强化市场基础性制度建设，推动完善企业公司治理，金融机构和上市公司的规范运作水平得到提升。设立证券投资者保护基金、期货投资者保障基金和保险保障基金，初步建立市场化的风险救助机制。有效化解了一些高风险金融机构的风险隐患，查处了一批内幕交易、非法集资、地下钱庄、洗钱等违法违规案件。我国修订了保险法，修订了外汇管理条例，制定了证券公司监督管理条例、证券公司风险处置条例、期货交易管理条例，较为全面系统的金融法律制度基本形成。金融监管工作的强化，对维护国家经济金融安全、防范国际金融危机带来的风险，发挥了重要的保障作用。

### 5.1.6　不断深化金融对外开放，我国金融业的国际地位和话语权得到提升

10 年来，我们全面履行加入世贸组织承诺，坚持"引进来"、"走出去"，大幅提高金融业市场开放度，有力促进了国内金融业经营理念、管理方式转变，提高了经营管理水平。在华外资金融机构规模扩大，中资金融机构境外市场业务稳步拓展。我们有序地推进人民币资本项目可兑换，促进贸易投资便利化，取消强制结售汇制度，加强和改进外汇储备经营管理，拓展外汇储备运用渠道和方式。稳步推进股票市场、债券市场对外开放，实施合格境内机构投资者、境外机构投资者制度。我们还不断加强金融对外合作，积极参与国际经济金融治理机制建设。

### 5.1.7　积极推动金融改革实验

2012 年 3 月 28 日，国务院常务会议决定设立温州市金融综合改革试验区，批准实施《浙江省温州市金融综合改革试验区总体方案》，引导民间融资规范发展，提升金融服务实体经济能力，为全国金融改革提供经验。方案为温州金融改革提出 12 项任务：①规范发展民间融资。制定规范民间融资的管理办法，建立民间融资备案管理制度，建立健全民间融资监测体系。②加快发展新型金融组织。鼓励和支持民间资金参与地方金融机构改革，依法发起设立或参股村镇银行、贷款公司、农村资金互助社等新型金融组织。符合条件的小额贷款公司可改制为村镇银行。③发展专业资产管理机构。引导民间资金依法设立创业投资企业、股权投资企业及相关投资管理机构。④研究开展个人境外直接投资试点，探索建立规范便捷的直接投资渠道。⑤深化地方金融机构改革。鼓励国有银行和股份制银行在符合条件的前提下设立小企业信贷专营机构。支持金融租赁公司等非银行金融机构开展业务。推进农村合作金融机构股份制改造。⑥创新发展面向小微企业和"三农"的金融产品与服务，探索建立多层次金融服务体系。鼓励温州辖区内各银行机构加大对小微企业的信贷支持。支持发展面向小微企业和"三农"的融资租赁企业。建立小微企业融资综合服务中心。⑦培育发展地

方资本市场。依法合规开展非上市公司股份转让及技术、文化等产权交易。⑧积极发展各类债券产品。推动更多企业尤其是小微企业通过债券市场融资。建立健全小微企业再担保体系。⑨拓宽保险服务领域，创新发展服务于专业市场和产业集群的保险产品，鼓励和支持商业保险参与社会保障体系建设。⑩加强社会信用体系建设。推进政务诚信、商务诚信、社会诚信和司法公信建设，推动小微企业和农村信用体系建设。加强信用市场监管。⑪完善地方金融管理体制，防止出现监管真空，防范系统性风险和区域性风险。建立金融业综合统计制度，加强监测预警。⑫建立金融综合改革风险防范机制。清晰界定地方金融管理的职责边界，强化和落实地方政府处置金融风险和维护地方金融稳定的责任。

在充分肯定成绩的同时，我们也要清醒地看到，我国金融领域还存在一些突出问题和潜在风险，主要是：金融机构经营方式总体粗放，公司治理和风险管理仍存在不少问题，农村金融和中小金融机构发展相对滞后，金融体系有待进一步完善，一些领域风险隐患比较突出，金融宏观调控还有待改进，金融监管能力有待进一步提升，信贷政策与产业政策结合得还不够紧密，对实体经济的支持还不够及时有力，金融业的服务能力和水平与经济社会发展需要相比还有不小差距。特别要看到，国际金融危机远没有结束，外部经济波动和金融市场动荡对我国金融经济的影响继续存在，甚至可能加大。

## 5.2 深化下一阶段金融体制改革的原则

为了深化下一阶段的金融体制改革，我们必须把握好以下原则。

### 5.2.1 坚持金融服务实体经济的本质要求

金融是现代经济的核心。金融发展的根基是实体经济，离开了实体经济，金融就会成为无源之水、无本之木。我们要牢牢把握发展实体经济这一坚实基础，从多方面采取措施，确保资金投向实体经济，有效解决实体经济融资难、融资贵问题，坚决抑制社会资本脱实向虚、以钱炒钱，防止虚拟经济过度自我循环和膨胀，防止出现产业空心化现象。各类金融机构都必须牢固树立服务实体经济的指导思想，全面提高服务实体经济的质量和水平，实现金融与实体经济的共生共荣。

### 5.2.2　坚持市场配置金融资源的改革导向

我们要坚定不移地深化金融市场化改革与对外开放，进一步明确政府作用的领域和边界，做到该放的坚决放开、该管的切实管好。完善审批等准入制度，坚决取消各种不必要的金融管制，最大限度地减少政府对微观金融活动的干预，激发各类金融市场主体的活力，优化金融资源配置。同时，加强各项基础制度建设，维护金融市场秩序，为金融健康发展创造良好的环境。

### 5.2.3　坚持创新与监管相协调的发展理念

金融创新是提升金融业服务水平和竞争力的关键。必须鼓励金融创新，为金融创新营造有利的政策环境和监管条件。要适应经济社会发展需要，充分运用现代科技成果，促进科技与金融相结合，支持金融组织创新、产品和服务模式创新，提高金融市场发展的深度和广度。金融创新必须以市场为导向，以提高金融服务能力和效率为根本目的，防止以规避监管为目的和脱离经济发展需要的"创新"。要动态把握金融创新的界限，把防范风险始终贯穿于金融创新全过程，使监管能力建设与金融创新相适应。

### 5.2.4　坚持积极防范化解风险的永恒主题

金融业是高风险行业，金融风险突发性强、波及面广、危害性大。我们要把防范风险作为金融工作的生命线，提高金融机构风险管理水平，加强金融监管和调控能力建设，有效防范经济与金融风险相互作用，金融与财政风险相互传递，外部风险向境内转移。严厉打击金融犯罪，加强金融机构网络信息安全。要坚持用发展改革的办法解决长期性、结构性问题，积极稳妥地化解风险隐患，防止局部风险转化为全局性、系统性风险。

### 5.2.5　坚持自主、渐进、安全、共赢的开放方针

对外开放是我国金融业提高服务水平、增强竞争力的重要途径。必须坚持"以我为主、循序渐进、安全可控、竞争合作、互利共赢"的方针，加强顶层设计，更好地统筹金融业"引进来"和"走出去"，把握好对外开放的时机、力度和节奏，使金融对外开放与我国经济发展水平、市场发育程度和金融监管能力相适应，在确保国家经济金融安全的基础上提高金融业对外开放水平。

## 5.3　全面深化金融体制改革的主要任务

建设"成熟的社会主义市场经济体制"需要推进关键环节和重点领域的配套改革。下一阶段我们必须全面推动金融改革、开放和发展，显著增强我国金融业综合实力、国际竞争力和抗风险能力，显著提高金融服务实体经济的水平，着力完善金融宏观调控和监管体制，形成种类齐全、结构合理、服务高效、安全稳健的现代金融体系。具体而言，我们认为下一阶段的金融体制改革主要集中在以下八个方面。

### 5.3.1　为经济社会发展提供更多优质金融服务，加大对薄弱领域的金融支持

金融必须努力服务于经济发展方式转变，促进科学发展。金融行业要大力提升服务功能，扩大服务覆盖面。重点支持经济结构调整、节能减排、环境保护和自主创新，特别要加快解决农村金融服务不足、小型微型企业融资难问题。

深化农村金融改革。要以服务"三农"为根本方向，充分发挥政策性金融、商业性金融和合作性金融的作用，构建多层次、多样化、适度竞争的农村金融服务体系。进一步深化农村信用社改革，继续发挥支农主力军作用；坚持分类指导，推进产权制度改革，增强资本实力；坚持经营管理重心下沉，保持县域法人地位的长期总体稳定，减少行政干预；省联社要

淡出行政管理职能，强化服务职能。农业银行等商业银行和其他各类金融机构，都要积极探索为"三农"服务的模式，加大对"三农"的支持力度。培育发展新型农村金融机构，支持民间资本参与设立村镇银行，规范发展农村合作金融和贷款公司。支持符合条件的现代农业企业通过股票、债券市场发展壮大，积极拓展期货市场服务"三农"的渠道和模式。完善农业保险制度，扩大农业保险保障范围和覆盖区域，创新保险品种，积极发展农村小额保险。要加大财税政策支持力度，引导、带动更多信贷资金和社会资金投向农村。农村金融机构享受政策优惠要与承担责任义务相匹配，保证国家扶持政策真正惠及"三农"。

着力解决小型微型企业融资困难。改进小型微型企业金融服务，需要推动不同类型、不同规模的金融机构改革创新和规范发展。鼓励各类金融机构在遵循市场原则的前提下，积极开展适合小型微型企业需求的金融产品和信贷模式创新。完善财税、担保、保险等政策支持体系和差异化监管措施，调动金融机构服务小型微型企业的积极性。加强适合小型微型企业融资的资本市场建设，加大中小企业板、创业板对小型微型企业的支持力度，鼓励创业投资机构和股权投资机构投资小型微型企业，发展小企业集合债券等融资工具，拓宽融资渠道。深化邮政储蓄银行改革，增强支农和服务小型微型企业功能。

发展小型社区类金融机构是解决小型微型企业融资难的有效途径。要因地制宜，采取有效措施支持小金融机构发展，形成竞争充分、服务优良、风险可控的金融服务体系。不同地区经济发展水平差异较大，发展小金融机构要与当地经济发展需要相适应，不可盲目攀比、一哄而上。小金融机构要立足当地、立足基层，主要支持小型微型企业发展，不贪大求全，避免盲目跨区域扩张等经营行为。要下决心清理和规范各类收费项目，并结合金融业特点，建立科学合理、公开透明的收费制度，切实减轻企业实际融资成本负担。

## 5.3.2 深化金融机构改革，着力加强公司治理

加强金融机构公司治理，推进现代金融企业制度建设，是金融机构改

革的核心内容，也是金融机构健康可持续发展的重要基础。必须抓住关键环节，进一步完善金融机构公司治理。一是形成有效的决策、执行、制衡机制。进一步厘清股东大会、董事会、监事会和高管层的职责边界，完善重大事项的决策机制和程序，加强信息披露，提高透明度，防止内部人控制，把公司治理的要求真正落实于日常经营管理和风险控制之中。二是健全资本约束机制。推进金融机构股权多元化。切实打破垄断，放宽准入，鼓励、引导和规范民间资本进入金融服务领域，参与银行、证券、保险等金融机构改制和增资扩股。三是建立有效的选人用人机制。现代金融竞争归根结底是人才的竞争。要健全董事和监事提名、资格审查等方面的制度安排，探索市场化的高管人员选聘机制。要切实加强金融队伍建设，全面提高从业人员素质和职业操守。四是健全科学合理的激励约束机制。要认真进行制度设计，探索建立规范有效，包括薪酬制度在内的激励约束机制。要苦练内功，努力把我国金融机构建设成为具有良好品牌和国际竞争力的现代金融企业。

政策性金融在国民经济和社会发展中具有独特作用，宏观层面上可以有效支持国家发展战略，微观层面上可以弥补商业性金融的不足。进出口银行、农业发展银行和出口信用保险公司作为政策性金融机构，要强化政策性功能，坚持以政策性业务为主体，慎重把握自营性业务发展，严格管理业务范围。要明确划分政策性业务和自营性业务，实行分账管理、分类核算，防范道德风险。对政策性业务，由财政给予必要的支持；对自营性业务，要严格资本约束，实行审慎性监管。要抓紧修订公司章程，完善公司治理组织框架，合理补充资本金，建立科学考核评价机制与外部监管制度。开发银行要坚持和深化商业化改革，妥善解决债券信用、资金来源、监管标准等问题。

### 5.3.3 加强和改进金融监管，切实防范系统性金融风险

防范系统性金融风险既是当前的紧迫问题，也是关系金融发展全局的重大问题。要把加强金融监管作为金融工作的重中之重，守住不发生系统性、区域性金融风险的底线。

加强系统性金融风险防范制度建设。要借鉴国际经验，结合我国国情，完善相关政策工具和手段；健全系统性金融风险监测、评估、预警体系，加强对跨行业、跨市场、跨境金融风险的监测评估；强化系统性金融风险处置能力建设，建立层次清晰的系统性金融风险处置机制和清算安排，健全金融安全网。要抓紧研究完善存款保险制度方案，择机出台并组织实施。

加强对系统重要性金融机构和金融综合经营的监管。要研究提出我国系统重要性金融机构认定标准和评估框架，对系统重要性金融机构设定更为严格的监管标准，强化外部约束。要总结经验，建章立制，加强监管，防范风险，积极稳妥地推进综合经营试点工作。要根据我国金融市场的结构和特点，细化金融机构分类标准，统一监管政策，减少监管套利，弥补监管真空。优化配置金融监管资源，明确对交叉性金融业务和金融控股公司的监管职责和规则，增强监管的针对性、有效性。

加强金融监管能力建设。要借鉴国际金融监管改革最新成果，完善监管规则，更新监管理念、制度和方式，加强监管队伍建设，不断提升监管的有效性。银行业要积极稳妥地推动实施国际新监管标准，建立全面审慎的风险监管体系。证券业要完善市场制度，强化行为监管，加强投资者合法权益保护。保险业要强化偿付能力监管，完善分类监管制度。建立健全本外币跨境资金流动监管框架，加强监管协同。改进和完善金融监管协调机制。发挥和完善现行金融监管协调机制的功能，实行信息共享，推进监管协调工作的规范化、常态化。

强化地方人民政府金融监管意识和责任。坚持发挥中央金融管理部门指导、协调和监督作用，维护金融业改革发展战略、金融宏观管理政策、监管规则与标准的一致性和权威性。同时，注重引导和调动地方人民政府的积极性，发挥好地方人民政府的作用。要改变重发展、轻监管的倾向，进一步明确地方人民政府对小额贷款公司和担保公司等机构的管理职责，强化地方人民政府的风险处置责任。地方人民政府要大力改善金融环境，减少行政干预，促进经济和金融健康发展。

民间借贷是正规金融的补充，有一定的积极作用。要完善法律、法规等制度框架，加强引导和教育，发挥民间借贷的积极作用。同时，大力整顿金融秩序，严厉打击高利贷活动和非法集资、地下钱庄、非法证券等非法金融活动，加强对担保公司、典当行等机构和银行表外业务的全面监测和有效监管，妥善处理企业资金链断裂事件，防止风险扩散蔓延。

### 5.3.4 防范化解地方政府性债务风险，避免财政金融风险相互传递

地方政府性债务的形成由来已久，已有 30 多年历史。据审计，截至 2010 年年末，形成了 10.7 万亿元的规模，其中的 51.2%（共计约 5.5 万亿元）是 2008 年及以前年度举借和用于续建 2008 年以前开工项目的。地方政府性债务主要用于基础设施等长期建设，对于地方经济社会发展、应对亚洲金融危机和这次国际金融危机都发挥了积极作用。同时，与债务相对应，也形成了大量资产，其中许多是优质资产，有稳定的现金流或预期收益。当前我国政府债务总体安全、可控。

我们要高度重视地方政府性债务管理问题。经过清理规范，目前融资平台公司融资规模膨胀的势头得到有效遏制，银行业金融机构等对融资平台公司的信贷管理加强，机关事业单位违规担保承诺行为基本得到制止。2009 年以来，我们多次对地方政府性债务问题进行专门研究，提出了比较系统的解决办法。总的考虑是，综合施策、标本兼治，按照"分类管理、区别对待、逐步化解"的原则，妥善处理存量债务；把短期应对措施和长期制度建设结合起来，建立规范的地方人民政府举债融资机制，严格控制地方人民政府新增债务。对存量债务要区别不同情况进行妥善处理，既要积极稳妥地化解财政金融风险，又要保证国家批准的重点在建项目资金需求，不能搞简单的"急刹车"、"一刀切"，避免局部风险引发全局性、系统性风险。地方各级人民政府一定要落实偿债责任，防止逃废债务，坚决查处违法违规行为并严格追究责任。继续抓紧规范地方政府融资平台公司，加强监管约束和风险防范。切实规范借贷各方行为，坚决禁止各种形式的违规担保。稳步推进地方人民政府按核定规模发债试点，将地方政府债务收支分类纳入预算管理，构建地方政府债务规模控制和风险预警机制。

要加快建立健全透明规范、可持续的保障性住房融资机制，积极支持

保障性住房建设，切实防范金融风险。

### 5.3.5 加强资本市场和保险市场建设，推动金融市场协调发展

促进股票期货市场稳定健康发展。加快完善多层次资本市场体系，为不同规模、不同类型、不同成长阶段的企业提供差异化服务。继续完善主板、中小企业板和创业板市场，积极探索发展场外交易市场。上市公司质量是股票市场发展的基石。要稳步提高上市公司治理水平和透明度，完善现代企业制度，发挥资本市场并购重组功能，推动上市公司做大做强和产业优化升级。深化新股发行制度市场化改革，进一步弱化行政审批，强化资本约束、市场约束和诚信约束，完善上市公司投资者回报机制，引导和鼓励增加现金分红；健全退市制度，坚持优胜劣汰，不断提高上市公司质量，促进一级市场和二级市场协调健康发展。稳妥推出原油等大宗商品期货品种和相关金融衍生产品。促进创业投资和私募股权投资规范健康发展。严惩内幕交易、操纵市场、欺诈上市、虚假披露等违法违规行为。

坚决清理整顿各类交易场所。各地区和有关部门要按照国务院有关文件要求和部署，清理整顿产权交易、文化艺术品交易和大宗商品中远期交易等交易场所，维护正常的市场秩序和社会大局稳定。

规范发展债券市场。要坚持市场化改革方向，着力培育商业信用，强化市场约束和风险分担机制，提高市场运行透明度，为债券市场发展营造良好的制度环境。稳步扩大债券市场规模，推进产品创新和多样化。完善债券发行管理体制，目前要在部门各负其责的基础上，加强协调配合，提高信息披露标准，落实监管责任。加强债券市场基础设施建设，进一步促进场内、场外市场互联互通。同时，要积极创造条件，统一准入和监管标准，建设规范统一的债券市场。

积极培育保险市场。保险业具有风险保障和资金融通特性，是经济社会发展的"助推器"和"稳定器"。要更好地发挥保险服务功能，不断丰富保险产品，拓宽保险服务领域。大力发展个人寿险、健康保险、养老保险、企业年金业务，以及与住房、汽车消费有关的保险业务。搞好个人税收递延型养老保险试点。总结推广商业保险参与社会保障、医疗保障体系建设

的经验和做法。加快发展与公众利益密切相关的环境污染、公众安全等责任保险。以推动农业大灾保险为突破口，逐步建立国家政策支持的巨灾保险体系，完善巨灾风险分散转移和补偿机制。大力提高保险服务水平，规范保险市场秩序，解决销售误导和理赔难等突出问题。支持保险资金在风险可控的前提下拓宽投资渠道。

### 5.3.6 完善金融宏观调控体系，有效促进经济发展和金融稳定

金融宏观调控是国家维护经济金融稳定的重要手段。要继续完善逆周期的金融宏观审慎管理制度框架，优化货币政策目标体系，创新丰富货币政策工具，处理好促进经济增长、保持物价稳定和防范金融风险的关系，合理调控货币信贷总量，保持合理的社会融资规模。加快金融要素市场的改革。利率市场化是发挥市场配置资源作用的重要方面，应有规划、有步骤、坚定不移地推进利率市场化改革，加快培育市场基准利率体系，引导金融机构增强风险定价能力，在防范风险的基础上发展"影子银行体系"，稳步推进利率市场化进程；进一步完善人民币汇率形成机制，增强人民币汇率双向浮动弹性，保持人民币汇率在合理均衡水平上的基本稳定；遵循市场规律，完善市场化的间接调控机制，逐步增强利率、汇率等价格杠杆的作用。加强货币政策与财政政策、监管政策、产业政策的协调配合，进一步增强宏观调控的科学性、前瞻性、有效性。

### 5.3.7 扩大金融对外开放，提高在更大范围、更高层次上资源配置能力和金融安全保障水平

稳妥有序地推进人民币资本项目可兑换。在规范的基础上扩大人民币在跨境贸易投资中的使用。推进贸易投资便利化，逐步拓宽资本流出渠道，放宽境内居民境外投资限制。

探索和拓展外汇储备多层次使用渠道和方式。要从国家战略需要出发，管好、用好外汇储备资金，进一步提高外汇储备的经营管理水平，稳步推进多元化投资，更好地实现外汇储备安全、流动和保值增值的目标。

深化内地与港澳台金融合作，继续支持香港巩固和提升国际金融中心

地位。进一步加快上海国际金融中心建设。

积极参与全球经济金融治理。深化双边、多边经济金融政策对话与合作，加强与主要经济体宏观经济金融政策协调。积极推动国际金融体系改革，促进国际货币体系合理化。主动参与国际金融监管改革和标准制定，继续发挥建设性作用。

### 5.3.8 加强金融基础建设，改善金融发展环境

加强金融法制建设。加快制定存款保险、金融机构破产、上市公司监管、信用评级以及征信等方面的法律法规。加快农业保险立法。加强金融消费者保护立法。制定规范和引导民间借贷、打击非法金融活动的法规和规章。切实加强金融执法，提高执法公正性和效率，维护法律权威性。

加快社会信用体系建设。金融发展，诚信为本。要抓紧建立覆盖全社会的征信体系，加快建立金融业统一征信平台，完善中小企业和农村信用体系，推进行业信用和地方信用建设，提高社会诚信意识。促进我国信用评级机构发展，增强竞争力和公信力。加强以诚信、服务、责任、创新等为要义的金融文化建设。

进一步完善登记、托管、支付、清算和银行卡等金融基础设施。构建符合国际标准和中国国情的反洗钱工作体制，建立特定非金融行业反洗钱制度。提高人民币防伪能力。加快建立统一、全面、共享的金融业综合统计体系。以科技手段促进金融服务与管理创新，提高金融信息化水平，确保信息安全。

加强金融消费者权益保护。把金融消费者权益保护放在更加突出的位置，加强制度和组织机构建设。加强金融消费者教育，为金融消费者提供高水准的信息咨询服务，积极开展金融知识普及宣传工作，提高金融消费者的安全意识和自我保护能力。积极发挥行业协会的自律作用。

# 6. 国有企业改革与发展

国有企业是我国国有经济的重要组成部分，也是垄断行业的主要构成部分。深化国有企业和垄断行业改革，探索国有经济的功能定位以及国家管理国有企业的有效方式，是发展和壮大国有经济、促进垄断行业和国民经济其他产业协调发展的客观要求，也是深化经济体制改革、建设成熟的社会主义市场经济体制的重要任务之一。

近几年，关于国有企业和垄断行业改革和发展问题有一些不同的看法。对于要不要发展和壮大国有企业，国有企业在今日中国应该发挥什么作用，如何看待国有企业与民营企业之间的关系等问题还存在一些争论。对垄断行业中的国有企业改革、国有企业高管的薪酬和福利、国有企业在竞争性行业中的进退等问题还存在比较激烈的争论。

这些争论涉及如何看待国有企业功能和以往国有企业改革的绩效、如何推动国有经济的战略调整、如何改革国有企业分配制度和国有资产管理体制等一系列重要理论和现实问题。其实，世界上几乎所有经济体制都包括私有部门和公共部门，并由这两个部门共同进行资源配置，没有哪一种成熟经济体制只依靠私有部门或者只依靠公共部门来配置资源。从这个角度来看，以公有制为主体、多种所有制经济共同发展的基本经济制度有其科学性，国有企业的存在有其必然性和合理性。我国国有企业改革的实质是探索国有经济的功能定位以及国家管理国有企业的有效方式，实现国有企业与社会主义市场经济体制的兼容。能否根据社会主义市场经济体制的要求，从整个国民经济健康发展的角度而不仅仅从国有企业自身发展的局部来研究解决上述问题，是今后一个时期国有企业改革面临的新课题。

## 6.1 国有企业改革成绩巨大，但尚未完成

改革开放以来，我国国有企业改革先后经历了扩大企业自主权、利改税、实行承包经营责任制、转换企业经营机制、政企分离、公司制改造、建立现代企业制度、组建国资委和国有经济战略调整和改组等阶段。党的十五届四中全会通过的《中共中央关于国有企业改革和发展若干重大问题的决定》提出，到 2010 年国有企业改革和发展的目标是：适应经济体制与经济增长方式两个根本性转变和扩大对外开放的要求，基本完成战略性调整和改组，形成比较合理的国有经济布局和结构，建立比较完善的现代企业制度，经济效益明显提高，科技开发能力、市场竞争能力和抗御风险能力明显增强，使国有经济在国民经济中更好地发挥主导作用。现在看来，国有企业发展的目标完成较好，改革成绩虽然也很大，但改革目标远没有达到。

经过多年改革，我国国有企业实现了从政府机构附属物向市场竞争主体的转变，但国有企业改革仍处于攻坚破难阶段，由于改革涉及的利益关系越来越复杂，先前改革带来的净收益呈现边际递减趋势，进一步推进改革的难度更大了。例如，现代企业制度还不够完善，一些名义上建立了现代企业制度的企业也是貌似神非，深层次矛盾纵横交错在一起，许多深层次的问题还有待去探索解决。再如，如何坚持和完善社会主义基本经济制度，优化配置资源，推进国有经济战略性调整；如何进一步分离政府的公共管理职能和国有资产出资人职能，国有资产出资人究竟以何种方式和目标管理国有产权；如何健全国有资本经营预算、收益分配制度和国有企业经营业绩考核制度，实现国有资产保值增值；如何深化国有企业公司制、股份制改革，完善法人治理结构；特别是如何改革垄断行业国有企业，解决一些领域出现的国有企业依靠特殊的政策优势和资源优势与民营企业不公平竞争的问题，遏制由于国家扶持和垄断经营造成的国有企业垄断利润和垄断福利问题；如何在国有企业改制和产权交易中做到规范有序，防止国有资产流失等都需要进行深入探讨，才能取得深化改革进展。此外，以

往国有企业改革在一定程度上存在忽略公有制的功能作用、片面追求效率、追求集团利益的倾向，国有经济在促进公平分配和共同富裕方面的作用没有得到很好的体现。这也是社会公众对国有企业意见比较大的问题。

解决上述问题客观上要求深化改革，建立符合社会主义市场经济规律和体现全民意志的新型国有企业。国有企业是指资本全部或主要由政府投入，全部资本或主要股份属于全民共有，由中央政府或地方政府代表全体人民行使管理权的企业，包括由中央和地方国资委行使出资人职责的国有企业。新型国有企业是现代企业制度基本定型，能够更好地与社会主义市场经济体制兼容，并在全民所有的实现方式、产权多元化、治理结构、收入分配等方面更加完善的国有企业。在全民所有的实现方式上，很好地体现民有民享的性质，使国有企业全体职工和全体人民更切实地、直接地分享国有企业发展成果。在产权方面，多元股权的公司制成为国有企业的普遍形式，不同层级国有资本以及国有资本与非国有资本紧密融合，混合所有制经济的发展途径更加畅通。国有大企业、大集团的母子公司制更加有效。在公司治理方面，各治理机构之间分工负责、分权制衡，出资人、股东会、董事会、监事会、经理班子之间的责权配置更加科学，董事会和经理层之间的责权分明。董事会构成显著改善，外部董事和独立董事的作用有效发挥，更多的职业经理人员、专业人员进入董事会，董事会与股东大会及经营管理层的关系科学合理，能够有效行使决策权。在收入分配方面，以中央企业为重点，建立和完善国有企业收入分配制度，严格企业收入分配调控和薪酬管理制度，严格控制国有企业中高层管理人员薪酬水平，缩小国有企业与政府即公益性事业单位等公共部门之间的人员收入差距，形成符合中国国情、能为社会公众普遍接受的薪酬制度。对于董事会聘任的不具有国家工作人员身份的人员，则可以按照其能力、贡献和市场水平确定其薪酬。

## 6.2　正确看待国有企业的性质和特点

西方资本主义国家的发展过程中，实行自由竞争的市场经济，私有制一直是所有制的基础和主体，但经济体系中也一直存在一定数量的国有经济（国有企业）。在其发展初期，国有经济规模通常相当小，两次世界大战及 20 世纪的几次金融危机、经济危机迫使西方国家多次采取大规模国有化措施。随着西方国家国有经济规模的扩大，国有企业的弊端逐步显现，亏损严重、效率低下的问题越来越突出，导致国家财政负担越来越重。20 世纪 70 年代末 80 年代初，西方国家中，对国有企业进行改革的呼声不断高涨，在英、美、日等主要资本主义国家都掀起了大规模私有化浪潮。大型国有企业公司进行公司化改造并出售国有股权，中小型国有企业直接出售给私人经营或实行公私混合经营。20 世纪八九十年代，一些西方国家纷纷对基础设施领域的国有企业进行私有化改造。值得注意的是，即使是在这次大规模私有化时期，也有一些国有化事件，并没有实现完全的私有化。

由此可见，西方国家的国有化和非国有化往往交替出现。国有经济大多在战争和经济危机时期发展较快；一旦战争或危机结束，为改善企业绩效、提高效率和减轻财政负担而进行的改革，国有经济就会大大收缩，甚至发起大规模私有化运动。但是，每一次私有化都不是也不可能完全消灭国有企业，即使是英国撒切尔夫人政府在 20 世纪 70 年代末掀起的大规模私有化浪潮，也没能将全部国有企业实现私有化。那时，国有企业虽然分布领域和数量减少了，但是仍然在许多战略领域，特别是基础设施和公用事业领域发挥着重要作用。

国有化之所以能够成为不少西方国家解决金融危机、经济危机的最后手段，是因为国有企业是一种特殊企业，具有特殊的性质。私有企业尽管是市场经济制度下普遍存在的企业制度形式，但也有其难以克服的缺点。世界上没有十全十美的企业形式，任何一种企业形式都有自身的优点，也必然有某些缺点或弱点，国有企业也不例外。国有企业具有特殊性质和特点，能够发挥私营企业难以发挥的功能（金碚，1999），西方国家把国有化作为应对这次金融危机重要措施的原因可以从国有企业的这些特殊性质中得到解释。

### 6.2.1 国有企业能够克服私有产权的局限性，具有更大的风险承受能力

国有化之所以能增加企业抵御风险的能力，是因为在市场经济体制下，一般企业实行以自由契约为基础的法人制度，即自然人和法人可以按《民法》、《商法》、《公司法》等所规定的一般规则自由地建立企业，并按自己的意愿自己经营或委托他人经营企业。而国有企业并不是一般民事主体自由契约的产物，其资本金主要来自政府财政投资，借款和发行债券或者在特殊时期没收私人或敌国的财产，在应对危机时更容易取得政府的支持。国有企业产权制度的这个优点，可以使其克服私有产权的局限性，具有更大的风险承担能力。

### 6.2.2 国有企业具有"公共性"和"企业性"双重性质，可以超越单纯的商业利益目标

"公共性"是指国有企业所有权全部或部分归国家（政府）所有，承担一定的社会经济责任和体现国家意志。"企业性"是指国有企业也是独立的企业法人，具有自己的商业利益目标。西方国家设立国有企业的主要目的并不是经营获利，而是希望其能够以企业行为实现政府的政策意图（公共政策目标），达到政府以其他经济和行政手段干预经济所不能达到的效果。为了保证国有企业实现这部分公共职能，如有必要，西方国家能够长期容忍国有企业的低效率和亏损，并支付大量补贴。实践证明，国有企业在增加就业、引导投资、平衡各种社会经济关系以及促进国家宏观经济目标的实现方面，确实能够发挥独特作用。在某些经济效益较差而社会效益较好的特殊行业或特殊领域，需要国有企业的进入。因此，国家可以通过建立国有企业来实现一定的社会政策目标。国有企业的这一独特优点决定了大多数市场经济国家，包括像美国这样的对国家干预经济抱有强烈反感的国家，都离不开国有企业和国有化方式。同这一优点相联系的是，由于国有企业被赋予超越商业利益之外的其他目标，虽然可能削弱其市场竞争力，但在应对危机中可能发挥私有企业不能发挥的作用。例如，在金融危机前

景不明朗的情形下，私有银行一般会收紧贷款投放，国有化后，政府可能要求银行管理层服从政府宏观经济调控的意志，迅速处置不良资产，让信贷重新开启，稳定金融形势。当然，实现公有化的银行业也可以有较高的能力和信誉来执行这样的职能。

### 6.2.3 国有企业拥有比私有企业更多的融资渠道，更容易取得财政补贴

西方国家国有企业除了可以和私有企业一样通过商业银行融资外，还可以获得财政拨款、财政补贴、财政担保、国际金融市场发行主权债券、接受外国政府贷款等，这使其拥有更强的融资能力。例如，田纳西河流域管理局（TVA）、美国邮政服务（USPS）和美国全国铁路客运公司（Amtrak）是美国联邦政府拥有的像企业一样运营的机构。TVA 负责整个田纳西河流域灌溉、洪水控制、农业和工业发展，牵涉 7 个州，其收支一直纳入联邦预算，还可以向财政部借款。USPS 是根据 1971 年邮政重组法，对联邦政府邮政部（Post Office Department）进行改组设立的一个联邦机构。USPS 像企业一样经营，但其收入无法弥补支出，一直依靠联邦政府公共服务拨款、低价邮件补贴拨款和收入放弃拨款来维持运转。Amtrak 通常通过美国联邦政府年度拨款（赠款）方式获得补贴。国有企业强大的融资功能，成为金融危机、经济危机中提振投资者信心和促进经济稳定的有力保障。

### 6.2.4 国有企业具有较高的信誉，不容易破产

这是因为国有企业以国家为背景，出现经营、财务等困难时容易取得政府支持，通常具有比非国有企业更强的稳固性。在所有的国家，国有企业都不像一般民营企业那样容易破产倒闭。有的国家甚至通过法律明确规定，非经国家权力机关议会批准国有企业不得关闭或改变经营方向。如此的较高信誉和稳固性，使国有企业能够保持更强的应对危机能力。

### 6.2.5 国有企业经营领域特殊，与政府关系密切

国有企业在资本金、信贷、决策、经营、审计等方面与政府的联系较

多，很多问题要靠与政府部门的沟通来解决。国有企业往往由政府特许经营一定的业务领域，可以获得垄断经营的优势。国有企业在组织形式和治理结构上无论怎样相似于非国有企业，都不可避免地会受到政府的更多影响，更易于与政府建立密切的关系。当国有企业遇到重大的不利影响时，有可能受到政府的特别关照，至少，国有企业在向政府反映困难、要求关照方面，有较便利的条件和谈判地位。

当然，我们也必须承认，国有企业的上述优点，其实也是其弱点的根源。有一利则有一弊，否则岂不是所有的企业都可以成为国有企业了？而且，由于国有企业具有这样的性质，有其独特的优点，所以，其弱点和缺点也是不可能完全消除的。正因为此，在市场经济制度下大多数的企业是非国有企业。

## 6.3 实现国有企业与市场经济更好的兼容

经过新中国成立以来几十年的探索，我们对所有制及其实现方式的认识不断深化，我国确立了以公有制为主体、多种所有制经济共同发展的基本经济制度，明确提出两个"毫不动摇"，即"毫不动摇地巩固和发展公有制经济，毫不动摇地鼓励、支持、引导非公有制经济发展"。但是，在市场经济与所有制问题上，西方国家的主流思想在长时期中把市场经济与私有制相联系，乃至与资本主义相联系。他们认为市场经济只能与私有制兼容，社会主义要搞市场经济就要把公有制改革成为私有制，这就是私有化的理论逻辑。其基本结论是要么是社会主义，要么是市场经济，二者只能居其一。也就是说，要社会主义公有制就不可能有市场经济，要市场经济就得放弃社会主义公有制。这种理论逻辑是从经济学层面否定国有经济和国有企业。但是，从现实经济看，国有企业同市场经济的相容完全是可以存在的。问题只是在于如何形成两者有效兼容的可行方式。

市场经济是一种主要由市场竞争主体——个人和企业决定生产和消费的经济制度。国有企业能否与市场经济结合关键要看其能否成为参与市场竞争的主体。只有国有企业成为参与市场竞争的主体，政府忠实履行竞争规则制定者和裁判员的职能，经济系统才能够通过竞争机制和价格机制进行调节并最终达到均衡，实现资源的有效配置。虽然在历史、体制、经济发展阶段和文化理念上，中国与西方发达国家在基本经济制度和市场经济体制上存在社会性质的区别，但是，中国与西方发达国家都离不开国有企业，都面临着如何更好地经营和管理国有企业的课题。这次金融危机以来，部分西方国家采取的国有化措施再次说明，西方市场经济尽管以私有制为基础，但私有制有其内在缺陷，国有经济仍然是不可或缺的组成部分，国有企业可以在克服市场体制缺陷、保障市场经济有效运行以及应对金融危机和经济危机方面发挥重要作用，甚至是私有企业不可替代的作用。西方发达国家的国有企业可以与市场经济兼容，成为参与市场竞争的主体，我国的国有企业当然也可以成为市场竞争的主体。现实本身已经否定了发展市场经济必须实行彻底的私有化的结论，并从反面论证了我国实行社会主义市场经济体制，坚持和完善以公有制为主体、多种所有制经济共同发展的基本经济制度的可行性。

中国改革开放以前国有企业不适应市场经济的根本原因在于，当时实行计划经济制度，国有国营这种政企合一的国有企业是政府的附属物，根本不是市场竞争主体。经过多年改革，我国走上市场经济道路，探索出与市场经济兼容的国有企业形式——以社会主义市场经济体制和现代企业制度为基础的公司制、股份制企业。但是，社会主义市场经济体制是一种前无古人的崭新体制，既不同于传统的计划经济体制，也不同于西方以私有制为基础的市场经济体制。而且，我国处于社会主义初级阶段，市场经济体制不成熟、不完善，政府与国有企业的关系不规范，国有企业在一些领域垄断程度过高、竞争活力不足的问题比较突出，国家管理国有企业和国有产权的方式存在不少弊端，国有企业与市场经济的有效兼容还面临不少理论和实际困难。完善社会主义市场经济体制，应该继续推进国有企业改革，通过改革使国有企业适应社会主义市场经济体制要求，实现国有企业与市场经济更好的兼容（金碚，2010）。

### 6.3.1　继续坚持和完善以公有制为主体、多种所有制经济共同发展的基本经济制度

国内外发展经验说明，没有任何经济系统可以完全依靠公共部门或完全依靠私有部门配置资源，其原因不仅是因为公共部门和私有部门决策各有优劣势，而且在于市场体制内在的缺陷。世界各国包括发达国家都或多或少地拥有一些国有企业，就是因为国有经济与私有经济各有特点、优势与不足，国有企业能够承担私人企业无法完成的一些有利于社会的非经济目标。一个时期以来，国内外有一种主张取消国有企业、推行彻底私有化的思潮。他们认为，实行生产资料私人所有制，可以使个人的潜能得到充分发挥，极大地提高经济效率，自动实现经济的均衡增长，促进社会发展，并有助于消除贫穷和落后。从国内外经验看，私有化在经济和社会领域也具有明显的负面作用。从经济角度看，私有化可以提高经济效率，但经济人的唯利是图容易导致就业歧视和失业率提高、资源和环境的过度掠夺、公共物品和公共服务供给不足等问题，增加经济发展的社会成本，产生负的外部性。从社会角度看，私有化必然加剧贫富分化、劳资矛盾，甚至导致社会不安与动荡。苏联解体后俄罗斯实行私有化引起的灾难，拉美国家受新自由主义影响而进行国有企业私有化导致的腐败和国有资产流失等教训值得我国吸取。以公有制为主体、多种所有制经济共同发展，有利于解放和发展生产力，兼顾公平与效率。

### 6.3.2　进一步规范政府与国有企业的关系

政企关系是任何经济体制都必须正确处理的一个基本关系，社会主义市场经济体制也不例外。政企不分是我国计划经济体制的一个根本性弊端。过去由于长期政企不分，企业实际上成了行政机构的附属物，中央和地方政府包揽了许多本来不应由它们管的事，而许多必须由它们管的事又未能管好。只有实现政企分离，才能形成社会主义市场经济体制的基本框架。在上述思想的指导下，我国政府机构围绕政企关系进行了几次重大改革，主要是进一步把综合经济部门改组为宏观调控部门，调整和减少专业经济

部门，加强执法监管部门，绝大多数行业逐步实现了政企分离。今后改革应该继续坚持政企分离的方向，进一步区分和规范政府作为市场监管者和调控者以及作为国有企业出资人的职能。作为市场监管者或调控者，政府应该履行经济调节、市场监管、社会管理和公共服务职能，平等对待各类企业。作为出资人，政府可以行使相应的权能，但应该规范干预国有企业的领域和手段，超越私人投资的局限，兼顾国有企业的经济目标和社会目标，避免过度追求自身经济利益而损害社会利益。

### 6.3.3 营造各种所有制经济依法平等使用生产要素、公平参与市场竞争、同等受到法律保护的体制环境

市场经济本质是以市场作为资源配置的基础手段，在市场规律这只看不见的手指挥下，社会资源获得最优配置。在资源配置的过程中，公平竞争是核心要件，只有公平的市场竞争，才能有效地发现价格，优胜劣汰。不公平的竞争，尽管也是竞争，却难以达到资源最优配置的目标。从这个意义上来说，公平竞争是市场经济的命脉和本质性特征，也是社会主义市场经济体制的根本要求。无论国有企业还是民营企业都需要在竞争中锻炼自己、发展自己。如果存在公平竞争的环境，国有企业和民营企业的效率都会增加。在竞争充分的环境中，如果国有企业的效率没有增加，不能和同行业的其他企业进行竞争，就会被市场竞争所淘汰。对于竞争性行业，应该允许国有企业与民营企业公平竞争，鼓励企业通过提高创新能力和生产效率来获得经济资源和竞争优势。实践证明，国有企业并不必然是低效率，私有企业也不必然是高效率，效率高的国有企业和效率低的私有企业均不乏其例。其实也正是这样，各类企业公平竞争、适者生存、优胜劣汰，整个经济体才能充满活力和不断提高效率。

### 6.3.4 鼓励、支持与引导民营企业与国有企业共同参与市场竞争，充分发挥各种所有制经济的积极作用

市场配置资源的基础和依据是企业对由市场供求水平决定的需求量和价格作出反应，并从事自利的经济活动。市场资源配置效率高低受竞争与

产权匹配状态的影响。在国有企业和私有企业并存的经济体系中，市场竞争主要包括国有企业与国有企业之间的竞争、国有企业与私有企业之间的竞争、私有企业与私有企业之间的竞争等形式。国有企业与国有企业之间的竞争虽然可以改进企业绩效，但如果没有私有企业与之竞争，仍无法解决产权边界不清本身的弊端，生产效率与配置效率将低于多种所有制经济并存的状态。

原因在于，竞争对企业效率的影响受政府对企业的干预程度和企业内部治理制度两方面的牵制。国有企业不可避免地要受政府意志左右。即使在充分竞争的环境下，政府官员也可以通过选择和决定国有企业领导人，按照自己的偏好影响甚至干预国有企业经营活动。国有股东对经理人的监督难以达到民营企业的水平，所有权的特性必然会成为影响市场效率的因素。我国处于社会主义初级阶段，市场经济体制不成熟，民营经济发展相对滞后，不少领域对国有经济依赖程度较高。为了建立更加完善的社会主义市场经济体制，提高市场竞争效率，我国应鼓励民营企业尽快摆脱家族管理阶段，完成从创业者的"一股独大"向股权分散的社会化企业的转变，提高民营企业吸纳社会资本的能力，大力发展资本有机构成高、固定资本投入规模大的产业。

民营企业的进一步发展离不开与国有企业的分工协作，离不开国有企业在资金上、技术上、原材料上、设备上、人才上和市场上提供支持。实际上，我国许多民营企业的发展尤其是大型民营企业的成功都从国有企业那里获得了技术和人力资源的外溢。而民营企业的发展，可以使国有经济集中力量进入关系国计民生的重要领域，提高整个社会的生产力水平，促进国民经济更好地向前发展。

## 6.4 继续推进国有经济战略性调整

党的十五届四中全会通过的《中共中央关于国有企业改革和发展若干重大问题的决定》，明确提出国有经济需要控制的行业和领域主要包括：涉及国家安全的行业，自然垄断的行业，提供重要公共物品和服务的行业，以及支柱产业和高新技术产业中的重要骨干企业。国有经济结构和布局不断优化，逐步向关系国家安全和国民经济命脉的重要行业和关键领域集中。但必须看到，根据经济和社会发展的新要求，总结国有经济布局和结构调整的经验，进一步推进国有企业改革和国有经济结构战略性调整的任务依然十分艰巨。

国有经济战略性调整也是政府职能转变、市场作用扩大和私有部门扩张的过程。今后国有经济战略性调整的主要任务是，继续促进国有资本向关系国家安全和国民经济命脉的重要行业和关键领域集中，向不能或不具备引入竞争机制的垄断行业集中，向私人资本无力或不愿意进入的行业集中，更好地发挥国有经济作用，防止商业寡头和外国资本威胁国家经济安全。

### 6.4.1　基础设施和公用事业

邮政、铁路、公路、重要桥梁、大型水利工程和电力生产供应等基础设施和公用事业领域，在经济学上被认为属于垄断产业或市场失灵的领域，其产品或服务具有公共物品的性质。上述领域由于投资规模大、回收期长，社会效益远大于经济效益，非国有制企业往往无力承担，或者因为经济效益和时间效益的关系不愿意在上述领域投资，或者由于监管体制不完善难以抑制私有企业的垄断弊病。国有资本可以克服私人企业低产出、高价格导致的社会福利损失，增加公共物品和服务供给。这些领域，由于私人资本的逐利性质，如果由私有企业主导经营还容易导致投入不足和供不应求等问题。在西方发达国家和许多发展中国家这一领域也主要由国有企业承担。即使在市场经济较为成熟、国有经济比重很低的美国，邮政、铁路客运、水利工程等领域仍然由联邦政府设立国有企业或类似国有企业的机构进行经营和管理。

### 6.4.2　战略性矿产资源勘探开发

石油、天然气、煤炭、稀土等具有战略作用的矿产资源勘探开发投资规模大、投资风险高、涉及国家安全，可以通过国有独资或国有控股企业对其中的重要领域和骨干企业进行管理和控制，私有企业可以通过与国有公司合作参与其中。对于国有产权过低、过于分散的战略性矿产资源领域，可以通过增加资本金等途径提高国有经济控制力。对于国有产权过高、过于集中的领域，可以逐步降低国有控股比例，鼓励非公有制经济通过参股等形式进入这类行业。

### 6.4.3　基础重化工业和尖端产业

钢铁、化学、重型装备制造等基础重化工业和航空航天、原子能、军工等尖端产业，其产品供给能力和质量对整个国民经济发展具有决定性影响。这些行业不仅为国民经济其他部门所必需，而且其能否以合理价格供给市场直接影响中下游产业发展。由于民营企业资本积累的有限性和局限性，其发展和壮大需要一个较长过程。在民营经济规模较小，技术能力和投资能力无力建设大规模现代化企业的情况下，需要国有企业担负起发展这些产业的责任。随着民营经济壮大，国有资本可以按照有进有退、合理流动原则，采取改组、联合、兼并、股份合作、出售等多种方式，通过改革转变成国有参股企业或民营企业，其中的国有资本可以根据需要进行调整。

### 6.4.4　战略性新兴产业

新中国成立以来，我国许多战略性新兴产业都是由国有企业发展起来的。改革开放后我国发展的一些新兴行业，如移动通信业、新能源新材料业、高端装备制造业、卫星及其应用业、轨道交通制造业等，也都是以国有企业为支柱发展起来的。这些产业技术和风险级别比较高，其技术创新和产业升级需要整个国家力量的支持和推动。没有国有企业领军投资建设，超前一步开展研究，恐怕许多行业至今还是空白，已建立起来的也难以扩大。发展战略性新兴产业，如果不能发挥国有企业的主导作用，而由市场自发地成长，就可能延误时机。战略性新兴产业的竞争日益体现在产品与技术创新能力方面的较量，这就更需要国有经济依靠其雄厚的经济实力，不断提高技术研发与自主创新的能力，成为引领技术创新，提升国际竞争力的中坚力量。

在上述产业和领域，要注意解决国有经济分布仍然过宽、一些企业经营范围庞杂、子公司层级过多等问题。国有经济既可以通过股权投资渗入民营企业，也可以通过转让国有股权吸收私人资本，实现产权多元化，改造成混合所有制企业，与民营企业形成你中有我、我中有你的融合。

## 6.5  继续改善国有企业治理

企业治理涉及股东会、董事会和经理层之间的关系，其核心是企业控制权和激励约束制度设计。现代企业理论认为，股东是企业所有者，股东通过股东会掌握企业的最终控制权。董事会是决策机构，对企业发展战略、重大投资等进行决策，对出资人负责，承担资产保值增值的责任。经理层是执行机构，负责组织实施董事会决策，对董事会负责，承担企业的生产经营责任。监事会是监督机构，对董事会、经理层的经营行为和公司财务等进行监督，对出资人负责，保证企业资产不受侵犯。在企业所有权与经营权分离的情况下，股东与董事、董事与经理人员两个层次上都有委托代理问题。董事会和经理层负有经营企业的责任，但两者的目标并不必然有利于实现股东目标。由于信息不对称，股东难以有效地监督董事会，董事会难以有效地监督经理层，但股东会监督经理层的难度更大。由董事会独立地选聘考核、奖惩经理人员，有利于建立经理对董事会负责的制度，实现董事会与经理层的有效制衡。

我国国有企业长期以来沿用党政机关的管理方式，按照党政领导干部选拔方法配备领导班子，由班子主要成员管理和控制企业。班子成员有任命但任期不明确，班子主要成员尤其是董事长的权力过大，削弱了董事和总经理的作用，董事集体决策职能难以发挥。应该说，在国有产权单一的条件下，这种强调个人作用的治理方式在决策效率和执行力上有一定的优越性。随着市场经济体制建立和国有企业改革的深化，这种治理方式缺乏制衡和监督的弊端逐步暴露。许多国有企业按照《公司法》和现代企业制度的要求，组建了公司股东会、董事会、监事会，明确了权力机构、决策机构、监督机构和经营管理者之间的权责配置。按照现代企业制度要求，我国国有企业治理的基本架构应该是，国资委委派的国有股东参加股东会，股东会决定董事会和监事会成员，董事会聘任经营管理者，经营管理者行使企业日常经营管理权。但是，总的来看，我国国有企业各治理机构之间的分权制衡机制还不完善，董事会聘任经营管理者的权力没有落实到位，董事会和经理层之间的独立性不强，董事会作用有待加强，企业治理的个人色彩过浓。

董事会是企业治理承上启下的环节，其能否有效地行使其权责在相当程度上决定企业治理的有效性。董事会有效发挥作用的关键是使每一位董事都能够发挥应有的作用，对重大经营决策和人事任免决策制定相应的程序化规章，把董事对重大问题提出的意见作为考核其业绩的主要标准。对造成重大决策失误的董事，必须使其承担相应的责任。改善国有企业治理必须处理好决策机构与管理机构的关系，加强董事会的决策职能，使董事会能够独立于股东大会和经营管理层独立自主进行管理和决策。作为决策机构，董事会有对企业的发展目标和重大经营活动的决策权，又有对经理层的业绩进行考核评价和任免的权力。

董事会提名和任命方式、董事会权限不清晰是当前我国国有企业治理的一个突出缺陷。国外国有企业治理经验，董事会成员一般由 7~11 名成员组成，并吸收一定比例的职业经理人员和专业人员进入董事会，各成员的任期错位排列，董事罢免、提前解职应该有正当理由，董事会应该设立若干专业委员会协助履行职责。为了强调董事会的权威性，我国可以借鉴美国的做法，若干特大型国有企业董事会可以由国务院总理任命，或由国务院总理提名、全国人大常委会批准。国有股权应该通过股东会和任命董事会等事先设定的程序行使，建立明确的董事长和每位董事的个人责任制，把董事对重大问题提出的意见作为考核其业绩的主要标准。对造成重大决策失误的董事，必须使其承担相应的责任。加大引进外部董事和独立董事的力度，进一步完善董事会、监事会议事制度，使每一位董事都能够发挥应有的作用，对重大经营决策和人事任免决策制定相应的程序化规章。

## 6.6 深化垄断行业国有企业改革

在经济学特别是产业组织经济学中，"垄断"这一术语具有多重含义，作为一个学术概念其内涵和外延可以有多种定义；而作为一个日常概念，其含义更具有相当的模糊性。垄断的严格意义是独家占有。但少数几家占有，也可以被称作"寡头垄断"。日常生活中，"被几家企业垄断"的说法并不被认为是概念的混乱，即使是许多家企业竞争，只要存在差别，因而导致产品的利润率高于完全竞争的均衡价格水平，也可以被认为因享有一定的市场势力而具有垄断性（获得了垄断性利润）。另外，政府或者法律的某些行为也可以人为地形成一定的垄断，例如，技术专利制度实际上就是用法律手段维护发明人对技术的垄断权。

在现实经济中，从生产者（卖方）垄断的角度来看，最主要的垄断现象有三类：第一类是企业间竞争导致产业或市场的集中，因而形成垄断的市场结构，进而产生垄断行为。这种依靠市场竞争形成的垄断，不能消灭竞争，但通常会导致市场绩效的下降或社会福利的损失。第二类是具有自然垄断性质的特殊产业。在一定的技术和经济条件下，这些产业由一家企业生产或承担供给责任才能达到最低的成本，也就是说，如果由两家或两家以上的企业进行生产或供给，将会有效率损失。随着技术进步和经济发展，垄断的依据可能会弱化甚至消失。所以，在一定条件下，独家生产是最经济的市场结构。第三类是由于某种经济的、社会的或者政治的原因，政府或者法律规定只有获得特许才能进入的产业。例如，在我国，烟草、盐业，还有核工业等就属于这类产业。过去，人们特别关注的是第一类垄断现象和问题，并且一般认为这种垄断现象是反效率的，也是不公平的，所以，反垄断是针对这类垄断现象的一般态度。因此，反垄断也就成为产业组织理论和政府管制行为的长期关注问题。

20世纪70年代以来，第二类垄断，即所谓自然垄断产业的问题受到很大的关注。人们发现，尽管从理论上讲，由一家企业垄断经营自然垄断产业可以达到最高效率，但在现实中却很难实现理论推论所期望的高效率。

相反，在这些产业中低效率现象普遍发生。而且，这类产业中企业的垄断往往都是由政府的严格管制（禁止其他企业进入）来维持的（这意味着第二类垄断在现实中往往也具有上述第三类垄断的性质）。而一旦放松管制，允许竞争，原有的低效率现象可以在很大程度上得到克服。换句话说，竞争产生效率这一普遍规律在自然垄断性产业中也同样有效。于是，对这些产业放松政府管制，成为世界性的潮流。特别是 20 世纪 80 年代以来的技术进步（尤其是电子信息技术的发展）和管理科学水平的提高，使得过去由于技术上和管理能力上（包括经济核算手段）的限制而难以构建的竞争关系有了实现的可能。这种情况特别突出地表现在网络产业①中。因此，研究在网络产业中所发生的一系列重要现象，对于认识自然垄断产业的新近发展以及产生的深刻变化都具有非常重要的理论意义和实践意义。因此，本研究以前述第二类垄断和第三类垄断产业为研究对象，这两类产业在市场结构上表现为独家垄断和寡头垄断两种情形。

长期以来，垄断产业及其中的企业受到政府的管制，市场准入、产品或服务的价格以及经营方式受到严格控制，市场结构呈现为独占垄断、区域垄断或寡头垄断的特征。垄断产业不仅构成 GDP 的较大比重，而且其产品或服务作为基本投入要素和生活必需品直接影响经济竞争力和人民生活质量，在我国经济社会发展和现代化建设中具有重要作用。

改革开放以来，我国对垄断和竞争的认识不断加深，竞争在促进创新、经济增长和社会发展方面的作用逐步为人们所重视。我国垄断行业在放宽市场准入、改革管理和监管体制、重组中央企业、引入非公有资本等方面进行了较大幅度改革，外资和国内民营资本一定程度上进入垄断行业。党的十七大以来，我国垄断产业改革在放宽市场准入、监管改革和垄断行业中央企业改革等方面取得了新的进展。但是，我国垄断产业没有很好地处理好改革和发展的关系，市场结构、竞争政策和监管等方面的改革相互支

---

① 网络产业（network industries）是指在产品或服务的生产、传输、分销和用户消费等环节具有很强的纵向关系，生产厂商必须借助于传输网络才能将其产品或服务传递给用户，用户也必须借助于传输网络才能使用厂商生产的产品或服务的产业。也可以更简单地将网络产业定义为"以网络为基础进行经营的产业"，具体包括铁路、电力、电信、供水、供气、石油、天然气等产业。

持和促进不够，垄断暴利和收入分配问题没有得到及时解决，一些行业和环节重发展、轻改革，改革滞后于发展的问题比较突出。垄断产业收费高、效率低对我国制造业和整个国民经济发展的制约越来越严重。由于缺乏自上而下的推进，垄断产业在促进竞争、改善监管、收入分配和相关政策等方面仍存在不少问题。一些行业和领域垄断程度仍然过高，一些企业垄断行为仍然突出，人民群众对垄断行业深化改革的期盼很大。《中共中央关于制定国民经济和社会发展第十二个五年规划的建议》明确要求深化垄断产业改革。《中华人民共和国国民经济和社会发展第十二个五年规划纲要》指出，深化垄断产业改革，进一步放宽市场准入，形成有效竞争的市场格局。这就要求我国不断推进垄断产业改革。

党的十八大召开，我国经济社会发展和改革开放也将进入一个新的阶段。建设更加完善、成熟的社会主义市场经济体制，是新阶段我国经济体制改革的重要任务。完成这个任务客观上要求我国加快垄断产业改革，形成与社会主义市场经济体制相适应的垄断产业发展方式。从国内外改革发展情况看，放宽准入、多元投资、有效竞争、合理分配、独立监管是垄断产业改革的主攻方向和重要内容。改进垄断产业资源配置方式和配置效率，推动垄断产业与国民经济其他产业协调发展，使垄断产业改革和发展成果更好地惠及国民经济其他产业和广大人民群众，是新阶段垄断产业改革的重要任务。

随着我国垄断行业向放宽准入、多元投资、企业经营、独立监管、有效竞争的新阶段转变，垄断行业国有企业的环境、地位和作用将发生新的变化。当前和今后一个时期，我国垄断行业改革应该着力完善垄断行业国有企业管理和经营体制，尽快扭转在整个经济体制改革中相对滞后的问题，在健全法规、改善监管、强化激励、促进竞争并使竞争惠及终端用户方面取得突破。这就要求垄断行业国有企业改革必须处理好做大做强国有企业和提高产业竞争力的关系，兼顾"惠民、强企、兴业"三个方面。惠民是使终端用户能够以合理价格获得充分、可靠、满意的垄断行业产品和服务。强企是发挥好垄断行业国有企业的控制力、影响力、带动力，打造一批主业突出、居于主导地位的优势企业，不断提高垄断行业国有经济竞争力，实现国有资产保值增值。兴业是处理好做大做强国有企业与做大做强整个行业的关系，实现垄断行业国有企业与其他企业、垄断行业与国民经济其他行业的和谐发展。

### 6.6.1 加快铁路运输产业、盐业、烟草等领域改革，实现政企分离

垄断行业虽然经历多轮改革，但铁路运输产业改革一直没有破题，盐业、烟草等行业政企分离不彻底。上述领域改革的内外部条件都已经成熟，需要抓住当前有利条件，实现政企分离并引入竞争因素，构建可竞争性的市场结构。政企相互分离，关键是割断监管机构与垄断行业运营者之间的产权和行政隶属关系，把垄断行业管理机构改造成为独立的监管机构，把现有的垄断行业运营者改造成为独立于监管机构并按商业化原则运营的公司制企业，使垄断行业企业成为符合现代企业制度要求的市场主体。

### 6.6.2 进一步调整垄断行业国有企业的产权结构、业务结构和企业组织结构

进一步调整垄断行业国有企业的产权结构、业务结构和企业组织结构，理顺管理层级、缩小管理幅度，实现产业组织效率和国有企业绩效的同步提升。产权重组是国有企业产权多元化的重要途径，也是中央企业建立现代企业制度的核心。中央企业产权重组主要有三种目标模式，即国有独资模式、国有绝对控股模式和国有相对控股模式。随着经济社会化、市场化趋势的发展，各类资本交叉持股、相互融合不可避免，垄断行业中央企业同样面临从国有独资公司、国有绝对控股公司向国有相对控股公司转变，发展混合所有制经济，实现产权多元化的任务。通过产权重组，形成符合行业技术经济特征和经济发展阶段要求的产权结构和治理结构。

垄断行业国有企业业务结构组合有两种基本方式——纵向一体化和纵向分离。纵向一体化是把各个环节整合在一个企业，其实质是利用厂商内部或行政手段来处理业务。纵向分离是分割能够产生竞争的环节（非网络环节），不能分割的环节（网络环节）继续维持垄断，通过市场竞争和监管取

代厂商内部或行政手段，实现两类环节之间的衔接。我国垄断行业长期采取纵向一体化的结构，即厂商垄断整个产业产品或服务的生产、输送和销售的所有环节。网络环节投资大、回收期长、独占性强，加入或撤离风险高，所产生的外部效益远大于内部效益，仅靠使用者付费难以实现收支平衡，公益性强的网络设施建设离不开政府投资或补贴。实践上一般采取开放接入、多元股权的方式，以便不损害网络环节的整体性。通过业务重组，优化相关业务在垄断行业国有企业的配置，形成主业突出、纵向关系合理、核心优势明显的战略领域。

企业组织结构重组是在产权结构和业务结构重组的基础上，对特定行业内国有企业的数量及其关系进行选择和优化。对企业组织结构进行重组，必须判明当前的产业绩效，包括行业供给和需求、规模结构、技术创新程度和技术水平等多方面因素。由于垄断行业国有企业均为大型企业或特大型企业，国有企业数量对行业垄断竞争状况和产业绩效具有重要影响。从有效竞争和便于管理的角度看，国有企业在特定行业内的企业数量既不是越少越好也不是越多越好，否则不是造成垄断就是造成国有企业过度竞争。垄断行业国有企业组织结构重组应该在产权和业务重组的基础上，适当减少国资委直接管理的企业数量，形成兼有规模经济和竞争效率的市场结构，使国有企业成为社会主义市场经济体制更具活力的市场主体，成为我国国民经济和国有经济中更具战略性的组成部分。

### 6.6.3　改革妨碍垄断产业发展和有效竞争的政策

垄断业务和非垄断业务并存是很多垄断行业的重要经济特征。石油天然气管网、铁轨等属于垄断业务，勘探开发、炼油销售、列车运输属于竞争性业务，有关市场准入政策应该区别对待垄断业务和竞争性业务。对于垄断性业务，可以授权一家或少数几家企业垄断经营。对于竞争性业务，应充分发挥竞争机制的作用，改革市场准入、进口管制等片面保护垄断企业的政策。此外，垄断行业引入竞争机制还要和政府加强监管与社会监督相结合，既要加强对安全、环保、普遍服务等监管，也要加强价格监管，以维护用户和社会公众的正当权益。

## 6.7 完善国有资产管理体制

随着体制改革的深入，我国国有企业和国有资产管理体制经历了一个较大的变革过程。政府行政管理职能与国有资产管理职能逐步分离，产权成为政府管理国有企业的基础依据，国资委成为代表行使国有资产出资人权力的机构，政府与国有企业之间的关系得到规范。但是，我国国有企业和国有资产管理体制改革还有很长的路要走。

国有资产管理包括国有资产运营管理和国有资产监督管理两方面职能。国资委的定位及其出资人职能使得这两方面职能模糊不清。在实践中，国资委的监督管理职能逐步为它的运营职能所排挤，致使国有企业在发展较好的情况下出现了许多新问题，如企业利润随意分配，企业高管福利和薪酬过高。完善国有资产管理体制，必须加强国资委的监督管理职能。除了进一步分离政府的公共管理职能和国有资产出资人职能，健全国有资本经营预算、收益分配制度和国有企业经营业绩考核制度，扩大国有资本经营预算实施范围，逐步提高国有资本收益收取比例以外，还要做好以下几个方面改革。

### 6.7.1 完善国有资产管理的信息采集和发布制度

完善国有资产管理的信息采集和发布制度，扩大信息公开领域，解决非上市国有企业和上市国有企业母公司信息公开不充分的问题。我国除上市公司一定程度公开披露有关信息以外，还没有建立国有企业信息公开披露制度。实现国有资产管理和经营的公开化和透明化，公开披露国有企业董事会任命、经营计划、财务报表、职务消费、高管薪酬、业绩考核、审计监督等信息，既是满足公众知情权、获得公众信任的需要，又有助于完善国有企业的约束和激励机制，有利于为企业职工和社会公众与舆论监督提供充分信息。因此，建议结合信息公开的有关制度和公众期盼，比照上市公司公布建立和完善国有企业信息公开披露制度，提高国有企业信息披露的规范性、时效性和针对性。

### 6.7.2　加强产权管理和产权交易市场体系建设，健全产权交易规则和监管制度

随着国有经济布局和结构调整的深入，我国国有企业产权跨地区、跨行业、跨不同所有制交易的规模不断扩大。产权交易市场是为产权流转提供服务的交易场所，是市场经济体制下国有企业产权交易的有效平台。只有建立规范、有效的产权交易场所，通过产权市场进行交易，才能给买卖双方提供一个公开处置的市场和渠道，充分发挥发现交易对象和价格的作用，从源头上堵住企业改制中的国有资产流失的漏洞。当前，我国国有企业产权交易开始从不规范走向规范，从分散走向集中，从协议定价走向公开竞价。产权交易市场以其市场化程度高、公开、透明的优点，得到越来越多的认同。

但是，产权市场的有效运转取决于其覆盖范围大小和交易制度的完善程度。由于我国企业受国有产权非标准化和复杂的属地关系影响，一直没有形成跨区域或全国性的产权交易市场，产权交易机构多、规模小、成交量低，交易规则不统一、交易信息披露不充分等问题比较突出，好企业、好产权难以找到好买主，产权交易市场配置资源的基础作用无法得到充分发挥。今后应该根据经济发展和市场需要，建立覆盖全国和跨省市区的产权交易场所，完善国有产权交易制度，确保国有产权转让出售的公开、透明和充分竞争，增强市场发现交易对象和交易价格的功能。

### 6.7.3　注重产权结构和治理结构的优化

注重产权结构和治理结构的优化，鼓励非国有资本以参股、相对控股方式参与国有企业改组改造，实现产权和投资主体的多元化，改变现有改革忽视新投资者、新资本进入的局面。国有企业引入民营资本的方式和途径主要有直接出售资产、特许经营、公开出售股票等，各种方式均有一定的负面效应，应该根据实际情况进行选择。

直接出售资产是指将国有企业整体或部分资产出售给其他投资者。在买方力量不足或无法整体出售时，可以分期或分割出售，可以考虑首先出

售部分资产，以取得较高的资产销售收入。资产出售是中小型国有企业民营化的主要方式，难点在于能否把国有企业出售给能够履行承诺的投资者。过去一个时期，相当一些地方急于出售国有资产，在引入私人投资时合同条款过于优惠，许多地方资产出售收入不实，甚至被挪用，国有资产变相流失，公众利益受到损害，这些问题急需规范。

特许经营是指政府不移转资产所有权，将经营权通过特许经营或资产出租等方式授权民间经营，其实质是国有民营。在委托经营下，私人投资者通过向政府支付费用为对价换取经营管理权，企业所有权仍然属于政府，私人投资者只拥有运营权，投资权由政府行使。委托经营方式包括整厂委托、分厂委托及分功能委托等。这种方式不需要私人投资者投入大量资金，对于难以分离、移动和出售的网络环节具有较大的吸引力，避免了将企业资产出售给私人带来的负面问题。一旦双方合作失败，私有公司退出经营业务比较简单，对整个公用设施运作不会造成大的影响，可以作为民营化前期的一个过渡方式。

公开出售股票是指在国内或海外证券市场，出售政府所持有的全部或部分国有企业股份。这是一种最透明的民营化方式，但投资者以短期活力为目标，不参与被投资事业的管理与经营，也不会给企业带来新的资金和技术。公开出售股票能够整体保留原来的经营主体，一般适用于知名度高、财务健全且少数投资者无接手可能的大型国有企业，并要求资本市场有相应的承接能力。与直接出售资产和特许经营相比，公开出售股票更公开和透明，有利于避免因为公私部门人员频繁接触导致的腐败。在公开市场出售股份，这种市场经济体制较完善的国家普遍采用的民营化方式值得我们借鉴。

对于具有强公共利益或难以吸收民间投资的网络设施，以及政府通过拥有产权施加的直接控制比通过管制施加的间接控制更能促进公共利益的领域，在经济学上被认为属于垄断产业或市场失灵的领域，其产品或服务具有公共物品的性质。上述领域由于投资规模大、回收期长，社会效益远大于经济效益，非国有制企业往往无力承担，或者因为经济效益和时间效益的关系不愿意在上述领域投资，或者由于监管体制不完善难以抑制私有企业利用其垄断地位谋取垄断利润，国有资本更容易克服私人企业低产出、高价格导致的社会福利损失，增加公共物品和服务供给。这些领域，由于私人资本的逐利性质，如果由私有企业经营还容易导致投入不足和供不应求等问题。在西方发达国家和许多发展中国家这一领域也主要由国有企业承担。即使在市场经济较为成熟、国有经济比重很低的美国，供水、管道燃气、公共交通等领域仍然由国有企业或公共企业或股权高度分散的社会化企业进行经营和管理。我国对上述领域的改革，可以采取引进外资、外地资本和民营资本入股的方式，逐步降低国有股的股权份额，最终将经营主体改造成股权多元化的公司制企业。

## 6.7.4 严格企业收入分配调控和薪酬管理制度，形成科学合理的薪酬分配机制

世界上许多国家包括西方发达国家，由政府任命的国有企业董事长和董事会成员普遍被纳入公务员行列，其薪酬由立法机构通过专门法案规定，或由政府财政经济部门会同主管部门共同决定，基本执行公务员薪酬制度。许多国家的政府有意识地控制国有企业高管的薪酬，薪酬水平普遍比私有企业的高管低很多，与普通职工的差距也远低于私有企业，不同行业国有企业的基本工资相差不大，基本工资不与企业规模、效益挂钩。由董事会从市场上聘用的经营者，因为其不具有公务员身份，所以薪酬水平参考市场价位确定。具有公务员身份的国有企业高管，其薪酬水平通常是同级别公务员工资的1~3倍，而私营企业经营者平均收入水平是国有企业经营者的2~6倍。

我国是社会主义国家，国有企业高管是国家工作人员，有的还是党和国家的高级干部，不是市场上的职业经理人。国有企业高管薪酬制度改革不能离开中国现阶段的国情，不能离开国有企业的现实状况，不能照搬非国有企业薪酬制度，不能与民营企业高管攀比。国有企业收入分配制度尤其是高管薪酬制度应该更好地体现共同富裕、公开公平、差距合理等要求。国有企业薪酬改革，可以中央企业为重点，建立和完善国有企业收入分配制度，形成符合中国国情的、能为社会公众所接受的薪酬制度。对于具有

国家公职人员身份、由政府指派的国有企业董事和高管，应采用国际上国有企业管理层与公务员工资相当的做法，严格控制其薪酬水平，缩小国有企业与政府公务员和公益性事业单位等公共部门的收入差距。对于董事会聘任的不具有国家工作人员身份的人员，可以按照其能力、贡献和市场水平确定其薪酬。对于中层管理人员和其他员工，应建立与法律法规要求相适应的市场化用工机制，逐步建立以劳动合同为基础、适应企业参与市场竞争要求的用工制度。企业管理人员更多地通过公开招聘、竞争上岗等方式配置，逐步建立管理人员退出机制。企业收入分配坚持效益导向原则，促进职工收入与企业发展同步，劳动报酬与劳动生产率同步。企业收入分配向生产一线职工、低收入职工倾斜，努力缩小管理人员与一线职工的收入分配差距，统筹把握和处理好公平与效率的关系。

## 6.8 改革既要积极又要稳妥

国有企业改革必然触及观念、利益等深层次的问题。从社会发展规律看，任何社会变革，总会伴随着不稳定因素的存在。从唯物辩证法的角度看，改革和稳定是对立统一的关系。改革必然会有不稳定因素的产生，但是，国有企业是公有制企业，只要全心全意地依靠职工群众，在绝大多数职工群众的利益基点上推进改革，就可以把不稳定的因素控制在可以承受的范围内，在稳定状态下推进改革。由于我国国有企业改革已经进入攻坚克难阶段，利益关系调整更复杂，各种矛盾更突出，国有企业改革必须坚持从企业实际出发，把握好改革的时机和条件，处理好改革和稳定的关系，积极稳妥地推进。

当前尤其要重视并树立全心全意依靠工人阶级的国有企业改革观和发展观。国有企业改革的根本目的，不是简单地减人、甩包袱，更不是把国有企业私有化，而是通过改革增强国有企业发展活力，促进国有企业与整个国民经济的协调发展。国有企业改革必须符合广大职工群众的利益，必须把以人为本作为改革的理念和要求置于改革的全过程，把实现职工愿望，维护职工合法权益作为出发点和落脚点。一方面，把制定好政策作为改革的一项重要任务。深入细致地做好改革的前期调研工作广泛听取意见，切实把情况搞清，认真慎重地制定相关政策和改革方案，避免决策失误。要保持政策的连续性、均衡性和稳定性，认真分析和研究改革面临的新情况、新问题，根据变化了的情况，从实际出发，从有利于改革出发，适当充实和完善政策规定。要加强分类指导，因企制宜，因企施策，具体问题具体分析，具体问题具体解决，增强政策的针对性和有效性。同时，充分预测和评估有关政策和改革方案有可能出现的各种风险，尤其是充分分析可能出现的不稳定因素，做足应对措施。另一方面，充分发挥各级党组织和群众组织的作用。国有企业的员工，特别是老工业基地国有企业的职工，他们对企业的依赖度以及职工的主人翁意识非常强烈。改革措施出台前后，应做到政策到位，操作规范，注意倾听企业上下和各方面的意见，力求科学民主决策。依法保障职工的权益，优先解决好企业改制中的民生问题。在处理劳动关系、岗位变动、人员去留、利益分配等涉及职工切身利益的问题上，要公开、公平、公正，依法、依政策、依程序规范操作，在法规和政策允许的范围内最大限度地考虑职工的利益。对职工提出的不合理诉求，能够耐心说服劝解，避免矛盾激化。

# 7. 民营经济改革与发展

在中国经济改革与发展的历史进程中，民营经济获得了全面发展，其地位和作用日益凸显，[①] 但民营经济发展的外部环境和民营企业的制度状况却并不理想。因此，当前的重要任务就是要进一步创造条件，在坚持公有制为主体的前提下，通过进一步解放思想，深化经济体制改革，为民营经济创造良好的外部环境，通过进一步鼓励、支持和引导民营经济积极实施技术与制度创新，提升竞争能力，以保证中国经济顺利进入成熟的市场经济新阶段。

## 7.1 正确认识中国民营经济本质属性，破解民营经济发展中的思想障碍

人们的观念和社会的意识形态既可以是推动社会进步的重要力量（D.诺思，1981），也可以成为制约社会前进的巨大障碍。民营经济作为我国改革开放以来的新生事物和一支推动社会进步的重要力量，既是全党和全国人民思想不断解放的产物；同时，民营经济的发展也时刻受到来自错误思想和观念的束缚。回顾改革开放30多年的历史，随着民营经济的不断壮大和发挥的作用日益显著，人们对民营经济本质的认识也在不断深化。从学说

---

① 关于我国民营经济发展状况的相关数据，请参见黄孟复主编：《中国民营经济发展报告（2010~2011）》，社会科学文献出版社，2011年。

发展史的角度看，我党和学术界对民营经济本质的认识经历了早期的"必要补充"论和后来的"重要组成部分"论两个阶段。但与此同时，对民营经济性质的其他认识也始终不绝于耳。

20世纪80年代初，在改革开放主流意识的影响和推动下，中共中央、国务院于1981年10月颁布了《关于广开就业门路，搞活经济，解决城镇就业问题的若干决定》，指出："在我国，国营经济和集体经济是社会主义经济的基本形式，一定范围的劳动者个体经济是社会主义公有制经济的必要补充。"这是我党在正式文件中首次将个体经济定性为社会主义公有制经济的必要补充。1984年10月20日，中共十二届三中全会通过的《中共中央关于经济体制改革的决定》，进一步阐释了"必要补充"的内在关系，指出："我国现在的个体经济是和社会主义公有制相联系的，不同于和资本主义私有制相联系的个体经济，它对于发展社会生产，方便人民生活，扩大劳动就业，具有不可替代的作用，是社会主义经济必要的有益的补充，是从属于社会主义的。"1987年10月召开的中共十三大首次用"私营经济"概念取代了"个体经济"，并指出："私营经济是存在雇佣劳动关系的经济成分。但在社会主义条件下，它必然同占优势的公有制经济相联系，并受公有制经济的巨大影响。实践证明，私营经济一定程度的发展有利于促进生产，活跃市场，扩大就业，更好地满足人民多方面的生活需求，是公有制经济必要的和有益的补充。"1995年9月，江泽民在中共十四届五中全会闭幕会上的讲话中首次使用了"非公有制经济"的概念，并将外资也纳入这一范畴之内，重申："允许和鼓励个体、私营、外资等非公有制经济的发展，并正确引导、加强监督、依法管理，使它们成为社会主义经济的必要补充。"

1997年9月12日中共十五大召开，首次提出"个体、私营等非公有制经济，是社会主义市场经济的重要组成部分，应当继续鼓励、引导，使其健康发展。"这表明党对民营经济本质的认识从过去的"必要补充"已经变为"重要组成部分"，是我党对民营经济本质认识的再一次升华。1999年3月全国人大九届二次会议通过宪法修正案中指出："在法律规定范围内的个体经济、私营经济等非公有制经济，是社会主义市场经济的重要组成部分。"2001年7月1日，江泽民在庆祝中国共产党成立八十周年大会上的讲话，进一步提出了私营企业主是有中国特色社会主义建设者的重要论断，使得我党对民营经济本质的认识更加深入和具体。

然而时至今日，社会上对于民营经济本质属性仍有不同的声音和看法。其中一种极端的观点认为，现阶段我国的民营经济和民营企业本质上是"私有"的，是资本主义性质的。基于这样一种认识，也就相应地产生了所谓民营经济占国民经济的比重持续上升会削弱公有制经济主体地位的疑虑，产生了所谓民营经济进入电力、石油、煤炭等垄断行业很可能会危及国家经济安全的诸多看法，更有人甚至直接指称发展民营经济就是发展资本主义，就是动摇社会主义的经济基础。正是由于存在上述认识和看法，在中国经济界和社会上也就自然而然地产生了一种很值得思考的担心与恐惧，即一旦社会主义初级阶段经济的发展任务基本完成，一旦生产社会化程度进一步提高后，是不是还会对个体私营等民营经济和民营企业重新进行一次"社会主义改造"？如此等等。因此，进一步深化对民营经济本质属性的认识，不仅已经成为一个直接影响民营经济发展的问题，而且已经成为一个直接影响国民经济整体发展和经济改革取向的重大理论问题。特别是在我国经济体制改革进入攻坚阶段，经济发展方式迫切需要转型升级的当下，这些问题尤其显得突出和尖锐。为什么不少民营企业家开始放弃长期从事生产性经营与再投资而转向投机性投资，或将经济资产拍卖后甘当"食利者阶层"，或干脆将资产直接转移海外？这是不是一种过早发生的"退化现象"？对于这种"退化现象"的出现，我们能不能听而不闻、视而不见呢？显然不能。现实迫切要求我们抓紧开展关于民营经济本质属性的进一步研究。只有通过更深入的研究与探讨，才能准确地把握民营经济的基本属性，才能驳倒一些不正确的看法，才能消除一些人的疑虑和困惑，为我国的经济体制改革和大力发展民营经济提供良好的思想和舆论环境。

首先，中国民营经济和民营企业是从属于中国基本经济制度和社会制度的。这似乎是一个"哲学悖论"，因为基本经济制度和社会制度本来是由它的经济基础和上层建筑共同决定的，并且经济基础具有第一性的决定作用，怎么现在又要说原本属于经济基础这一范畴的民营经济又是从属于国家基本经济制度呢？要解释清楚这个悖论，就需要分别解剖一下经济基础和基本经济制度这两个基本范畴的内涵。一方面，民营经济和民营企业所反映的生产关系，肯定是中国经济基础的一个重要构成部分，但它并非构成中国经济基础的全部。如果民营经济和民营企业在整个国民经济生活中的作用不是主导性的，而是从属性的，那么，在本质属性上，它也必然同样是从属性的。另一方面，基本经济制度决定于全社会的所有制关系，但它同时也是由一定条件下的上层建筑制约着的。中国的基本制度是以工农联盟为基础的人民民主专政，是社会主义而非资本主义。这里，以工农为主要存在形态的劳动者，是这个社会制度的主体，其基本利益诉求与实现，是这个社会制度必须有的基本政策取向和法制要求。这种情况也在客观上决定了民营经济的各种具体存在形态，特别是民营企业必须把保证经济劳动者基本利益的实现作为其生产经营活动的一个基本目标，而不是相反。一旦一个经济无视经济职工的基本利益要求，甚至通过损害经济职工基本利益的方式谋求经济超额利润，这个经济就一定会受到基本经济制度和法制制度的限制、管制甚至惩罚。上述两个方面共同表明了一点，即现阶段的民营经济和民营企业，无论其行为或经营策略有何不同，其行为特质都必须是从属于，而不是例外于中国现阶段的基本经济制度和社会制度的。一个国家的经济社会运行是一个复杂的系统和过程，不可能像理论描述的那样简单和直接。因此，上述貌似悖论的现象，在实践中却是高度吻合与内在一致的，即根本不存在一个单个经济与社会经济制度间的不可逾越的实践鸿沟。这可能是我们正确理解和认识现阶段，中国民营经济本质属性的一个首要前提和重要基点。

其次，中国现阶段的民营经济也不可能是纯粹资本主义性质的。在新中国成立之前，中国不曾发生纯粹的资本主义。正如毛泽东曾经分析指出的，"帝国主义列强侵入中国的目的，决不是要把封建的中国变成资本主义的中国"。[①] 因此，那时的民营经济或者说民族经济，大都是依附于封建主义、买办资本主义经济主体上的，极其缺少资本主义的应有性质。在新中国成立之后，中国虽然经历了新民主主义阶段，但也不曾出现真正的资本主义。从

①《毛泽东选集》(第一卷)，人民出版社，1991年，第628页。

上层建筑角度看，这主要是由于中国选择了不同于资本主义的新民主主义制度和后来的社会主义制度。而这种制度实际上是一种试图把中国从半封建半殖民地社会直接引向新型社会而不是资本主义社会的制度。尽管由于中国仿照斯大林模式建立起的经济体制存在权力过度集中、产权过度公有、经济经营效率过度低下等弊端，妨碍了生产力的应有发展，从而最终导致中国不可避免地走上了改革开放之路，但改革开放后中国的社会制度，同样是一个不同于资本主义的中国特色社会主义制度。改革开放中出现的个体、私营等民营经济和民营企业，既不可能是纯粹资本主义性质的，也并非纯粹（或者说传统）社会主义性质的，而是附着在公有制经济这个主体上的中国特色社会主义性质的。也就是说，民营经济不是中国特色社会主义的外生因素、外来或异己力量，而是中国特色社会主义的内生因素、内在或亲己力量。不仅如此，改革开放 30 多年的实践表明，在中国，民营经济发展的最终结果很可能就是一个新型的"劳资利益共同体",①而不会是一个"资本主义的新变种"。尽管在现实生活中我们仍然可以看到个别经济主的违法乱纪或侵害他人利益的不良行为，但是，这些行为既不是民营经济发展的主流，也不是当今社会的普遍现象，而且它们最终要受到中国基本社会制度和法治的约束和法律的惩戒，不可能不受管制而任其自由发展。因此，无论如何，我们不能"一叶障目"，把个别经济主的不良甚至违法行为当作判断现阶段中国民营经济本质属性的主要依据。

最后，从巩固中国特色社会主义基本经济制度角度看，在中国现阶段尤其需要继续大力发展民营经济和民营企业。改革开放以来的 30 多年，民营经济在国民经济生活中的地位越来越重要。一方面，民营经济越来越成为吸纳劳动力就业的主要载体。到目前为止，全社会 70% 以上劳动力是在民营经济和个体工商户等民营经济组织中就业的，在国有经济就业的劳动力无论是相对量还是绝对量都是持续下降的。另一方面，民营经济也已经成为中国的重要纳税主体。虽然到目前为止民营经济纳税总额才刚刚接近全社会税收总额的一半，但其比重是持续上升的，作用是不断增强的，对中

---

① 王慧敏、江南：《浙江的"劳资和谐"之道》，《人民日报》，2011 年 1 月 31 日第 1~10 版。

国财政收入的贡献是越来越明显的。

总之，笔者认为，尽管我党和学术界对民营经济本质的认识做出了很大贡献，但仍然需要依据民营经济发展的实际，从理论上进一步深化对其本质的揭示。通过明确我国民营经济已经成为社会主义市场经济的重要组成部分；明确民营企业家是中国特色社会主义的建设者和社会财富的创造者；明确民营制经济已经成为促进经济发展、推动产业转型升级、繁荣城乡市场、扩大社会就业、增加居民收入的重要力量等基本论断，以打破各种阻碍民营经济发展的思想观念，回答一些人对我党的民营经济政策的疑虑和困惑。在毫不动摇地巩固和发展公有制经济的同时，毫不动摇地鼓励、支持和引导个体、私营等非公有制经济发展。鼓励和引导民间投资，坚持和完善我国社会主义初级阶段基本经济制度，大力发展混合所有制经济，推动各种所有制经济平等竞争、共同发展，推动社会主义市场经济体制逐步走向成熟。

## 7.2 进一步深化经济体制机制改革，为民营经济发展创造良好的制度环境

不断深化经济体制机制改革是我国经济转轨时期的重大任务，其终极目标就是要建立能够自我校正与自动适应，并有助于经济社会健康发展的体制机制。规范地看，一个国家的经济社会制度是否优越，最根本的是看它是否有助于解放和发展生产力，有助于降低社会的各类交易成本。改革开放 30 多年来，我们所做的一项重要工作就是在坚持基本政体不变的前提下，改进和完善中国的体制设计和机制构造。经过长期的不断探索，现行体制机制已经完全不同于改革开放之前，体制机制的效率也是旧体制完全不可比拟的。但是，随着经济社会的不断发展和市场经济关系的日益复杂化，改革开放中形成的新的体制机制也带有逐渐"陈旧"的特征，其促进生产力发展的效力也已开始出现递减。因此，进一步深化经济体制机制改革已是时不我待。这对于破解民营经济大发展的制度性难题，为民营经济发展缔造良好的制度环境意义重大。

就现行体制而言，制约民营经济发展的体制性问题集中在对一些产业的行政性垄断的体制安排；集中在不利于民营经济发展的财税和金融体制安排等方面。

### 7.2.1 垄断产业改革与民营经济的发展[①]

一些产业如电力、航空、石油、电信、铁路、金融等是国有经济盘踞的主要行业，也是行政性垄断程度最高的产业，这些产业的高进入壁垒直接影响着民营经济的发展（剧锦文，2011）。政府只有按照《反垄断法》的相关规定，根据国务院于 2005 年、2010 年先后颁布的两个"36 条"，以及近来各部委颁发的 22 个落实《细则》，加快清理各种行政性产业壁垒，加大对行业垄断行为的惩处力度，鼓励一些垄断性企业采取更市场化的经营行为，才能为民营经济的发展创造较好的政策与市场空间。

**1. 电力产业**

电力产业是我国的垄断性产业，民营经济在进入该产业时遇到了诸多体制性壁垒，主要集中在以下几个方面：

第一，尽管电力行业是民营经济进入最早、进入数量最多的垄断产业领域之一，尤其是一些中小型水电厂（站）已经成为民营经济的天下。但是，对于那些高投入、低风险、回报慢的大型发电、新能源等发电项目，需要企业前期垫付大量投入，这对于那些难以获得融资而规模又相对较小的民营企业而言却是一个难以逾越的壁垒。

第二，政府管理部门对发电经济的垄断定价已经成为该行业的重要进入壁垒。我们以贵州习水县的小水电为例，目前习水县境内现有中小型民营水电站 88 家，已建成投产约 80 家，全县装机组约 150 多台，总装机容量为 1.5 万千瓦。根据国家发改委的相关文件，规定贵州水电厂电价定为 0.215 元/度。但贵州小水电上网电价的制定者是政府和物价部门，他们在制定价格时，没有对上网电价进行价格听证，2007 年 7 月之前仍执行 0.1914

---

① 本部分的数据与资料来源于剧锦文：《民营企业进入垄断产业的壁垒》，《江苏行政学院学报》，2011 年第 3 期。

元/度，在同年 8 月才执行 0.1974 元/度，民营水电经济实际每发 1 度电即完全成本为 0.3956 元/度，即发 1 度电就得亏损 0.1982 元，发电越多亏损越大，导致民营小水电企业的生存日益艰难。实际上这种状况并非个案，而是一个全国性的普遍现象。

第三，政府行政监管部门人为制造过高的进入门槛。2009 年，工业和信息化部装备工业司为了遏制风电发展过快的局面，编写了风电装备制造《行业准入标准》。对生产企业提出了三项关键要求：风电机组生产经济必须具备生产单机容量 2.5 兆瓦及以上、年产量 100 万千瓦以上所必需的生产条件和全部生产配套设施；风电机组生产经济进行改扩建应具备累计不少于 50 万千瓦的装机业绩；新建风电机组生产经济应具备 5 年以上大型机电行业的从业经历。显然，这三项要求绝大多数民营企业是难以满足的，先前进入的企业也有可能不得不退出，或者，不得不以让渡经营控制权为代价联合其他符合条件的大型国企一起经营。

**2. 航空运输业**

民航产业的行政性或制度性壁垒主要体现在以下几个方面：

第一，规模经济。航空公司成本构成复杂，经济运营成本较大。如果没有形成一定规模，在短期内又难以盈利的情况下，航空公司必须依赖庞大的后续资金的支持；否则，在特殊情况下，企业的运营极有可能出现"资金链"断裂的风险。事实证明，国有航空公司通常会得到银行的资金支持，规模经济往往不成问题，但这对民营经济来说就是一个难以逾越的壁垒。

第二，民航管理当局的行政管制。通常，我国的民航管理当局会根据 IATA（国际航空运输协会）确立的"祖父原则"，以保障市场开拓者的利益，一些热门、主要航线如京沪、京广线，天经地义地要由国有航空公司飞行，而民营航空企业根本申请不到。

第三，不平等的竞争环境。以 2008 年国际金融危机发生时的状况为例，当时中国三大航空公司——南方航空、东方航空以及中国国航均出现亏损，在这种情况下，东航和南航已分别获得 70 亿元和 30 亿元人民币的国家注资，海航集团也已获得天津市政府注资 5 亿元。而民营航空公司因不可能享受到这样的支持而处于竞争的劣势，甚至倒闭或被并购。

第四，非市场化的定价机制。由于中航油垄断着国内航空用油的供应，油价则由发改委和民航总局定价，航油价格难以及时反映市场供求变化，使得民营航空公司无法依据市场行情及时地做出经营决策。

### 3. 石油与电信产业

我国的石油开采和炼制是典型的寡头垄断市场，绝大部分业务都纳入到中石油、中石化、中海油等大型国有集团旗下。据孟宪铎（2007）的资料，中国陆上 400 多万平方公里含油气沉积盆地，中石油、中石化获得的矿权区总面积大体占 90%，海域从极浅海到近海的石油对外合作，也由中海油为主的三大公司专营；石油炼制有中石油、中石化及部分地方炼油经济构成；在石油的销售环节，中石油、中石化两大公司负责批发，中石油、中石化及部分专项用户和社会加油站负责成品油零售。国有大集团包揽了国内全部的炼油能力，形成了对成品油供应渠道的完全控制。即便如此，油气行业的上、中、下游事实上都进行过引进民营经济的改革尝试。电信产业一直是我国垄断价格和利润较高的行业。从 1998 年到 2008 年，我国电信产业经过几次 "分拆" 式改革，在基础电信业务领域，初步形成了中国电信、中国移动和中国网通、联通为主的寡头垄断市场。随着行业内部的市场化改革，管理部门也出台政策鼓励民营经济的进入，但主要集中在增值电信业务领域。与其他行业不同，民营经济进入石油、电信行业遇到的壁垒，主要是在位经济的策略性阻止，即在位的国有石油经济借助政府的行政权力为民营经济设置进入障碍。以电信行业为例，由于我国电信经济的利润率高达 20%（而其他国家不超过 10%，在电信业发达的美国，利润率甚至还不到 1%），因此，国有电信经济会通过政府制定相关管理条例，策略性地阻止非国有经济的进入，以确保国有经济获得高额垄断利润。

### 4. 铁路运输业

铁路运输业被认为是我国计划体制残留的最坚固堡垒，也是民营经济难以进入的垄断产业之一，其制度性垄断主要集中在以下两个方面：

第一，目前整个铁路行业仍然沿用政企不分的管理体制，铁道部通过行政命令的方式来支配经济行为，全路的运输资源也基本上由铁道部用行政命令的方式来配置。不要说弱小的民间资本，即便是地方政府投资修建铁路，也会因铁道部拥有太大权力而根本无力与之抗衡，最后通常由铁道部以低价收回。所以，时至今日，民营经济进入铁路行业是最少的。对于民营经济而言，进入壁垒的高低和强弱主要在于垄断行业整体性体制的属性，而不在某一项政策是否优惠。

第二，民营经济还面临着垄断行业特有的定价和结算机制带来的巨大风险。由于铁路客货运输价格均由铁道部决定，中国的铁路清算由铁道部"大一统"，根据铁道部制定的《铁路运输进款清算办法》，各铁路局和其他铁路运输经济将运输进款统一上缴铁道部，根据铁道部制定的定价政策和分配制度，将所有进款在各铁路局和其他铁路运输经济之间进行二次分配，各铁路局和其他铁路运输经济再根据分配获得的款项确认各自的经营收入和经营成本。铁路运输经济基本没有定价权，也无法对市场及时做出反应，利润也就没有保证。而这些都是民营经济在选择进入时不能不考虑的因素。

## 7.2.2 税收与融资体制改革与民营经济的发展

现行的财税与金融体制并不十分有利于民营经济的发展。就财税体制而言，一方面存在着重复征税、税率过高的弊端；另一方面税外的各种杂费众多。而金融体制最突出的问题是信贷配给和上市融资的国有经济偏好。由于这些体制原因，原本资金并不充裕的中小型民营企业更难获得发展机会，改革现行财税和金融体制刻不容缓。

根据浙江省工商联的一项调查，目前涉及民营中小经济的税收有 8 种，行政性收费多达 19 种。根据安徽省对芜湖、淮北、滁州三市中小经济税费情况抽样调查的结果，增值税占税费总额的 40.4%，"五险一金"占比为 11.1%，民营企业普遍反映社保基金、土地使用税较高。有资料显示，我国企业承担的税负合计起来占到全部营业收入的 30%~40%，而且税费负担呈"累退"状态。此外，中小企业还承担着大量隐性负担。企业税费过重已经导致企业的成本不断提高，利润被侵蚀。根据我们于 2012 年年初，对温州民营企业的调查，目前制造业的平均利润率只有 3% 左右。因此，通过税收体制改革以纾解广大中、小、微型企业的资金困境，就成为解决目前民营经济经营困难的突破口。

中小型民营经济融资难在我国并不是一件新鲜事，然而，这一问题在2011年政府实施宏观政策从紧的背景下尤显突出，加之劳动成本和原材料价格的不断上升，人民币升值和国际市场不景气，使得中、小、微型民营企业的经营状况雪上加霜。根据我们在2012年年初的调研，目前民营中、小、微型经济融资问题集中体现在"难、贵、险"三个方面。中小企业通常主要从银行获取贷款，而银行在紧缩政策之下放贷能力受到很大限制。在放贷资源有限的情况下，银行首先会选择提高中、小、微企业的贷款成本。据安徽省银监会和浙江省工商联的测算，约80%的小微企业得不到银行贷款。银行对中小企业的贷款利率通常是在基准利率基础上上浮30%~50%，有的高达60%，有些银行抬高贷款门槛，要求贷款企业先拉来等额存款，否则需要向银行支付相同额度存款的利息；有的则只贷款50%现金，其余50%是承兑汇票，在资金普遍紧缺的情况下，承兑汇票往往很难兑现；有的则是强行收取贷款企业一定数额的财务顾问费等中间服务费。根据杭州市工商联的调研数据，目前中、小、微型企业融资成本一般要达到总成本的12%~15%。即便这样，中小企业仍然难以从银行获得贷款，它们不得不通过民间借贷或地下金融解决其资金问题，目前浙江民间借贷平均贷款年利率在30%~50%，短期借贷月利率达到8%~10%。如此高的贷款利率直接推高了贷款风险。

### 7.2.3　政策选择

**1. 深化垄断产业改革的政策选择**

为了打破电力、航空、石油、电信、铁路、金融等产业的行政垄断，中央政府曾先后出台了《国务院关于鼓励支持和引导个体私营等非公有制经济发展的若干意见》（国发〔2005〕3号）、《国务院关于鼓励和引导民间投资健康发展的若干意见》（国发〔2010〕13号）等一系列政策文件。按照国务院的要求，截至2012年6月30日，22个部委先后出台了关于鼓励与引导民间投资的细则，重点在于打破民航、铁路、金融、能源、市政、电信等多个产业的行政垄断，今后的工作主要在于落实。

首先，除了鼓励个体、私营等非公有制经济在竞争性领域继续发挥更大作用外，还要积极鼓励和引导个体、私营等非公有制经济进入法律法规未明确禁止准入的行业和领域。进一步降低垄断行业和社会公益性部门准入门槛，努力营造公平竞争、平等准入的市场环境。对需要政府管制的事项，有关部门必须事先公开相应的制度、条件和程序。在投资核准、融资服务、财税政策、土地使用、对外贸易和经济技术合作等方面的优惠政策要公开透明，同等对待所有投资主体。在充分吸收民营经济、相关专家学者和社会各界意见的基础上，尽快制定出垄断产业、部门的市场准入的具体标准，促进民营经济、民间资本进入金融、铁路、电力、电信、邮政、民航、石油等行业和领域；进入国防科技工业建设和水利建设工程领域；进入卫生、教育、科研、文化、体育供水、供气、供热、公共交通、污水垃圾处理等市政公用事业和基础设施领域；鼓励民营经济积极参与国有经济的战略性重组。

其次，所有产业和行业均不再依据所有制关系，按部门划分管理权限，而实行统一按产业或行业管理的体制机制。以铁路、公路、航空、水运、远洋为例，鉴于这些行业本质上属于交通运输，因此，可考虑全面取消传统的专业部管理体制，改行国务院直属的交通运输部或交通运输委员会统一管理的体制。铁路、公路、航空、水运、远洋等具体营运部门一律经济化。经济归谁管，可以按所有制做必要的划分，在这些经济之上也可以建立非政府行业组织，由这类组织对经济进行必要的自律管理，但总的原则是：凡运营经济，一律回归市场，大小经济一律是交通运输市场中的平等一员。国务院交通运输部只代表国家行使行业和产业运行管理与政策调控权，对上述交通运输经济进行政策指导和宏观调控与管理。通过允许不同所有制的经济按照资本运动的内在规律，自主选择和从事不同行业的生产经营活动，构建和完善平等竞争、效率优先的经济运行体制机制，有助于进一步提高资源配置及其运用的效率，中国的民营经济会因此得到更加持续健康的发展。

最后，要鼓励地方的区域体制创新探索，地方政府通过改革，准许民营经济进入地方性垄断行业和公益性行业，包括电力、金融、邮政电信、公交、管网、自来水，等等，通过地方先行先试，来推动全国性垄断行业的管制改革。同时，各级人民政府有关部门要依法督促各类投资主体严格遵守国家的各项政策和相关规定，严厉打击各种制假售假，严重污染环境的各种不法行为。要充分发挥商会、行业协会等自律性组织的作用，积极培育和发展为民间投资提供法律、政策、咨询、财务、金融、技术、管理和市场信息等服务的中介组织。

**2. 财税体制改革的政策选择**

第一，对小微企业所得税减半，期限延长并扩大范围，提高增值税和营业税起征点；在部分地区和行业推行增值税"扩围"试点，逐步将目前征收营业税的行业改为征收增值税，并新增 11% 和 6% 两档低税率。

第二，建议取消按地域给予企业优惠税率的做法，改为按企业是否为高新技术产业为标准实行上述优惠政策，对处于区域外的民营企业应一视同仁。

第三，加大减费的力度，尽量免征小微企业行政事业性收费，对合理的费用实行费改税。由于民营企业整体税负较重，所以应该从总体上减税，减税的幅度达到 40% 都不为过，同时要区分企业的规模，对规模不同的企业实行差别征税，为小微企业提供税收优惠，此外必须清理税收以外的大量不合理费用。给予高新区外的民营高新技术企业与区内企业同等税收优惠。目前实行的国家支持高新技术产业发展的所得税优惠政策，是以其是否经国务院批准或其是否在高新区内为标准决定的。国务院批准的高新技术企业，头两年免征企业所得税，以后减按 15% 征收。开发区内高新技术经济出口的产品产值达到当年总产值 70% 以上的，经税务机关核定，减按 10% 的税率征收。

第四，给予民营企业 R&D 费用列支的优惠。我国现行的税法对国有、集体以及国有控股工业企业发生的技术开发费有优惠规定，但这并不包含民营企业。因此，我们建议取消有关政策中对民营企业的歧视性限制，应当不论企业性质，只要符合条件的 R&D 费用，均可按 150% 的享受税前扣除优惠，不足抵扣的部分还可以向以后年度结转。

第五，给予民营企业加速折旧的优惠。从我国现行对加速折旧的制度来看，主要针对进行中间试验的设备以及船舶、飞机、汽车等大型机械制造企业的设备，缺乏对设备更新快的民营企业的优惠。为此我们建议，要明确规定民营企业用于研究开发活动的新设备、新工具等，实行加速折旧的优惠。

### 3. 金融体制改革的对策选择

进一步深化金融体制机制的改革，切实有效解决民营经济融资难的问题。民营企业大多是中小企业，并且绝大多数是微型企业。由于中小企业特别是微型企业的信用程度低、抵押能力弱，通常这类企业的融资大都比较难。中小企业融资难问题并不是中国一个国家特例，在西方国家也同样存在。但是，在西方市场经济国家难以解决的问题在中国应当有解。因为，中国所搞的市场经济有很多不同于西方国家的地方。中国的市场经济体制是"在国家宏观调控下市场对资源配置发挥基础性作用的经济管体理制"。①在这个体制框架内，市场充当资源配置的基础这一点与西方市场经济国家基本相同，但西方市场经济国家通常不实行对市场的经常性宏观调控，也不常规性使用国有经济直接参与市场竞争的经济管理办法。正因为如此，在中国，这个难题在理论上应当是有解的。这个解既可以从中国特色社会主义及其基本经济制度中去找，也可以从中国特有的经济管理体制中去找。中国特色社会主义的核心是以人为本、保证和改善民生。而民生之本是就业。民营经济是中国就业的主要载体。保证和改善民生，首要的一条就是要保证和改善民营经济的生存和发展。尤其是劳动密集型企业和缺乏核心竞争能力的中、小、微型企业，往往困难更为严重。因此，在对中、小、微型企业的金融支持中，金融机构对于创新、创业型企业、劳动密集型企业应给予更多关注。为此，就要从体制上切实解决好民营经济融资难的问题。

首先，要通过制度设计和体制的改进，整合民间金融，开放中小金融市场，从制度和体制机制上解决县域银行、社区银行、村镇银行等区域性中小银行的设立和发展问题，由此建立有助于民营经济特别是中小民营经济融资便利的金融体制机制。2012 年 5 月 26 日，银监会颁布了《关于鼓励和引导民间资本进入银行业的实施意见》（以下简称《实施意见》），尽管该

---

① 胡锦涛：《在纪念党的十一届三中全会召开 30 周年大会上的讲话》，《人民日报》，2008 年 12 月 19 日第 1 版。

《实施意见》规定小额贷款公司可以转化为村镇银行，但规定村镇银行的主发起人依然是商业银行，虽然其持股比例由原来的不低于 20% 降低到 15%，但这实际上还是为民间资本创办真正的民营银行设置了制度性门槛。笔者认为，金融领域向民间资本开放仍有很大空间，如允许有资信的小额贷款公司可以成为村镇银行主发起人，商业银行作为主发起人，其持股比例可以不成为控股主体，等等。

其次，运用国家财力，设立政府财政支持下的中小经济贷款担保基金，鼓励非政府组织参与民营经济信用担保，降低民营企业抵押担保贷款门槛，提高民营企业抵押担保能力，从管理制度和体制上为民营企业融资提供更多便利，创造中国特色的中小企业融资便利新体制和新机制。

最后，改革现行银行制度，形成金融机构特别是国有大型金融机构支持中小微型企业融资的内生机制，支持符合条件的商业银行发行专项用于小型、微型企业贷款的金融债。完善现行资本市场上市选拔制度，为民营经济直接融资提供便利的通道，支持民营非银行金融机构的发展。继续对符合条件的中小企业信用担保机构免征营业税，制定防止大企业长期拖欠小企业资金的政策措施。

## 7.3 完善产业转移的体制机制，为民营经济聚集发展创造条件

产业转移广义上包括产业在当地的聚集和产业的异地迁徙。产业在当地的聚集即产业的集群化。经验表明，产业的集群化发展具有特殊的经济效应。一方面，产业集群化发展既不排除产业集群内同类企业间和不同企业间的竞争，又有助于加强产业集群内不同企业间的互补与合作，形成群体协同效应，创造企业生产成本降低优势、更高质量基础上的产品差异化优势、区域范围的市场营销优势，等等。另一方面，产业集群化发展，通过管理机构与企业间的相互作用，有助于形成区域产业创新系统，从而有

助于大幅度提升产业集群内各类企业的协同创新能力。[①] 不过，也必须看到，产业集群的发展同样是有边界的。Low 和 Abrahamson 等学者曾对产业集群演化过程进行研究并得出一个重要结论，即当产业集群发展到一定程度后，特别是达到成熟状态后，集群本身的发展就会自动进入一个新的调整阶段；否则，就难免出现产业集聚不经济现象。如果这种不经济现象不能通过技术创新加以克服，那么，产业集群的过度扩张反而会导致产业衰败，甚至造成产业毁灭。[②] 在这种情况下，处在产业集群内的企业会做出外迁选择，即将自己的产出能力转移到更有利于提升自身竞争力的地区，或者由此加入到新的产业集群之中。近年来，在中国许多地区尤其是东南沿海地区出现了一定程度和一定规模的企业迁移现象，特别是中小民营企业迁移现象。这些企业从东到西、由南向北的地域迁移，实际上是产业集群在空间上的更大调整。这种调整能否很快形成强劲、持续的竞争优势，[③] 主要取决于两大因素：一是从企业迁移到形成企业竞争力的周期长短；二是国家有关政策的推动及其力度。为了鼓励和支持产业的地域合理分布和通过产业集群有效提升民营企业的市场竞争力，防止企业大规模地转向东南亚一些"成本洼地"国家，当前需要着重做好以下几个方面的工作：

### 7.3.1 要尽快制定出民营经济产业转移规划

从当前中国经济发展的实际来看，结构调整和产业升级导致的经济空间布局的调整，其主要表现为：在东部沿海地区比较劳动生产率和市场竞争力逐渐下降的企业，开始向中西部和北部转移。在这个转移过程中，具有承接长江三角洲产业转移试验区功能的皖江城市群的批准和设立，是中国政府从经济发展战略高度，主动推进东部产业向中西部空间转移的一次新的尝试，具有极强的示范效应，意义十分深远。企业跨地区转移虽然是市场主导下的企业自主选择，但经验表明，即便是在成熟的市场经济国家，

---

① 魏守华、石碧华：《论企业集群的竞争优势》，《中国工业经济》，2002 年第 1 期，第 59—65 页。

② Low, M., & Abrahamson, E. Movements, bandwagons, and clones: Industry evolution and the entrepreneurial process. Journal of business Venturing, 1997, 12 (6): 435—457.

③ Poter, M. E. Clusters and new economics competition. Harvard Business Review, 1998 (11).

企业跨区域转移或空间布局的大范围调整，大都离不开政府的指导和政策支持。这既是当代市场经济发展日趋复杂化的必然要求，也是产业空间布局调整质量出现新的提升的一个重要标志。有鉴于此，在中国，根据民营企业空间布局调整的内在要求及其发展趋势，从国家区域开发的战略高度，制定既符合市场经济发展内在规律，又符合民营经济产业转移利益要求的国家产业转移规划，把民营经济产业转移上升到国家区域发展规划的高度，给予大力指导和政策支持，把企业层面的产业转移行为上升为国家层面的产业转移行动，并将其与国家主体功能区的建设和发展结合起来，将是一件具有重要战略意义的事情。制定国家层面的民营经济产业转移规划，不仅有助于大幅度提升民营企业转移效率，而且有助于大幅度提高民营经济产业转移的经济收益，有助于大幅度提升国民经济的整体竞争力。

### 7.3.2 鼓励民营经济产业迁移模式的创新

在中国，产业的跨地区转移初见端倪。但是，在这方面，中国的各类企业既无现成经验，更无现成模式。这就要求我们的广大企业特别是民营企业，既要学会积极借鉴发达国家的产业跨地区迁移经验，又要学会将这些经验本土化，并学会结合中国实际，创造出符合中国国情的产业跨地区迁移新经验，形成具有中国特色的产业跨地区迁移新模式。要特别注意总结各地推进产业跨地区迁移的经验与教训，更要允许先行先试地区遇到挫折、发生失败，同时要在这个过程中逐渐总结和形成一套中国产业跨地区有效迁移的政策支持系统，以此来更好地推动东部沿海地区比较劳动生产率和市场竞争力开始出现下降的产业顺利迁移到中西部和北部地区，达到重新振兴和有效提升这些原本具有很强竞争力的产业的市场竞争力。

这里需要进一步讨论的一个问题是，东部沿海地区比较劳动生产率和市场竞争力开始出现下降的产业，之所以发生向经济相对落后地区迁移的要求，究竟是由于这些产业失去了市场竞争力，还是由于这些产业试图找到提升自身技术和市场创新能力的新选择？经验表明，有能力从东部沿海地区迁移到中西部和北部地区的产业，通常大都原本是在东部地区就很有竞争力的产业，而不会是原本就没有什么竞争力的产业。也就是说，东部沿海地区经济向中西部和北部迁移，绝不意味着是一次东部落后生产力向中西部和北部地区的转移或甩卖，恰恰相反，它必须是东部沿海地区创新型企业的创新行为的继续和发展。因此，东部沿海地区民营经济向中西部和北部迁移的过程，不仅是产业迁移模式的创新过程，而且是企业组织、企业技术和企业参与市场竞争方式等各方面的创新过程。

### 7.3.3 要对实施产业迁移的民营企业给予必要补贴

东部沿海地区民营经济向中西部和北部迁移，是中国产业合理布局和生产力更大发展的客观要求。随着中国经济总量逐年增大，中国还能否创造更高的劳动生产率呢？这就提出了一个问题，即中国的更高的劳动生产率从哪里来？从东部沿海地区的民营经济向中西部和北部的迁移将成为一个重要动源。通过这种迁移，可以使已经出现比较劳动生产率和市场竞争力相对下降的企业重新形成更高的比较劳动生产率和市场竞争力，并由此创造出新的企业市场竞争力和新的社会生产力。有鉴于此，对试图实现产业迁移的企业特别是中小型民营企业，给予一定的产业迁移补贴，可能就是必要的和符合中国国情的。之所以需要政府对这类企业给予一定的产业迁移补贴，主要是因为企业迁移是有成本的，而且也必须是要由企业自己承担的。但是，由于这种迁移带有外部经济特征，它们从东部沿海地区迁移到中西部和北部地区，不仅会给中西部和北部地区带来新的就业，而且会给中西部等广大内陆地区带来经济的繁荣和财政收入的增加。因此，有必要给予实施和实际完成从东部沿海地区迁移到中西部和北部地区的企业以一定数量的财政性补贴，以便更好地推进这种迁移，并由此实现中国生产力布局的战略性大调整、广大企业特别是民营企业市场竞争力的战略性大提升和中国国民经济整体的战略性大发展。

## 7.4 加强自主创新能力与制度建设，破解民营经济转型升级困境

为民营经济发展提供良好的制度与政策环境是十分必要的；同时，民

营企业也需要通过加强自主创新能力和制度建设、民营企业家不断提高自身素质而增强企业的竞争能力。为此，我们提出以下建议：

### 7.4.1　强化民营企业自主创新能力建设

保罗·克鲁格曼的研究表明，技术进步导致的市场短期垄断，不仅有利于本国经济社会发展，而且这种技术进步还可以增加从经济全球化中的获利能力。[①] 也正是因为存在这样一种增益关系，企业才会通过积极开展技术创新以改进企业产品或提高企业生产工艺，并由此提升企业的市场竞争力，改变企业的市场生存环境，增加企业的额外收益。克鲁格曼的上述结论与熊彼特提出的企业愿意对易于取得市场垄断地位和产生垄断利润的新知识进行投资以及技术创新有助于推动国民经济不断向前发展[②]的观点相吻合。不过，必须看到，无论是克鲁格曼还是熊彼特，他们所讨论的仅仅是一般意义上的企业行为或者说愿望。实际上，在现实生活中并不是所有企业都有能力进行技术创新。来自中国社会科学院民营经济研究中心的一份研究报告就曾明确指出，不同行业和不同规模的民营企业，选择创新的形式和路径是很不同的。对于中国民营企业来说，尤其是对于中小民营企业来说，技术模仿可能是一种更有效率的技术改进形式。同时，该研究报告还曾明确指出，在中国现阶段，民营企业的技术创新环境仍然较差，这也影响着企业的技术创新及其创新形式的选择。[③]他们所说的创新环境，实际上就是克鲁格曼曾经分析指出的政府机构和税收对企业进行技术创新的影响。[④] 在当前中国的生产要素价格正在发生较为明显的相对变化，并且这种变化正朝着有利于民营企业技术创新方向发展的背景下，破解民营企业技术创新不足的难题及其实现更大发展的市场困境，需要着力加强以下几个方面的建设。

第一，要进一步加大鼓励、支持民营企业自主创新的制度建设力度。民

---

① ［美］保罗·克鲁格曼：《克鲁格曼国际贸易新理论》，中国社会科学出版社，2001 年，第 176 页。
② Schumpeter, J., Capitalism, Socialism and democracy, New York, 1942.
③ 刘迎秋、徐志祥主编：《中国民营企业竞争力报告——自主创新与竞争力指数 No.3》，社会科学出版社，2006 年，第 7–14 页。
④ ［美］保罗·克鲁格曼：《克鲁格曼国际贸易新理论》，中国社会科学出版社，2001 年，第 158 页。

营企业的技术创新需要国家有关制度和政策支持。进一步加强国家鼓励和支持民营企业自主创新的制度建设，说到底，就是加强国家的有关规章制度建设。修改和完善有助于鼓励和支持民营企业自主创新的各项规章制度，不仅表明的是国家的政策导向，而且表明的是国家的发展目标。通过颁布更多、更好的有助于民营企业自主创新的规章制度和政策，不仅有助于降低民营企业特别是中小民营企业的技术创新成本，而且有助于民营企业技术创新的常态化和可持续发展。当前，加强适应市场经济运行要求、能够有效推动民营企业自主创新的制度建设，首要的一条，就是要把民营企业技术创新纳入国家创新体系，并由此培育和形成与新兴产业和战略产业直接关联的经济技术创新体系。要在财税支持、技改立项、新品试制与申报等方面，给民营企业开展技术创新提供尽可能多的便利，更好地推进民营企业的技术创新，提升民营企业的长期市场竞争力。

第二，要进一步加大民营企业创新服务平台建设，有效整合民营企业创新资源。一般来说，民营大型企业的实力较强，其创新资源的市场整合能力也往往比民营中小企业强得多，从而更有能力开展更多和更大规模的自主创新。从这个角度看，通过运用市场规律促进民营大型企业开展自主创新，是合情合理、符合实际的。但是，对于民营中小企业来说，由于这类企业规模较小、资金实力和人力资本积累不足，其整合创新资源的能力也较弱。在这种情况下，单纯依靠市场调节，试图通过市场引导这类企业开展更多的自主创新，可能就不现实。这就要求我们的政府站在一个凌驾于社会的高度之上，建立一个既能够适合市场创新规律要求，又能够适应中小企业自身条件和特点的创新服务平台，达到有效整合民营经济创新资源、推动经济更好、更快发展的目的。这个平台建设可以考虑从两个方面入手：一是科研院所与经济间的联手，构建科研与应用的有效快捷结合机制，加速科研成果向现实生产的转化进程。二是建立产业创新联盟，通过创新联盟整合创新资源，为民营经济创新提供更多服务。要借助于市场机制的作用，以经济发展需要为主要基础，按市场发展的内在规律，将具有较高产业关联度的经济、大专院校和科研院所的有关专业性研究有机结合起来，搭建创新平台，形成创新联盟，开展集体攻关，促进中国民营经济自主创新实现更大发展。

第三，加强民营企业创新成果有效保护方面的法制建设。理论研究表明，技术创新的积极性及其大小，取决于创新者对短期技术垄断条件下的创新回报期望。[1] 因此，能否对创新成果进行有效保护，从而能否让创新者最大限度地获得创新回报（这种回报在市场上表现为短期技术垄断利润），实际上也就成了企业是否有积极性大力开展技术创新的制度性前提。力图让创新成果有更长的市场创利寿命，防止创新成果很快被他人"搭便车"利用，则是政府加大对企业创新成果有效保护的核心内容和关键环节。在这方面，加大知识产权保护力度，奖励经济创新，是政府的应有职责。加大知识产权保护的重点，是加大对技术创新"搭便车"行为的打击力度，从制度上彻底拆除鼓励"搭便车"的地方保护主义樊篱，加强和完善知识产权保护的法律制度建设及与其相关的法制体系建设。

第四，制定民营中小企业自主创新发展规划，并将其纳入国家创新体系中。各国发展的经验表明，创新需要投入，但敢于冒险开展创新的却常常是资金实力并不宽裕的中小企业。这就提出了一个问题，即在中国怎样更好地鼓励和促进民营企业开展自主创新、提升民营企业技术创新能力？在国家层面上制定一个有助于鼓励民营企业特别是民营中小企业自主创新的发展规划，并将其纳入国家创新体系，可能是一个明智的和有效的选择。长期以来民营企业行业低水平重复进入和恶性竞争的现象十分突出，妨碍了民营企业的自主创新，阻碍了民营经济的应有发展。因此，站在转变经济发展方式、调整经济增长结构的高度，有必要将民营中小企业自主创新及其发展上升到国家战略的层面，对其进行规划，将其纳入国家创新体系，形成民营中小企业自主创新长效体制机制，将中国民营中小企业创新及其发展提高到一个新的水平，为中国经济社会的更大发展奠定更为雄厚的经济基础。

第五，鼓励民营企业加大新产品开发力度，实现产品更新换代和产业转型升级。充分利用民营企业善于创新、勇于创新的天然优势，鼓励和引导各类民营企业进入战略性新兴产业等实体经济。鼓励民营经济实施品牌战

---

① ［美］保罗·克鲁格曼：《克鲁格曼国际贸易新理论》，中国社会科学出版社，2001年，第159页。

略，不断提高产品质量和服务水平。民营企业要通过加大设备更新、人力资源开发的力度，提升自身的技术素质。

### 7.4.2 促进民营企业制度转型

根据中国社会科学院民营经济研究中心于 2007 年对浙江、江苏、北京、辽宁、山东、湖北、云南、河北、福建、上海、广东 11 个省市的问卷调查，我们发现在 1325 份有效问卷中，民营企业可分为五种类型，分别为有限责任公司、独资企业、股份有限公司、合伙制企业和股份上市公司。

表 7-1    1325 家民营样本企业的制度形态

| 企业制度形态 | 数量（家） | 百分比（%） |
|---|---|---|
| 独资企业 | 46 | 3.47 |
| 合伙制企业 | 16 | 1.21 |
| 有限责任公司 | 1110 | 83.77 |
| 股份有限公司 | 144 | 10.87 |
| 股份上市公司 | 9 | 0.68 |
| 合计 | 1325 | 100.00 |

资料来源：中国社会科学院民营经济研究中心数据库（2007 年）。

在这 1325 家企业中，约有 95.32% 的企业采取了股份制的制度模式，但从控制权的角度看，这些企业又具有高度家族控制的特点（如表 7-2 所示）。

表 7-2    1325 家民营样本企业家族控制状态

| 企业主本人及其直系亲属所占股权比重 | 数量（家） | 百分比（%） |
|---|---|---|
| 低于 30% | 200 | 15.09 |
| 30%~50% | 187 | 14.11 |
| 50% 以上 | 938 | 70.79 |
| 合计 | 1325 | 100.00 |

资料来源：中国社会科学院民营经济研究中心数据库（2007 年）。

由以上两表可知，目前我国民营企业占绝大多数采取了有限责任公司和独资企业的制度形式，二者相加占到总样本的 87.24%。而在采取股份制的企业中，企业主本人和他们的直系亲属所拥有的股权份额占压倒性多数。以占股比重 30% 以上计，累计达到了 84.9%。由此可见，一方面，民营企业越来越愿意采取股份制模式，但另一方面这种股份制实质依然是家族制，而并不是多元化和开放式的现代企业制度。尽管这种制度在企业的早期解决了融资、人力资本和人力资源获取等方面难题，但家族企业固有的封闭性、任人唯亲、非规范性等弊端日益成为这类企业发展的制度障碍。显然，大多数民营企业面临着制度转型的重任。为此，我们提出如下对策建议：

第一，推动所有权与经营权有效分离。家族式企业最大特点是经营者与所有者合二为一。当企业发展到一个更高阶段时，企业的所有者要考虑所有权和经营权的有效分离。创业者要有急流勇退的精神，要善于将最好的人才引入企业，以此来推动企业的发展。

第二，打破任人唯亲的用人体系。家族企业要努力克服在选人用人问题上的"先家族而后外人"的落后观念，改变子承父业的传统模式。要更多地通过市场化的方法选聘人才特别是高层管理人员。

第三，建立公平、有效的用人机制。企业的所有者和管理者要主动地在企业内部构建起一个公平竞争的人才市场，要善于考虑企业员工的各种需求，要让更多的人有机会参与进来，以充分展示自己的才能。当然，也要根据企业的发展阶段适时地调整企业的用人机制。

第四，健全激励机制。公司治理理论认为，物质激励是企业最基本的激励机制，这包括工资、奖金、津贴、福利等。企业应根据员工的实际物质需求状况，不断丰富物质奖励手段。精神激励主要是荣誉激励，实践证明，它能在较高层次上调动员工的工作积极性，其激励程度更高，维持的时间也比较长。企业可以通过授予管理者、技术骨干甚至普通员工恰当的荣誉和权力，满足他们参与企业管理的愿望，使他们爆发出强大的工作热情和动力。

第五，鼓励民营企业勇于承担社会责任。近年来，因为一些民营企业唯利是图而造成的公共事件越来越多，包括制假售假、以次充好，恶意排污，恶意拖欠工资、逃废债务，等等。究其原因主要有两个方面：一是一些企业在成本不断上升的背景下，为了维持生存，不得不出此下策；二是一些地方政府出于自身利益而纵容和庇护当地企业的不法行为。但最重要的恐怕是一些民营企业家缺乏社会责任感和法制观念淡薄。为此，我们建议，应加强对民营企业家的伦理与法制的教育，不断提升企业家的社会责任感；转变政府职能，强化政府的监督、执法功能，充实各类督察机构的力量，加大执法力度；同时还应鼓励并帮助民营企业的员工主动维权，鼓励广大民众对非法经营的企业行为实施监督和投诉；要鼓励各类媒体积极发挥监督作用，要为那些敢于揭露制假、售假等不法行为的媒体工作者撑腰打气。

### 7.4.3 民营企业家应不断提升自身素质

企业家是企业的战略性核心资源，企业是否具有核心竞争力在一定程度上取决于企业家的创新能力。民营企业家要善于从无谓的事务中解放出来，要通过在企业内部建立合理的治理结构并进行科学授权，为自己腾出一些修身养性的时间，专心于提升自身的创新能力。应尽快建立专业的人才素质测评机构，建立正确的民营企业家绩效评价机制，合理评价民营企业家的素质与经营业绩，统一对民营企业家素质的认识，树立科学的高素质导向。要加强对民营企业家的专业培训，如包括经济学、管理学、法学和社会伦理学在内的基础知识的教育和培训，包括企业家理念的更新、专业技术及其发展趋势，甚至国际国内经济与政治最新动态等多方面的信息输送。要不断提高民营企业家的社会地位，保护其合法权益。通过建立和完善职业经理人市场而加快民营企业家队伍的职业化建设。

# 8. 资源能源体制改革

能源管理体制作为经济管理体制的重要组成部分，需要与时俱进，加快转型步伐。从转型的一般意义来看，建立与成熟市场经济体制相适应的能源管理体制，是为了促进能源产业的有效竞争和先进生产力的发展，提高市场效率和能源普遍服务水平、保障能源安全、增进社会福利。从我国的实际情况来看，建设与成熟市场经济相适应的能源管理体制，既要具有一般市场经济的共性，也要体现本国国情；既要适应宏观经济体制总体要求，也要反映部门特点和产业发展的需要。本文首先总结了市场经济国家的能源管理体制及其演进，能源管理体制的基本特征，并归纳了三种能源管理体制的模式。其次分析了中国目前的能源管理体制所面临的问题。最后在经验借鉴和问题分析的基础上，提出了我国能源管理体制改革方向和重点。

## 8.1 以英美为代表的市场经济国家能源管理体制的基本特征

近年来，发达国家进行了一系列能源管理体制改革，尽管这些国家的政体与我国有着根本的不同，但是研究其能源管理体制的演进规律和基本特征，为我国建立成熟市场经济下的能源管理体制具有重要的借鉴意义。

### 8.1.1 能源管理体制根据发展需求适时进行调整

管理体制的变革是根据能源产业的发展需求和宏观经济管理调整进行

的。以欧美为代表的市场经济国家，其能源管理体制的演进大体上经历了从无序到管制，由管制到自由化，由自由化到寻求参与全球治理的过程。英美能源管理体制大约经历了以下四个阶段：

第一阶段，能源市场的自由竞争阶段，能源管理体制缺位。在这一阶段，私人企业以追逐利润最大化为目标，依托新技术的发明、新产品或新服务的开发，进入到新兴的能源产业中，如美国19世纪中后期石油产业的大发展。这一阶段的能源产业竞争非常激烈，甚至发生价格战，在一些情况下，还会发生重复建设和共谋等问题。在这一阶段，能源管理体制尚未有效建立，竞争仍处于无序状态，产业发展问题逐渐显现出来。

第二阶段，能源市场的一体化或垄断阶段，能源管理体制建立。随着能源产业规模经济性的不断显现，能源产业开始向一体化或者垄断阶段过渡，这种趋势在各主要能源产业，特别是石油、电力产业表现得十分明显，石油产业中的大型企业正在形成，如美国的洛克菲勒，而全世界的电力产业都采取了纵向一体化。在世界范围内，这种过渡呈现出两种模式：一是欧洲模式，即国有化模式；二是美国模式，即规制模式。在美国模式下，能源产业仍保留私人所有制，但是企业利润要受到政府的规制。两种模式都促进了能源产业的发展，但由于政府失灵或者规制失败，这一阶段的发展趋势也受到了许多质疑。

第三阶段，能源市场改革和产业重组阶段，能源管理体制随之调整。这一阶段大致从20世纪70年代末80年代初开始，一直持续到进入21世纪，重要的能源产业都经过了重大的改革和重组，尤其以电力产业的变革最为显著，这些改革与重组的主要方向是打破一体化和垄断结构，放松政府管制，并推行私有化。与之相对应的是，能源管理体制也以放松管制力度、促进产业竞争为主要导向，但是这一改革和重组潮流也面临着新的重大问题，即能源供给和能源安全问题。

第四阶段，能源市场的全球化特征更加突出，政府干预再度强化，能源管理体制出现新特征。进入21世纪之后，这些特征逐步强化。随着对能源问题认识的不断加深，环境保护、能源安全和可持续发展越来越成为各国能源发展的重要议题。同时在全球化背景下，国际能源市场的竞争已经越来越成为各国综合国力的角逐。政府对市场的干预已经不仅仅是市场运行的需要，更是保障国家能源安全的要求。能源管理体制上升到参与全球能源治理的高度。

### 8.1.2 能源管理体制以促进竞争的法律为基础

成熟市场经济是法治经济。法律制度不仅能够保障基本的市场经济原则的执行，而且还需要针对能源产业的具体特点，建立专业性的监管法律体系。国外发达国家成熟能源管理体制的法律基础可以分为两个层面：一是反垄断法体系；二是监管法律体系。两大体系虽然地位和职能存在差异，但其根本目的都是维护能源市场的有效竞争和高效运行。

反垄断法被喻为经济宪法，发达国家的能源市场发展同样以反垄断法为基础。尽管不同国家反垄断法体系的模式存在差异，但在市场经济中的地位却是相同的，即市场经济的根本法。西方国家的反垄断法体系相对比较完善，从而为能源市场的有序运行提供了有力保障。美国的反垄断法也称为反托拉斯法（Antitrust Law），它不是一部独立的法律，而是由多部法律构成，其基本法律有三部：1890 年颁布的《谢尔曼法》、1914 年颁布的《克莱顿法》和《联邦贸易委员会法》。欧盟的反垄断法则称为欧盟竞争法（EU Competition Law），也不是一部独立的法典，而主要是由《欧共体条约》第 81 条、第 82 条和 《理事会关于企业之间集中控制条例》、《关于委员会执行条约第 81 条、第 82 条的程序的第 773 号/2004 号条例》等所确定的规则构成的体系。反垄断法体系从根本上保护了能源市场公平竞争的秩序，促进了有效竞争格局的形成。

针对能源产业监管的专业性和复杂性，以及能源产业所固有的产业关联度高的特点，西方国家往往也建立起完备的能源监管法律体系。以美国为例，早在 1906 年就制定了第一部能源法《Hepburn 法案》，这也是第一部规制石油产业的法案；1920 年出台了《联邦电力法》；1938 年又制定了《天然气法》；此后又陆续制定了《原子能法》、《菲利普斯决议》、《天然气政策法》、《1978 年公用事业监管政策法案》、《2005 年能源政策法案》等法律法规。类似地，加拿大政府依法对能源的开发和利用实行监管，先后制定了多项法律法规，形成了较为完备的能源监管法律体系。其中主要的法律有《国家能源委员会法》、《能源管理法》、《石油和天然气操作法》、《环境评价法》、《石油资源法》、《竞争法》等。此外，加拿大的国家能源委员会和相关各省也都制定了一些法律法规，如《陆上石油天然气管道条例》、《管道仲裁委员会处事规则》、《管道公司资料保护条例》等。此外，像英国、德国、法国、日本、韩国等欧亚国家在能源监管立法方面做了大量工作，形成比较完备的监管法律体系。这些监管法律体制在维护主要能源市场的稳定运行上，在保障能源供给上发挥了重要而积极的作用。

### 8.1.3 能源管理体制以市场机制为前提

欧美的能源管理体制是根据其完善的市场机制设立的。只有完善的市场机制才使得政府和企业职责分工明确，政府在发挥市场配置资源的主导作用的同时找到自身的定位和职责。市场机制中最重要的定价机制。完善的价格机制不仅对能源投资和能源技术创新发挥引导作用，而且可通过能源市场证券化获得超额利润。英美两国目前拥有对世界能源价格影响最大的交易所，对石油、天然气和煤炭等大宗产品的定价发挥重要的影响作用，因而在对全球能源治理中也占有绝对优势。

市场机制在能源管理体制中的前提作用体现在对监管的需求上，即监管是根据市场机制的需要而设立的，政府对能源市场的干预要依市场而定。过度的干预会损害能源市场和消费者的整体利益。以美国为例，美国联邦政府大规模地干预能源市场始于20世纪30年代，并持续到70年代。然而这一时期的许多政策出现了过度干预的问题，从而导致这些政策影响到了美国能源市场的稳定，制约了有效竞争，抑制了国内投资，从而减少了国内产量，进而影响了消费者的利益。这些问题也就引发了80年代开始世界范围内，放松规制和加强市场基础性作用的改革浪潮。

总之，能源管理体制的建立和完善要适应市场机制的运行。换言之，市场缺陷的存在要求必须建立能源管理体制。首先，确保整体和长期利益。以石油为例，地表的所有权与地下油藏的分界线往往不完全匹配。如果无法有效确定油藏的财产权机制，那么油藏的投资者往往只关注短期利益，进行掠夺性开发。其次，石油市场的短期价格弹性较小，市场对供求的变化无法迅速作出反应，这种便利繁荣和萧条交替出现，损害整体经济，这就需要政府予以适当宏观调控。再次，石油、煤炭和天然气是大宗商品，相对而言，国内生产商较难享有稳定收入，这就需要政府对国内产业进行适度保护。最后，由于不同产地或不同来源的能源生产商的成本差异明显，所以，如何保证公平的竞争环境也就成为政府需要关注的重要问题。因此，无论从保证市场运行还是弥补市场缺陷角度看，国外的能源管理体制均是以市场机制为前提导向的。

### 8.1.4 能源管理体制以监管为核心

成熟市场条件下政府不直接干预企业经济活动，能源管理体制以完善的市场机制为前提，宗旨是维持公平的市场竞争，制定准入规则和行业行为规范，保护消费者的权益，其核心是市场监管。成熟市场经济国家的能源监管往往具有较高的独立性和透明度。以美国的联邦能源监管委员会（FERC）为例，其前身联邦电力委员会在 1920 年还不具有独立性，但在1935 年被改组为独立监管机构后，虽职权历经调整，但独立性一直牢不可破。FERC 已经成为美国最强大的独立监管机构。保持监管的独立性，在于避免政府机构或者大企业过分地影响监管过程。不过监管独立并不意味着监管措施独立于政府制定的相关政策（如产业和贸易政策等之外），而是指监管机构在执行监管工作时不受政府的行政干预，但监管方向一般会与政府的政策方向保持一致。采取独立市场监管，可以避免非独立监管中存在的规制俘获等问题，从而提高监管效率。明确的法律规定使得监管具有较高的透明度。美国法律规定监管机构的权限，并清晰界定权责范围。在实施监管措施时，监管机构能够向社会公众介绍其目标、流程、工作记录和相关决策，并对决策的制定过程做出解释。透明性要求的是法律框架及机构运行的合理性。与透明性紧密相关的是能源管理体制的明确性，这一特征要求监管机构的工作必须体现法律的意志。立法机关不仅要负责委任执行市场监管工作的机构，而且也要为该机构工作的实施推进制定明确的原则。

## 8.2　能源管理体制的三种模式

在成熟市场经济国家中，与能源管理相关的政府职能界定比较明确，并有完善的政府机构设置。由于各国的能源禀赋和经济发展阶段不同，因此，各个国家能源管理体制的具体机构设置也存在差异。目前理论和政策研究主要集中于专业市场（油、电、煤、气）的监管模式，对整体能源管理体制的比较研究还不多，结合国内外已有相关研究如董小君（2008）等，及国外主要国家的现行能源监管体制，可以归纳出三种比较典型的能源管理体制。

### 8.2.1　政监分离模式

政监分离模式在国家层面设有最高管理职能的能源管理部门，同时设立若干专业性的规制机构对具体的产业或具体的问题进行监管。这些专业性的监管机构具有很高的独立性，其工作不受能源主管部门的行政干预。采用政监分离模式的国家主要是地域辽阔、资源相对丰富的发达国家，如美国、加拿大和澳大利亚等。

以美国为例，在联邦层面，美国能源部（Department of Energy）是美国联邦政府的能源主管部门，对美国能源产业拥有最广泛的管理权，其主要负责制定和实施国家综合能源战略和政策。同时在能源监管领域，美国设有联邦能源监管委员会（它同时授权北美电力可靠性公司，即 NERC 行使部分电力监管职能）。NERC 是一个独立监管机构，它的决定由联邦法院审议，而非美国总统和国会。委员会的主要职责是负责依法制定联邦政府职权范围内的能源监管政策及实施监管，具体包括监管跨州的电力销售、批发电价、水电建设许可证、天然气定价和石油管道运输费，还负责批准和许可液化天然气接收站、跨州的天然气管道和非联邦的水电项目。此外，在能源和电力产业的具体管理领域，美国也设有专门的规制机构行使相应职能。主要的机构包括：核管理委员会（NRC），海洋能源管理、监管和执行局（BOEMER），化学安全与危险调查局（CSHIB），环境保护署（EPA），矿山安全和健康管理局（MSHA），国家标准与技术研究所（NIST），地表采矿、复垦和执行办公室（OSMRE），职业安全与健康管理局（OSHA）。

加拿大也是采取这种模式，自然资源部是加拿大联邦政府的能源主管部门。其使命是确保能源发展与环境、社会目标的协调，促进可持续和可替代能源的发展，构建全面的能源监管体制框架。为了确保国家能源政策的落实和能源的有效利用，加拿大联邦政府早在 1959 年就建立了国家能源委员会，负责对加拿大联邦政府职责范围内的石油、天然气、电力行业实行监管。该委员会的主要职能包括：①市场准入许可和收费；②市场分析和咨询；③制定能源监管的政策目标和具体的监管政策。该委员会隶属于自然资源部，通过自然资源部长向议会报告工作。但它是一个相对独立的机构，不受自然资源部的行政领导，自然资源部各职能部门也不得干预其工作。

澳大利亚同样采取这种模式，澳大利亚联邦政府管理油气资源的部门主要是澳大利亚工业、旅游和资源部，同时设有能源部长理事会。能源部长理事会是澳大利亚政府委员会的国家能源政策组织。该理事会是监管澳大利亚能源市场的国家政策和治理主体，包括电力和气体资源。它的职责是制定有效的能源政策来应对能源领域的机遇和挑战，并确保国家能源政策的可持续发展。为了提高监管水平，澳大利亚能源部长理事会下设了一个专业的能源监管机构：澳大利亚能源监管机构（the Australian Energy Regulator）。能源部长理事会和能源监管机构的成立，形成了澳大利亚新的能源监管机制，能源部长理事会主要负责能源政策制定和管理，能源监管机构主要负责市场监管和市场发展，这个监管新机制综合了联邦政府、不同的州和领地监管机构、澳大利亚竞争和消费者委员会、国家电力市场安全委员会、国家电力法执行有限公司、国家竞争委员会的能源监管职能，形成了监管分离的政策制定和执行模式，建成了覆盖全国的能源监管体系，在地方政府和领地政府大部分都有单独的能源监管机构和能源部长理事会的成员。

### 8.2.2　转型过渡模式

转型模式是指从原来比较松散的能源管理体制向集中型体制过渡的模式，这种模式的特点是将分散的能源管理权向中央集中，但往往在行政和监管之间的界限并不明晰。以转型模式为代表的国家主要有俄罗斯和印度等。

俄罗斯自苏联解体后便将能源作为经济重新崛起和发展的重要支点。为此，俄罗斯一直致力于制定有效的能源战略，加强能源管理。俄罗斯联邦 1991 年成立能源部，1993 年能源部改组为燃料动力部，其主要负责协调石油行业的管理工作。2000 年燃料和动力部又被改组成动力部，负责俄罗斯联邦石油和天然气的管理重任。从总体上讲，2004 年以前俄政府将自由化视为能源政策的主要内容，但是自 2004 年普京连任俄总统以后，随着国际能源市场形势的变化，俄罗斯也随之调整了能源政策的方向，国家对能源工业特别是石油资产的控制不断加强。为了最大限度地有效利用资源和能源潜力，2003 年俄罗斯政府制定了《俄罗斯联邦 2020 年前能源发展战略》。俄罗斯能源政策的发展目标是：最大限度地有效利用资源和能源潜力，促进经济增长和提高国民的生活水平。国家能源长期优先发展战略方向是能源和生态安全问题以及能源和预算的有效性。

长期以来，印度实行高级别分散型的能源管理模式，设有煤炭部，这与我国计划经济时期的能源管理模式相似。20 世纪 90 年代以来，印度经济改革不断拓展和深化，经济实现持续强劲增长。现在印度已成为世界经济增长的主要亮点和主要的新兴大市场之一。随着其经济规模的不断扩大，印度对能源的需求与日俱增。然而，印度自身能源十分匮乏，每年需耗费巨额外汇进口能源。能源问题已成为制约印度经济发展的最大"瓶颈"。近年来，印度政府特别重视对能源部门的统一领导，不仅设立了石油天然气部，而且考虑建立一个由电力部、煤炭部、石油天然气部、原子能部和计划委员会的功能部委组成的最高能源委员会，协调能源部门各方以及之间的目标，并使国家能源政策得以有效贯彻。这是印度确保经济长期强劲增长和实现争当世界大国目标的关键举措。

### 8.2.3　集中型模式

集中型模式是指能源管理职能主要集中于政府部门手中，虽然也可能设有专业性的能源监管机构，但监管权限相对较小，主要起补充配合的作用。采用这一模式的国家主要是地域较小，资源匮乏的发达国家，如日本、韩国等。

日本政府对能源实行低级别集中型能源管理模式，能源管理工作主要由政府内设机构来承担。经济产业省是日本政府的能源主管部门。日本经济产业大臣负责能源管理工作，具体职责主要有：编制能源基本计划草案，谋求内阁会议的决定；制定关于促进新能源利用的基本原则并予以公布，制定或修改新能源利用方针；听取综合能源调查委员会的意见，制定新能源利用目标；统一管理电力、天然气、石油等的市场运作，如许可、取消许可、编制相关能源计划等。经济产业省下设若干职能部门，如资源和能源厅、核能和工业安全厅等，分别管理与能源相关的某一和某些方面的事务。厅下再设若干部、处负责管理相关的具体事务。

除了专门的管理机构之外，日本政府还设立了能源管理协调机构，如能源咨询委员会、新能源和工业发展组织、日本核能安全委员会等。另外，日本政府还通过一些行业监管机构行使能源方面的监管职能。以日本电力系统利用协会为例，它是一个电力业务监管机构，主要承担电力系统各种规则的制定和监管任务。

韩国实行的是国家集中型能源管理模式。产业资源部是韩国政府的能源主管机构，负责对全国能源政策的制定、国内外能源开发、市场运行、节能、替代能源、能源安全等进行专门管理。主要职责是制定综合性的能源政策及与能源、资源相关的计划。产业资源部下设的能源资源政策总部、能源资源开发总部、能源产业总部分别主管韩国能源的政策制定、勘探开发和产业运营。此外，产业资源部还设立了一些专门性的委员会，承担能源政策与技术的审议和研究工作。

除产业资源部外，韩国国家能源委员会、科技部、韩国能源管理公团和一些隶属于产业资源部的大型国有能源企业也具有部分能源管理职能。

国家能源委员会是韩国能源管理的最高议事机构，由总统担任委员长。科技部主要负责核工业的审批、立法和监督。韩国能源管理公团是韩国主要的能源服务机构，其服务宗旨是促进提高能源效率和能源安全。该公团的主要任务是具体执行国家节能计划和组织提高企业及社会的能源利用效率。

## 8.3 中国当前能源管理体制存在的问题

### 8.3.1 能源法律体系建设逐步完善，但滞后于管理体制和产业发展的需要

自新中国成立以来，中国能源法律体系建设大致经历了三个阶段，分别为 20 世纪 50 年代到 80 年代初期计划经济体制下能源法律建设，20 世纪 80 年代初到世纪末计划经济向市场经济过渡期的能源法律建设，以及 21 世纪以来市场经济条件下的能源法律建设。截至目前，中国已制定出《电力法》、《煤炭法》、《节约能源法》和《可再生能源法》4 部单行法，《矿产资源法》、《环境保护法》、《循环经济促进法》等 30 多部相关法律，《乡镇煤矿管理条例》、《中华人民共和国煤矿安全监察条例》、《电力供应与使用条例》、《对外合作开采海洋石油资源条例》、《电网调度管理条例》等多个中央及地方行政法规、规章，并批准和签署了《联合国海洋法公约》、《联合国气候变化框架公约》、《京都议定书》、《及早通报核事故公约》和《核材料实物保护公约》等多项国际条约，基本上形成了纵跨宪法、能源法律、行政法规、行政性规章、能源标准、国际条例等八个层面，横跨煤炭、石油天然气、电力、可再生能源、原子能、节能六个子系统的能源法律体系。

能源法律体系的不断健全和完善，为中国能源开发、生产、利用和管理提供了法律依据和保障，同时还有效地推动了技术创新，促进节能产业发展，为实现能源、经济和环境的可持续发展发挥了重要的作用。然而，相比于西方发达国家成熟完备的能源法律体系，中国现有的能源法律体系还存在着很多问题，而且随着改革的不断深化以及能源工业的快速发展，能源问题和环境问题的不断凸显，这些问题更是日益明显。其主要表现在：

### 1. 结构不健全

能源法缺位。作为能源基本法，能源法在整个法律体系中起着统领全局的作用。中国目前仅制定出了《能源法》（征求意见稿），但尚未正式推出。能源基本法长期缺位使得国家重大政策的制定缺乏必要的法律依据，各个单行法的修改也由于缺乏统筹协调和统一的指导原则而进展缓慢，这些都严重影响了能源工作的统一性、协调性和稳定性，大大降低了能源管理的效率。

部分领域缺乏相应的法律。石油、天然气和核能是中国主要的能源消费品种，而且未来随着低碳经济的转型和发展，其在中国能源消费结构中将会占据越来越重要的地位。但目前中国还没有在这些领域内制定出相应的单行法，同时也缺少天然气供应法、热力供应法等能源公共事业法，缺乏对能源产品销售、服务的规范，这些都使得中国在石油、核能等重要能源领域的建设、管理和运营不能有效规范和依法监管。

### 2. 内容不健全

与市场经济发展不相适应。能源法律法规制定具有一定的时代性，中国目前实施的能源法律法规多是在计划经济向市场经济过渡时期制定的，由于在制定之初对市场经济理解不够全面和深入，使得部分能源法律法规仍带有计划经济的色彩，部分法律内容也已与现阶段市场经济发展不相适应。如《电力法》中缺少有关电力交易规则、电力形成机制、电力建设的规定，《煤炭法》中也有诸多内容已无法适应当前煤炭工业的发展，需要尽快对其进行修改和完善。

缺乏相应配套法规、措施和标准。中国能源法律法规制定过于原则，可操作性比较差，必须配套以相应细则、标准才能得以实施，但目前仍有很多法律法规缺乏必要的实施细则和配套法规。如《煤炭法》中对煤矿安全生产、合法经营等问题就缺乏相应的配套法律法规；《节约能源法》中与之对应的机构设置、资金保障、强制手段、财税激励措施等必要的支撑条件薄弱甚至缺位；《可再生能源法》相应的实施细则也并未及时推出等。

### 3. 缺乏协调性

中国能源行业具体业务的规定分散在效力等级不同的法律、行政法规、地方性法规和部门规章之中，由于缺乏统一的指导原则，各个法律法规之间缺乏必要的衔接，使得不同层级的法律法规在同一业务的设定方位、管理权限、具体实施细则等方面存在着不相一致的情况。如根据《政府核准的投资项目目录（2004年本）》和《企业投资项目核准暂行办法》，电力项目建设许可（核准）具体实施机关是国务院投资主管部门（国家发展改革委）和地方政府投资主管部门，而根据《电力监管条例》，电力业务许可实施机关却是国家电监会。

**4. 有法不依，执法不严**

能源行业事故频发，除因能源行业自身的高危性外，主要原因还包括现有的法律法规对于一些违规行为恶劣、无视规章制度的企业缺乏震慑性处罚手段，企业违规成本低，执法机构监管缺位，执法不严等。

## 8.3.2 市场机制建设进展缓慢，宏观调控微观化

健全的市场机制是成熟的市场机制核心。改革开放以来，我国经济管理体制由有计划的市场经济逐步过渡到社会主义市场经济体制，并进行了投资、财税、价格等一系列经济制度的改革。能源行业虽然也进行了相应的改革，但一些领域和一些行业改革进展缓慢，政府和企业界限不清，政府对能源经济活动有较强的干预，而企业的一些活动往往以国家利益的名义，企业亏损要求政府"埋单"。具体问题如下：

**1. 市场准入以行政审批为主**

所谓市场准入，是指政府基于公平、效率和安全等问题的考虑，对进入某领域和市场的主体或活动进行规制。常见的市场准入方式包括许可、审批和制定标准等。其中许可分为一般许可和特殊许可，特殊许可又分为立法特许和行政特许。审批，是指有关部门对企业或其他主体从事特定市场经营活动进行审查并作出是否允许的行政决定。较之于许可而言，审批中行政机关的自由裁量权更大。

以往中国能源行业主要采取的是审批的准入方式，2004年，《国务院关于投资体制改革决定》将能源行业项目审批制更改为核准制。核准制是行政许可的一种，是政府从维护经济安全、合理开发利用资源、保护生态环境、优化重大布局、保障公共利益、防止出现垄断等方面，对不使用政府资金

的重大建设项目和限制类项目进行审查核准，而项目的市场前景、经济效益、资金来源和产品技术方案等均由企业自主决策、自担风险，政府不再对其进行审批。表 8-1 为我国能源各行业市场准入情况介绍。

表 8-1 能源行业市场准入方式

| 行业 | | 准入方式 | 准入机构 |
|---|---|---|---|
| 电力 | 火电站 | 核准 | 国务院投资主管部门核准 |
| | 水电站 | 核准 | 总装机容量 25 万千瓦以上由国务院投资主管部门核准，其余由地方政府投资主管部门核准 |
| | 风电站 | 核准 | 总装机容量 5 万千瓦以上项目由国务院投资主管部门核准，其余由地方政府投资主管部门核准 |
| | 核电站 | 核准 | 国务院 |
| | 电网 | 核准 | 330 千伏及以上电压等级工程由国务院投资主管部门核准，其余由地方政府投资主管部门核准 |
| 煤炭 | 煤矿 | 核准 | 国家规划矿区的煤炭开发项目由国务院投资主管部门核准，其余由地方政府投资主管部门核准 |
| | 煤炭液化 | 核准 | 年产 50 万吨及以上项目由国务院投资主管部门核准，其余由地方政府投资主管部门核准 |
| 油气 | 原油 | 核准/备案 | 年产 100 万吨及以上新油田开发项目由国务院投资主管部门核准，其余由具有石油开采权的企业自行决定，报国务院投资主管部门备案 |
| | 天然气 | 核准/备案 | 年产 20 亿立方米及以上新气田开发项目由国务院投资主管部门核准，其余由具有天然气开采权的企业自行决定，报国务院投资主管部门备案 |
| | 液化石油气接收、存储设施 | 核准 | 由省级政府投资主管部门核准，进口液化天然气接收、储运设施由国务院投资主管部门核准，国家原油存储设施由国务院投资主管部门核准 |
| | 管网 | 核准 | 跨省（区、市）干线管网项目由国务院投资主管部门核准，年输气能力 5 亿立方米及以上项目由国务院投资主管部门核准，其余由省级政府投资主管部门核准 |

行政许可是发达国家能源领域普遍采用的市场准入方式，中国推出核准制取代审批制，其目的在于厘清政府和企业职责，简化流程，规范政府和企业投资行为。然而，在实际操作中，核准制仍然更多地表现为一种行政审批，而且相比成熟发达国家的行政许可，这种行政审批存在着诸多问题，其主要表现为：

所有制歧视。"非公经济 36 条"允许非公资本进入到电力、石油等领域，"新36条"也大力鼓励民营、外资企业进入能源领域，但考虑到能源的生产、利用攸关国民经济安全和社会稳定，再加上民营企业自身存在着技术低、融资困难等问题，相关行政机构在进行资格审查、项目核准时，往往倾向于大型国有企业，对民营企业、外资企业实现了较高的准入标准，形成进入壁垒。再加上能源价格仍为政府宏观调控工具，国有企业行政垄断，民营、外资企业即便是进入能源行业，也因为缺乏必要的利益保障而纷纷退出。以石油行业为例，根据《矿产资源法》规定，国家授权中国石油天然气集团公司、中国石化集团公司、中国海洋石油总公司从事陆上及海上油气资源的勘探开发，特许以外的企业禁止入内，而在原油的进口方面，即使获得非国有贸易配额，民营企业进口的原油也并不能在市场上自由销售，而必须在中石油或中石化出具排产证明之后，海关才予以放行，铁路部门才会给予安排运输计划，在这种原油开采和进口都归三大石油公司所有的制度安排下，民企生存空间有限。

缺乏统一准入制度。《国务院关于投资体制改革决定》规定了核准机构，但并没有具体设定权限、职责、准入标准。而且由于能源管理权限分散于多个部门，审批程序不规范、不透明，这一方面导致项目审批缺乏统一的规划，如在部分风能资源富集区，风电项目规划主要依照当地风能资源情况确定，地方政府为了满足5万千瓦的审批条件，将适合集中开发的风电项目化整为零，大量小规模风电场接入低压电网，导致部分输变电设备出现过载现象，增加了电网安全运行风险；另一方面导致不同地区准入差异性大，地方政府为了推动地方经济的发展，借机推行地方保护主义，造成一些不合格的企业或产品的进入，市场混乱，产能过剩，资源浪费严重。如风电项目发展初期，由于缺乏统一的准入标准，各地政府普遍采取了较低的准入门槛，有的地方政府甚至规定风电项目必须使用项目所在地风电设备制造企业生产的设备。

审批程序复杂，企业风险加大。核准制将审批制时期《项目建设书》、《可行性研究报告》和《开工报告》三个环节，缩减为《项目申请报告》一个环节。其目的在于简化流程，但实际情况却是，企业必须获得项目建设的所有行政许可，投资主管部门方才会予以核准。也就是说，核准制实际上是将一家审批改为多家审批。审批环节增多，过程复杂漫长，项目的风险增大。以电力项目为例，项目申请单位必须经历加大前期工作深度，获得"路条"（为了防止重复投入，有关部门设置的"同意开展前期工作"的批复），获得多个部门的行政许可，再到最后核准的多个环节审批过程，任何环节出现问题都有可能导致前期人力和物力的浪费，企业投资风险加大。而审批过程漫长复杂又导致了大批项目未批先建，边批边建，违规项目成为常态。根据电监会《2012 年上半年电力市场准入监管报告》，截至 2012 年 6 月，全国单机 100 兆瓦以上未核准发电项目约 100 个，装机容量约 35000MW，部分新建风电机组暂不满足许可条件。

缺乏事后监管。长期以来，中国政府对于市场准入管理更多地放在前置性审批环节，而对申请人获得许可证之后的行为活动是否合规，是否符合公共利益，则缺乏必要的监督与管理。监管缺乏法律法规基础，监管职能缺位、错位，对违规企业缺乏有效的处罚手段和力度，导致行政许可后成为企业获取利益的"保护伞"。以风电发展为例，近两年各大电力集团纷纷跑马圈地，抢上风电项目，其目的并不是为了发展风电，而更多的是为了获取配额，以致运行风电项目中存在着风电场设计有缺陷，工程质量问题突出，设备质量有待提高，风电场安全管理不到位，尚未建立风电功率预测系统，调度管理不适应大规模风电并网运行要求，人员管理素质不高等问题。

容易导致"寻租"。行政审批容易引起行政机关滥用权力，利用许可形式滥收费用，设管卡、搞垄断，实行地方保护主义，行政机构工作人员利用审批权进行权钱交易，滋生腐败。

**2. 改革行政垄断演变成所有制垄断**

受资源、技术、沉淀成本、规模经济、范围经济、信息经济等因素的影响，能源产品生产本身就具有自然垄断的属性。然而，随着技术的进步，产业的发展，自然垄断产业也可能转变为竞争产业。市场化改革的任务就是要科学划分出能源产业中的竞争业务和非竞争业务，对于竞争业务，要打破垄断，引入竞争；对于非竞争业务，政府要发挥宏观调控、监督与管理职能。

中国能源行业经过十多年的改革，已相继在煤炭、发电领域打破垄断，实现了竞争，然而在油气行业、输配电领域，仍然呈现出国有企业"一家独大"的局面，民营、外资企业缺乏公平竞争的环境，多元化的市场主体尚未形成，价格机制尚未理顺，企业缺乏提高效率的动力，资源配置效率低下。表8-2为中国能源各领域市场竞争状况。

**表8-2　能源各行业市场结构状况**

| 行业 | 产业链 | 所有制构成 | 市场集中度 | 市场类型 |
|------|--------|-----------|-----------|---------|
| 煤炭 | 生产 | 公有制占52% | 四大煤炭企业产量占全国总产量22% | 竞争 |
| 石油 | 原油开采 | 公有制为主 | 三大石油公司原油产量占总产量97% | 寡头垄断 |
|      | 炼油 | 公有制为主 | 三大石油公司原油加工量占总产量86% | 垄断竞争 |
|      | 销售 | 公有制为主 | 加油站: 51% | 垄断竞争 |
| 电力 | 发电 | 公有制占95% | 五大发电集团装机占总装机的49% | 垄断竞争 |
|      | 输配售 | 国有独资 | 两大电网公司 | 垄断 |

中国能源行业行政垄断源于计划经济时期的政企不分，虽然近年来，所有制改革打破了过去国有经济一统天下的局面，但国有经济在能源领域仍然占据着绝对主导地位。电力行业中民营及外资发电企业装机容量仅占全国总装机容量的5%，石油行业中三大石油公司的原油产量占到了全国总产量的97%以上，三大石油公司原油加工量占到全国总量的80%以上，三大石油公司加油站数量占到了全国的50%左右。在政企不分的国家垄断体制下，垄断利益和行政权力相结合，政府既是行业的管理者，也是经营者，这必然会导致市场主体之间竞争的不公。

垂直一体化经营强化了垄断。无论是油气行业，还是电力行业，垄断企业都采取了垂直一体化的经营模式。三大油企集上游开采、运输、炼油、批发销售为一体，电力行业虽然在发电侧实现了竞争，但电网企业在输配售环节集电网资产运营、工程施工建设、电力系统调度、电量财务结算于一身，部分电网企业甚至通过大规模收购兼并，将业务延伸至设备制造领域。垂直一体化的经营模式从两方面巩固了企业的垄断地位：一是一体化经营企业可以通过对其他主体实施开放限制、价格歧视等不正当竞争行为，而对内部实行交叉补贴的方式来提高企业自身的竞争力，使其他竞争性主体不具备同等竞争地位，从而形成不公平竞争的格局；二是一体化经营企业可以利用买方市场或卖方市场的优势地位减少了上下游企业或消费者选择的机会，进一步巩固垄断地位。

政府定价无法有效引导民间资本进入。在能源市场不完善，能源价格市场化改革尚未完成的大背景下，政府定价会导致价格扭曲严重，价格无法真实地反映企业经营状况，确保民间资本的投资收益。以电力行业为例，由于上网电价、销售电价主要由政府制定，当煤炭价格快速上涨时，政府为了维持社会的稳定，确保经济的增长，往往会将电价作为政府宏观调控的工具，进而导致电价不能及时调整到位，发电企业亏损严重。为了保障电力供应，国家往往会对五大发电集团提供补贴，但对于民营企业来说，亏损严重时也无法从国家获得相应的补贴，投资回报率难以保证，因此，即便是获准进入发电领域，民营企业也会因无法获得稳定的投资收益而纷纷退出。

政府对垄断管制缺位。首先，缺乏专门的垄断监管机构。政府监管职能分散于多个部门，缺乏一个集中的监管机构担任监管主体，多头执法、各自为政的现象普遍存在，监管责任分散、部门间协调困难，甚至相互掣肘，监管责任无法落实，监管效率低下。其次，在垂直一体化经营模式下，垄断企业的经营活动具有较强的专业技术性和成本隐蔽性，政府与垄断企业之间存在着较为严重的信息不对称，政府难以对被垄断企业的成本结构、竞争行为等实施有效监管。

### 3. 尚未形成完全的市场定价机制

市场条件下最有效率的信息就是价格信号，准确、灵活的价格信号可以有效调节供需、引导投资、优化资源配置。但从中国能源各领域改革现状来看，除了煤炭外，其他能源产品都尚未建立起合理透明的能源产品价格形成机制，上网电价、销售电价仍然依靠政府制定，成品油价格、天然气价格虽然实现了与国际接轨，但定价权仍未下放给企业。能源价格不能有效反映供求关系、资源稀缺程度和环境的损害程度，无法有效发挥对于消费、投资和资源配置的引导作用。

中国煤炭价格改革自 20 世纪 70 年代末开始，在经历政府定价、政府指导价和协议价并存的格局，到逐步放开煤炭价格，到取消对电煤的指导价格，再到取消煤炭价格双轨制，到目前，各种煤炭产品基本上实现了市场化定价，电煤价格实现了重点合同价和现货市场价双轨制。然而，现阶段煤炭价格形成机制还存在很多问题：①煤炭价格不能完全反映煤炭资源的稀缺程度；②煤炭价格没有完全体现安全生产成本和环境治理成本；③煤炭价格在流通环节产生的成本过高，流通环节过多，不合理收费、哄抬煤价、"寻租"等问题严重；④电煤尚未完全实现市场化；⑤煤炭交易制度不完善等。

随着中国经济由计划经济体制向市场经济的转轨，中国成品油价格机制经历了政府定价、多种价格形式并存、价格并轨制和与国际接轨的市场化四个阶段。2008年12月，国家出台《国务院关于实施成品油价格和税费改革的通知》，推出了与国际原油市场有控制地间接接轨的新定价机制。按照现行成品油价格机制，国内成品油出厂价格以国际市场原油价格为基础，加国内平均加工成本、税收和适当利润来确定。新的成品油价格机制存在内在缺陷：①成品油价格被动地跟踪国际原油价格变动，使得成品油价格无法真实、有效地反映国内供求状况和消费结构的变化。②由于政府和企业之间存在着信息不对称，采用原油成本加炼油企业加工成本的定价方法，无法对炼油企业形成有效约束。③"22个工作日+4%"调价条件使得国内价格调整滞后于国际市场价格变动，这一方面导致市场出现囤油套利等投机行为；另一方面造成国内外成品油价差拉大，引发公众质疑。④该定价机制仍属于政府定价，价格变动容易受政府宏观政策的影响。

2002年《电力体制改革方案》提出了建立合理的电价形成机制。时隔十年之久，目前，中国电力行业仍然没有建立起合理透明的电价形成机制。电价仍然主要依靠政府定价。上网电价实行经营期电价、标杆电价、煤电联动定价等政府定价方式，同时还实行跨区交易协商定价、招标定价等市场定价方式；输配电价也主要由政府制定，省级电网通过购销差价体现，跨区、跨省电网实行政府定价和企业内部协商定价；销售电价也为政府定价，目前已推出了峰谷分时电价、差别电价，居民阶梯电价等。电价机制目前存在的问题有：①"市场煤"和"计划电"导致煤电矛盾愈演愈烈，电价不能及时合理地得到调整，电价水平及上下游产品比价关系被人为扭曲，进而导致发电企业亏损严重，投资缺乏积极性；②统一标杆电价导致发电企业经营效益差异不断被扩大，为取得良好效益，部分地区可能会上马不合实际的大容量机组和大的供热机组，从而导致社会资源浪费；③由于没有明确的成本核算机制和考核机制，输配电成本核算无法清晰界定，输配电价难以形成；④销售电价种类繁多且复杂，电价结构扭曲，交叉补贴严重；⑤补贴等配套政策不健全，不利于可再生能源的发展。

中国天然气价格分为出厂价、管输价格、城市门站价和终端用户价。其中出厂价经历了政府定价、政府定价和政府指导价并存、政府指导价三个阶段。2011 年年底，国家发改委在广东省、广西壮族自治区开展了天然气价格形成机制改革试点，将原有以"成本加成"为主的定价方法，改为按"市场净回值"方法定价，即模拟市场的办法，以市场竞争形成的可替代能源价格为基础，折算相应的天然气价格，建立起反映市场供求和资源稀缺程度的价格动态调整机制。该机制推出有利于发挥市场机制的作用，引导天然气资源合理配置，促进经营者增加生产、扩大进口，引导消费者合理用气、节约用气。但由于在该机制下，天然气调整周期为 1 年，天然气价格还不能完全实现市场化；另外，天然气价格体系混乱，价格倒挂现象严重，补贴等相关配套政策不完善也是现行天然气价格机制中存在的主要问题。

**4. 市场监管不健全**

监管是由行政机构制定并执行的直接干预市场配置机制和间接改变企业和消费者的供需决策的一般规则或特殊行为。监管能够解决市场失灵，是市场有效运作的基本保障。因而，构建完善的监管体系是实现市场化改革的重要组成部分。

中国能源行业目前正处在发改委、商务部、电监会等多头分散监管模式之下，这种监管模式存在以下主要问题：

综合协调能力不强。各个部门之间、中央与地方政府之间在监管目标、利益、步调上存在着不一致，进而导致部门间的综合协调能力不强；职能缺失和监管真空。监管职能分散，监管机构面临职能缺失和监管真空问题。以电力行业为主，由于电力监管机构没有投资准入监管权、价格监管权，使得电监会对于一些没有取得电力业务许可证就进入的电力项目，在开展电力业务之前，无权干预。

重审批，轻监管。政府监管的重点集中在项目审批环节，项目的事中、事后监督与管理则相对较弱，存在"重审批，轻监管"的现象；社会性监管不足。政府将监管的重点放在投资准入、产品和服务价格、产品和质量服务、生产规模等经济性监管上，而对资源保护、安全问题、环境问题、质量问题等外部性问题的社会监管相对薄弱。法律依据不足，缺乏严格的能源监管标准、科学的监管手段，监管方式单一。

## 8.4 我国能源管理体制改革的方向与重点

### 8.4.1 建立完善的能源市场机制

#### 1. 建立以市场为基础的定价机制

价格作为重要的经济杠杆，在建立和培育市场，优化配置资源，调整各种利益关系方面具有不可替代的作用，因此，建立以市场为基础的价格形成机制是整个能源体制改革的关键和核心内容。发达国家能源市场化改革的经验显示，竞争性能源产品应逐步引入竞争，充分发挥市场的基础配置作用，建立起反映能源供求关系、资源稀缺程度和环境损害成本的价格形成机制，形成不同能源品种间合理的比价关系；非竞争性能源产品，则应充分发挥政府宏观调控作用，加强监管，建立起有利于降低成本的约束机制。

中国的资源禀赋及经济发展现状决定了在未来的一段时间内，中国的能源消费结构仍将以煤炭为主，因此煤炭价格的改革对于整个能源体制改革有着举足轻重的作用。从中国目前煤炭价格改革现状来看，要建立成熟的煤炭市场，煤炭价格改革的重点应集中在：①取消电煤重点合同价，实现电煤价格市场化；②继续深化煤炭流通体制改革，推进铁路运力市场化配置，减少并逐步取消由于运力不足而导致的中间环节成本；③深化煤炭资源税改革，逐步健全生态环境恢复成本、煤矿安全成本、煤矿转产成本等补偿机制，实现外部成本内部化；④规范涉煤收费，减少行政干预；⑤创建煤炭价格指数，建立全国统一的煤炭交易平台。

与国际油价接轨只是成品油价格向市场化迈进的重要一步，培养多元化的市场主体，实现成品油价格由企业根据国内外供求关系自主决定才是市场化改革的最终目标。从短期来看，中国成品油价格改革的主要任务包括：①结合国内外石油市场形势变化，提高国内成品油价格调整的灵活性；②扶持民营、外资企业发展，增加企业调价的自主权；③健全配套的税收、补贴等政策；④建立原油期货市场，增加我国在原油定价机制上的发言权。

随着城市化进程的推进，以及四大油气通道的开通，我国天然气的消费量将会呈现出快速增长的趋势。成熟市场的天然气价格应该理顺三方面的关系，即天然气供求关系、国内外天然气价格关系、天然气与可替代燃料之间的关系。从长期来看，天然气市场化改革的最终目标是放松天然气出厂价格的管制，实现出厂价格由市场决定，而政府负责天然气管道运输价格的制定，并对其加强监管。短期内，天然气价格改革的重点是：①全面推行市场净回值定价法，建立与可替代燃料价格挂钩、反映市场供求关系和资源稀缺程度的价格动态调整机制；②调整天然气价格结构，实行合理的分类气价；③合理提高天然气价格，理顺天然气与替代燃料关系，缩小国内外天然气价差。

电价改革的长期目标是"放开两头，管住中间"，即在可竞争的发电环节，培育和规范市场主体，制定市场交易规则，逐步放开上网电价，实现竞价上网；在具有自然垄断特性的输配环节，实施输配分离改革，加强政府对输配环节的成本监督，确定合理的输电费用和配电费用；在零售环节，引入零售商制度，放开售电侧市场，允许竞争性用户对供电方享有充分的选择权，通过采取多边交易、集中竞价等方式，优化销售电价结构，建立有利于公平负担的销售电价制度。从短期来看，电价改革的重点任务是：①进一步理顺煤电价格关系，完善煤电价格联动机制；②完善可再生能源定价机制，建立节能环保电价机制；③继续推行上网竞价试点改革；④推进大用户与发电企业直接交易；⑤实行电网主辅分离，解决输配电主业、辅业和多经混业经营问题，清晰资产和成本；⑥实现输配分离，逐步建立独立的输配电价形成机制；⑦建立销售电价与上网电价联动机制，继续推进销售电价分类改革，理顺不同类别用户电价关系，取消不同种类电价之间的交叉补贴。

**2. 规范市场准入，打破国有企业垄断**

取消有利于国企垄断的政策、法律法规和相关文件，打破市场准入中的所有制歧视，完善鼓励引导民间投资健康发展的配套措施和实施细则；坚持政企分开，科学区分政府与市场职能，继续深化企业所有制改革，鼓励能源企业上市；清理、减少和规范现有审批事项，建立健全新设行政审批事项审核论证机制，建立公平、规范、透明的核准制度；建立独立和统一的监管机构，加强对垄断企业成本核算和监管，加强社会监管。

煤炭行业应进一步规范市场准入制度，提高准入门槛，坚持"优进劣退"、"大进小退"的原则，加快推进煤矿企业的兼并重组，提高企业的市场集中度，防范资源整合中出现"国进民退"，为退出煤炭产业的民间资本创造更多机会，加强对企业安全生产的监管。

油气行业应放宽准入门槛，开放市场，撤销阻碍民营企业进入石油行业和赋予中石油、中石化等油企垄断地位的有关文件和规定，让民营资本自由进入石油行业，不受限制地参与竞争，特别是在上游勘探、开采环节，要建立明确的准入制度，鼓励具有先进技术的中外合资企业、民营企业进入。在进入方式上，可以将特许经营更改为招标租赁制。放松原油进口管制和使用限制，允许部分通过非国营贸易进口的原油在市场上自由流通，鼓励民营油企充分利用国外油源参与国内储备。

电力行业应统一制定并公布电力建设规划，制定明确的土地、环保、能效等方面的准入标准，逐步放开新建发电项目的市场准入，完善可再生能源发电市场准入政策，简化电力项目审批程序，加强市场准入监管，防止可再生能源的无序发展和产能过剩。进一步推行输配分离，配售分开改革，建立独立和统一的监管机构，制定新能源、可再生能源和分布式能源电能质量及并网标准，促进形成分布式能源发电无歧视、无障碍上网新机制。加强对电网服务、成本、价格严格监管，核定独立的输配电价。打破电力销售市场的绝对垄断，鼓励民间资本进入，推进大用户直购电，促进双边交易和多边交易市场的形成。支持国有发电企业整体或主营业务上市、引入战略投资者，实现产权多元化。

**3. 进一步明确政府和企业职责**

成熟能源市场的有效运作既需要"看不见的市场之手"，同时也需要"看得见的政府之手"。市场化改革的目的就是要清晰界定政府和市场的边界，加快推进政企分开、政资分开、政事分开、政府与市场中介组织分开，明确政府与企业职责，把原本应该市场解决，现在却被政府干预的事情交还给市场自行解决。而政府则应该在创造良好发展环境、提供优质公共服务、维护社会公平正义中发挥基础性的作用。

推进政府机构改革。针对当前能源管理机构职能分散、政出多门，缺乏有权威的协调和管理机构，政策"缺位"、"越位"等问题，加快管理机构改革，在国家层面上建立一个统一、协调、权威的能源管理机构，科学划分中央和地方权限，明确各个部门责任，健全部门间协调配合机制。

加快政府职能的转变。政府应将其主要精力致力于：①健全能源领域的法律法规，为能源市场创造公平、开放、透明的市场竞争制度环境；②制定能源战略，完善行业规划和产业政策，建立能源战略储备体系，确保能源安全；③减少政府对市场的行政干预，更多地运用财税、金融、补贴等经济手段对能源市场进行间接调控；④逐步完善市场监管体系，依法实施有效监管，加强对垄断企业的监管。

推进政企分开改革，实现政府与企业社会职能分开，完善企业所有制制度，实现产权多元化，建立和完善新型的政企分开的融资投资体制。

### 8.4.2 健全与成熟市场经济相适应的能源法律体系

**1. 修改和完善现有法律法规**

成熟市场化国家的能源法律体系一般都包括能源基本法、相应的能源单行法以及相配套的法规，涉及能源诸多方面，体系完备，内容具体，可操作性强，并能根据形势的变化，及时进行调整，具有很强的灵活性。

借鉴成熟市场化国家的经验，中国尽快推出能源基本法，制定《石油法》、《天然气法》、《原子能法》等单行法，并根据改革与发展的需要，尽快完成《煤炭法》、《电力法》等的修改，完善能源专门法的体系和内容。中国在制定和修改能源基本法以及能源专门法时，应注重法律法规的可操作性，并详细制定相关法律规范的实施细则和配套法规，确实保障能源基本法和能源专门法的贯彻实施。

**2. 建立规范政府行为和能源监管的法律法规**

成熟市场化国家的能源法律法规对政府管理机构的设置及其主要权限进行了明确的界定和分工，从而保证法律法规的有效实施。

受历史因素影响，中国目前的法律法规体系还不健全，能源管理部门的设定和权限的划分缺乏法律授权，部分领域缺乏完整的法律体系，部分法规与法律相冲突，使得政府管理行为缺少科学的法律依据，再加上能源管理职能分散，政出多门，政企不分，责任主体不明，彼此之间缺乏有效的协调机制，导致政府更多地倾向于行政干预，"寻租"现象严重。因此，为了规范政府行为，减少政府行政干预，使政府部门管理行为有法可依、有章可循，我国必须完善能源法律法规体系，并在相关法律法规中对相关事务的管理机构的地位和权限进行明确规定，清晰界定不同部门之间的权限和职责，未经法律修改不得随意加以变更。

监管本质上是一种依法监管。但从目前中国能源监管体制来看，除了电力行业设立了专门的监管机构电监会外，其他行业都处在多头监管之下，而且监管部门的职责和权限缺乏有效的法律授权，监管无规可循，这严重地影响了监管的效率。因此为了提高监管效率，监管立法的支撑不可或缺。建立和完善监管法律体系，赋予监管机构足够的法律地位，为监管工作提供更高、更充分、更全面的法律支持，已成为当务之急。

### 8.4.3　根据行业特点建立和健全监管标准

**1. 完善电力监管体制**

自 2002 年中国电监会成立，到目前为止，中国电力监管体制已初步形成。然而相比成熟市场化国家的电力监管，中国目前电力监管存在着诸多问题：①电力监管机构缺乏明确的法律授权；②电力监管职能分散于多个部门，其中项目审批权和价格审批权都归属于发改委，企业的经营范围由工商行政管理部门核定，电力企业成本及财务制度由财政部制定与监督，而电监会只具有根据市场形势向政府价格主管部门提出调整电价建议的权利；③监管职责不清，监管方法和手段缺乏协调；④对电力监管机构缺乏有效监督。

上述问题的存在直接导致中国电力行业监管缺位，政府行政干预严重，缺乏有效的电力监管。未来，随着城市化进程的推进，电力在中国终端能源消费结构中的比重将会进一步增大，因而为了推动电力市场化改革，确保电力监管目标的实现，中国还需要尽快完善电力监管体制：①通过政监分离，政企分开，确保监管机构的独立性；②尽快修改《电力法》，通过法律对电力监管机构的地位、具体的职责和权力进行授权；③规范行政程序和监管透明化；④加强对电力监管机构的监督。

**2. 建立其他行业监管机构和监管办法**

同电力行业一样，中国煤炭、石油天然气行业的监管体制中也存在着缺乏法律法规依据，监管部门职能过于分散，政监不分、政企不分，监管主体不明，缺乏有效的监管手段和方法，监管成本高、效率低等问题。因此，要健全煤炭、石油天然气行业的监管体制，首先需要建立一个独立的监管机构，并通过法律法规明确监管机构的职责和权限；其次要完善监管法律法规建设，确保监管有法可据；再次要转变监管模式，将以往的以经济监管为主、社会监管为辅的监管模式转型为以社会监管为主、经济监管为辅的模式，完善市场准入监管和价格监管，加强社会性监管，增强对垄断企业的监管，维护市场秩序；最后要加强对监管机构的监督，建立对监管机构权力制衡机制。

### 8.4.4 积极参与全球能源治理

能源是经济社会发展的基础，也是影响经济发展的主要因素。为了确保能源供应的安全，成熟市场化国家除了在促进国内能源产业发展的同时，还积极参与到全球能源治理当中。全球主要的能源治理机构 IEA 就是发达国家为了应对 20 世纪 70 年代的石油危机而产生的。中国作为世界上最大的能源消费国以及最大的二氧化碳排放国家，参与全球能源治理对于维护全球能源安全、推动全球气候变化问题谈判、解决环境污染等问题都有着重要的意义。

　　参与全球能源治理有利于保障能源安全。能源短缺问题是近年来中国经济发展面临的主要问题。2011 年，中国一次能源消费量约达到了 34.8 亿吨标准煤，超过能源生产总量达 3 亿吨标准煤。其中，煤炭净进口量为 1.68 亿吨，占煤炭消费总量的 5% 左右；石油净进口量为 2.5 亿吨，占石油消费总量的 56%；天然气净进口为 300 亿立方米，占消费总量的 23%。而且未来，随着工业化和城市化进程的推进，能源供需缺口仍将进一步拉大。中国新增的能源需求将主要依靠进口，国际政治、经济局势的变动以及国际能源价格的变动都将会对中国能源供应安全造成重大的影响。因而基于能源安全的考虑，中国急需参与到全球能源治理当中，通过加入国际能源机构、参与全球多边合作等方式，以获取稳定的外部能源供应，争取更多的话语权和定价权。

　　参与全球能源治理还有利于缓解中国减排国际压力。作为世界上最大的碳排放国，日益增长的碳排放使得中国面临着越来越严峻的国际压力。积极参与全球治理，加强与欧美等国家的合作，有利于中国引进发达国家先进的可再生能源、节能技术，同时还可以加强与发达国家在预测预警、价格协调、金融监督等方面的合作，促进中国低碳经济转型。另外，参与全球能源治理，还有利于减少中国与欧美国家的贸易争端。

# 9. 对外经济关系体制改革

## 9.1 "以开放促转型"：新开放论与新时期我国对外开放目标

### 9.1.1 新时期对外开放的目标

回顾我国改革开放 30 多年的历史，无论是按照比较优势原理发展国际贸易，还是依据双缺口理论引进外资，其前提都建立在利用两种资源、两个市场的基础上。在这个过程中，我们对于对外开放的态度由"以更加勇敢的姿态"进入世界经济舞台（1987 年党的十三大）发展到"以更加积极的姿态"发展开放型经济（2000 年十五届五中全会）。在对外开放的战略选择上，由"发展外向型经济"（1992 年十四大）转向"实施互利共赢的开放战略"（2005 年十六届五中全会）。那么今天，当"入世"过渡期结束，我国已经成为一个开放经济体的时候，对外开放将在 21 世纪中叶我国实现中等发达国家水平的目标中发挥什么样的作用？或者说新时期对外开放的目标是什么？

在 2007 年，党的十七大曾提出，要实现未来经济发展目标，关键要在加快转变经济发展方式、完善社会主义市场经济体制方面取得重大进展。我国"十二五"规划的主线是"加快转变经济发展方式"。为应对国际金融危机和欧债危机对我国经济发展方式的冲击，我们认为，要实现"加快转变经济发展方式"，必须同时进行生产关系的重大调整和变革，进行经济体制的改革。为此，继中共十六大提出的"以开放促改革、促发展"，中共十七大提出的"实现对内对外开放相互促进"，"十二五"规划提出的"以开放促发展、促改革、促创新"后，中共十八大应将"以开放促转型"作为新时期我国对外开放的目标。

这里所说的"以开放促转型"，在经济层面上，是指通过开放实现两个重要转变：一是经济发展方式的转变，二是经济体制的转变。其中，体现生产力的经济发展方式转变，重在解决两个矛盾：一是摆脱资源和环境对我国经济增长的约束，建立资源节约型和环境友好型社会，实现绿色增长；二是调整产业结构，扩大服务业在国民经济中的比重，改变现有生产力发展不能完全满足人们日益增长的物质和文化需求的状况。而体现生产关系的经济体制转变，旨在推动经济体制向成熟的社会主义市场经济体制转变，即在加强市场在资源配置主导作用的同时，建立与国际宏观经济政策协调的宏观经济调控体系。

### 9.1.2 "以开放促转型"的新开放论

提出"以开放促转型"的新开放论，主要基于以下几个原因：

第一，中国是一个转型经济体。当代中国经济发展出现的受资源和环境约束的不可持续性，经济社会发展、城乡区域发展、国内经济与国际经济的不均衡性，以及两种经济体制的不协调性等都是在转型变革中产生的，解决这些矛盾也需要在转型和变革中实现。促进经济发展方式和经济体制的两大转变，将是建设我国有中国特色社会主义的长期任务。

第二，中国是一个开放经济体。开放经济体的突出特点是国内问题国际化，国际问题国内化，国内经济与国际经济相互影响、彼此互动。融入全球经济中的中国经济发展和变化不仅影响世界经济的发展，世界经济的重大变化也影响着中国经济改革开放的进程，考验着我国抵御风险的能力。中国改革开放成功的历史表明，中国国内经济发展中出现的从资本和外汇短缺到资源和市场短缺的矛盾，不能仅在国内解决，必须在国内经济与国际经济的循环中解决。而对外开放中凸显的外贸、外资、外汇、外债、外援"五外"不协调和不均衡发展也不能仅依靠国内协调，必须在进一步对外开放中协调、均衡发展。

第三，中国是一个发展经济体。作为全球最大的发展中国家，特别是一个与经济全球化同步的开放国家，我们要同时进行工业化、市场化、城市化、现代化、信息化和国际化。从工业化来看，我们正处于工业化发展的中后期，目前的扩大内需，拉动消费并不意味着要减少工业投资，成为消费大国。金融危机后全球消费大国美国"再工业化"的战略调整表明，发展实体经济，仍然是我国经济发展的长期任务。同样，从国际化来看，我国货物贸易顺差、服务贸易逆差，外商对华直接投资额远远大于我国对外直接投资额，意味着我国正处于贸易投资自由化阶段，并面临金融自由化压力。吸取发展中国国家金融自由化的教训，我国要成功实现金融自由化的历史跨越不应超越国内生产力发展水平、国际化发展阶段和国家承受能力。

第四，中国是一个大国经济体。我国经济发展必须走内需发展道路，即经济增长的主体，以及带动中国经济发展的核心动力必须立足国内，而不是国际。国际是国内的补充，中国经济的长期发展必须主要依靠中国自己的力量。因而在经济政策的导向上，应该为国有企业和国内民营企业的成长创造良好的竞争环境，而不是给外资企业超国民待遇；大力培育国内商品市场和要素市场，而不是依靠国际市场。否则，世界经济的任何变化都将对我国经济产生巨大的冲击。

第五，中国是一个社会主义经济体。中国选择对外开放道路是利用资本主义发展社会主义，不是发展资本主义，更不是发展"国家资本主义"。中国市场化改革的方向不是私有化，也不是削弱国有企业的力量。由斯蒂格利茨发起的对 20 世纪 80~90 年代在全球大多数地区（西欧、中东欧和独联体、非洲、拉丁美洲、南亚）私有化政策的研究显示，在管制和反垄断体系还未付诸实施前就对垄断企业（尤其是自然垄断企业）进行私有化，是私有化失败的原因之一。① 在中国贸易自由化阶段，西方设置的"非市场经

---

① 热拉尔·罗兰主编：《私有化：成功与失败》，中国人民大学出版社，2011 年。

济条款"限制国有企业的对外出口。在投资自由化阶段，西方国家一方面通过对国有企业并购打压中国核心企业，使企业丧失自主创新能力，在技术上控制中国；另一方面正在通过"竞争中性"原则阻止中国国有企业"走出去"。"以开放促改革"，对国有企业的改革必须充分考虑到我国社会主义性质，改革的目的不是削弱国有企业在中国经济发展中的作用，而应该充分发挥国有企业所体现的社会主义优越性。

第六，转型与变革正在成为金融危机后世界各国谋求新的发展的主流。金融危机后美、欧、日发达经济体纷纷进行经济发展战略调整。美国提出改变经济增长方式，由过去债务推动型增长转向出口推动型增长和制造业增长；欧盟提出聪慧、可持续与包容性增长，以创新为增长动力，建立资源节约型、高就业率具有竞争力的社会；日本提出发挥"日本优势产业"（环保、能源和健康）和"开创新领域"（亚洲合作、旅游和地方经济）双轮驱动的新增长战略。与此同时，新兴经济体也正在寻求变革，如俄罗斯制定《面向 2020 年社会经济发展战略规划》，改变以能源产业为支柱的经济结构，促进以创新拉动的经济多元化的经济转型。在变革的世界经济潮流中，中国必须与时俱进，在转型和变革中谋求新的发展。

## 9.2 国际重大战略机遇与新时期我国对外开放重点

坚持改革开放，坚持在与经济全球化相联系而不是相脱离的进程中建设有中国特色的社会主义是中国发展道路和战略的重要特点。金融危机和欧债危机后引发的全球经济大调整、大变动、大变革，挑战各国经济发展模式和抵御风险的能力；同时，也为谋求变革的各国提供了新的发展机遇。这次由美欧发达国家危机引发的全球经济格局变革将是世界经济发展史上的一次重大转折；同时，对正在迈向中等发达国家水平的中国来说也将是前所未有的重大战略机遇。能否把握住机遇，甚至在变革中创造出新的机遇，取决于我国能否与时俱进，实行新一轮的对外开放，以更加积极开放的姿态融入全球化；同时，也取决于我们能否在全球资源的配置，以及国际经济与国内经济的互动中创造中国经济发展的新优势。

### 9.2.1 投资低碳产业，加强国际能源合作，抓住有利于实现我国绿色增长的国际低碳经济发展机遇

研究表明，过去的 500 年，世界科技共发生了五次革命，由此带来的世界现代化发生了二次转变。每一次科技革命的出现，不仅催生了新的产业和就业，世界经济的主导产业出现了农业、工业、服务业到知识产业的重大变化，而且导致了世界经济重心的变化。如表 9-1 所示，在科技革命推动世界现代化变化的过程中，有的国家抓住了机遇，则实现了赶超，进入了发达国家的行列；有的国家忽视或失去机遇，则导致国际地位的下降。

表 9-1 科技革命与国家兴衰

| 国家 | 大致时间 | 抓住或忽视科技革命的机遇 | 结果 |
|------|---------|----------------------|------|
| 英国 | 17~19 世纪 | 抓住第一次科技革命和技术革命的机遇 | 世界强国、发达国家 |
| 美国 | 19~20 世纪 | 抓住第二次、第三次技术革命的机遇 | 世界强国、发达国家 |
| 德国 | 19~20 世纪 | 抓住第二次、第三次技术革命的机遇 | 世界强国、发达国家 |
| 日本 | 20 世纪 | 抓住第三次技术革命的机遇 | 升级为发达国家 |
| 芬兰 | 20 世纪 | 抓住第三次技术革命的机遇 | 升级为发达国家 |
| 爱尔兰 | 20 世纪 | 抓住第三次技术革命的机遇 | 升级为发达国家 |
| 葡萄牙 | 18~19 世纪 | 忽视第一次、第二次技术革命 | 降级为发展中国家 |
| 阿根廷 | 20 世纪 | 忽视第二次、第三次技术革命 | 降级为发展中国家 |

资料来源：何传启主编：《第六次科技革命的战略机遇》（第二版），科学出版社，2012 年。

目前这次科技革命正在给全球带来新的产业革命。金融危机后，发展低碳经济已经成为美、欧、日大国制定经济发展战略的共识。2009 年，美国通过了"美国清洁能源安全法案"，奥巴马政府实行能源新政，把大力发展新能源技术和产业作为增加就业，重振美国经济的重要举措；欧盟出台《欧洲：2020 战略》，拟通过发展低碳经济，调整结构促进就业；日本提出从发展低碳经济走向建设低碳社会的目标。为此，各国政府纷纷增加财政投入，加大低碳投资力度。2009 年，美国通过的 7872 亿美元经济刺激计划中，大约有 580 亿美元投入环境和能源等低碳领域；2008 年，欧盟发布的 2000 亿欧元的经济刺激计划中，应对气候变化的投资为 480 亿欧元；2009 年，日本公布的 15 兆日元"追加经济刺激计划"中，发展低碳产业的投资为 1.6 兆日元。《2010 年世界投资报告》显示，从 2003~2008 年，低碳产业

外国直接投资一直处于增长的趋势。仅在可再生能源、循环利用以及环境技术产品（如风轮机、太阳能电池板和生物燃料）制造三个主要行业，2009 年的投资流量就达 900 亿美元。目前，无论是投资数量，还是投资金额，发达经济体的跨国公司都是低碳投资的主体。

中国是全球第二大贸易国，也是能源密集型产品出口较多的国家。近年来，我国能源密集型行业在国际市场的出口量迅速增长。2004~2008 年 5 年间，中国钢铁出口占世界的比重由 5.12% 上升到了 12.09%，化工产品出口占世界总量的比重从 2.68% 上升到了 4.65%，纺织品出口占世界的比重从 16.98% 上升到了 26.08%。[①] 作为世界第二大二氧化碳排放国，在全球气候谈判中，中国一直面临着巨大的减排压力。虽然中国承诺到 2020 年单位 GDP 二氧化碳排放量下降 40%~45%，但美、法、英等发达经济体均提出将以征收"碳关税"的方式，提高本国产业的国际竞争力，让碳排放量较高的中国等发展中国家为所排放的二氧化碳支付治理成本。如果"碳关税"实行，我国出口的比较优势将变成比较劣势，影响我国在全球贸易中的地位。据世界银行的研究报告，如果欧、美、日等国联合对中国征收碳关税，那么在国际市场上，中国制造的商品将可能面对平均 26% 的关税，出口量将可能因此骤降 21%。

德国环境厅预测，2020 年世界环境商业市场规模将由 1 兆欧元提高到 2020 年的 2 兆 2000 亿欧元。《斯特恩报告》也预测，到 2050 年，全球低碳产品市场可达 5000 亿美元。在过去的五次科技革命中，中国曾失去了前四次参与科技革命的机会。在工业化和信息化时代，虽然我国已成为全球第二大贸易体和全球第一大出口国，但在低碳化时代，中国能否继续保持贸易大国的地位，取决于低碳经济的发展。我国应抓住全球低碳经济发展的有利时机，调整投资结构。投资低碳产业就是投资未来。

第一，加强能源的国际合作，吸引跨国公司将资金优先投入温室气体排放量高的部门，如电力、工业（包括制造业以及石油和天然气）、运输、建筑、废物管理，以及减排潜力大的森林和农业等。

---

① 薛进军：《低碳经济学》，社会科学文献出版社，2011 年。

第二，针对低碳产业的特点，确立专门针对吸引低碳投资的投资促进政策。如对低碳投资的补贴和激励、国家 JI 或 CDM 的政策框架、低碳贸易政策调整、国内或国际金融机制（低碳市场、公共或私人金融机制），对低碳产品制造商、能源效率提供商的激励措施（如税收优惠、补贴、出口保险担保）等。

第三，建立清洁技术工业园，以特殊优惠的政策促进外国投资者进入。提供中间服务，建立网络，帮助低碳外国投资者与当地企业家联系，通过产业集聚效应，将当地企业纳入全球价值链中。

### 9.2.2 扩大服务业对外开放，抓住有利于推动我国产业结构转型升级的服务全球化新机遇

服务全球化迅猛发展始于 20 世纪 90 年代。根据 2004 年世界投资报告，服务业占世界外国直接投资的存量比重，在 20 世纪 70 年代初为 1/4，90 年代不到一半，在 2002 年已经上升为 60% 左右（1990~2002 年，服务部门全球外国直接投资存量增长了 3 倍多）。[1] 其中，2001~2002 年，服务业占外国直接投资总流入量的 2/3，价值约为 5000 亿美元。

金融危机后，虽然 2009~2011 年制造业在外国直接投资中的占比提高，全球服务业投资占比下降，不足全球外国直接投资的 1/2，但从 2005~2011 年平均值看，如表 9-2 所示，服务业的占比（大约 46%）仍然高于制造业（大约 42%），特别是 2011 年，在 2009 年与 2010 年流入服务业的 FDI 大幅度下滑后反弹，仍增至 5700 亿美元。近年来，由于服务业一些跨国公司为了削减内部成本，把非核心经营业务外部化，为发展中国家参与服务业全球化创造了条件。与此同时，[2] 跨国公司以非股权方式将发展中国家融入全球价值链的战略，也加快了高端制造业和现代服务业向发展中国家的转移。

---

[1] 联合国贸易与发展会议：《世界投资报告 2004：转向服务业》，中国财政经济出版社，2006 年。
[2] 联合国贸易与发展会议：《世界投资报告 2011：国际生产和发展的非股权形式》，经济管理出版社，2011 年。

表 9-2　2005~2011 年外国直接投资（FDI 项目）的部门分布

单位：10 亿美元，%

| 年份 | 价值 | | | 比重 | | |
|---|---|---|---|---|---|---|
| | 初级部门 | 制造业 | 服务业 | 初级部门 | 制造业 | 服务业 |
| 2005~2007 均值 | 130 | 670 | 820 | 8 | 41 | 50 |
| 2008 | 230 | 980 | 1130 | 10 | 42 | 48 |
| 2009 | 170 | 510 | 630 | 13 | 39 | 48 |
| 2010 | 140 | 620 | 490 | 11 | 50 | 39 |
| 2011 | 200 | 660 | 570 | 14 | 46 | 40 |

资料来源："World Investment Report 2012: Towards A New Generation of Investment Policies".

"入世"前，制造业一直是我国吸引外资的主体，2001 年第二产业吸引外资比重高达 77.24%。"入世"以来，我国积极扩大服务业对外开放，到目前为止，已经开放了 100 个服务部门，其中 54 个允许外商独资，23 个允许外资控股，基本没有设置地域限制、数量限制和歧视性待遇。2011 年服务业吸收外资 552 亿美元，投资占比 52.8%，首次超过了制造业。但由于服务业部门分割、地区封锁和行业垄断，我国服务业发展缓慢。2011 年服务业在国民经济中的占比仅为 43.1%，不仅低于 OECD 成员国 2008 年 70% 的水平，也低于同期的其他新兴经济体，如印度（53.4%）、巴西（65.3%）、南非（65.9%）和俄罗斯（56.7%）。与货物贸易顺差相比，我国服务贸易一直逆差。

加快服务业已经成为我国转变发展方式和调整经济结构的主攻方向和战略重点。根据"十二五"规划，服务业增加值占 GDP 的比重将由目前的 43% 提升到 47%，服务业出口总额将达到 6000 亿美元。20 世纪 90 年代，在制造业占全球直接投资主体的时候，中国把握全球产业结构调整的重大机遇，从 1992 年邓小平南方讲话开始积极引进外资，在不到 20 年的时间内，成为全球制造业大国。金融危机后，我国应把握国际服务业向发展中国家转移的良好时机，进一步开放服务业，促进我国外贸发展方式的转变。

第一，扩大通信、金融、计算机和信息服务、商业服务等行业的商业存在规模，鼓励外资参与软件开发、跨境外包、物流服务等。

目前以金融保险、贸易、物流、信息服务、商务服务等行业为代表的生产性服务业是服务业跨国投资的重心。我国应重点吸引生产性服务业、高端服务业和新兴服务业外商对华投资，大力发展金融、物流、商贸、广告会展、科技服务、信息服务业等生产性服务业。促进生产性服务业与制造业的融合，有利于推动我国制造业的转型升级。

第二，通过建立出口加工区、加强基础设施与技能开发、运用财政金融等多种激励措施，促进服务业对华投资。

随着服务全球化的发展，各国投资促进机构的目标已经开始由制造业转向了服务业。而在这些服务投资促进措施中，除了开放服务业，实行私有化外，还包括各种针对服务业投资的促进措施，如广泛用于旅游、运输和金融业的补贴措施；吸引旅游、呼叫中心、计算机相关服务、医疗和社会服务、地区总部和研发投资等面向出口导向型投资的自由区激励措施（自由贸易区、出口加工区和自由经济区）；保证数据和语音传输优质廉价的电信基础设施建设；满足知识密集型服务生产的基础教育和技能开发等。以往我国吸引外资的政策大多倾向于制造业，为加快服务业对华投资，我国应借鉴国际经验，根据服务业发展的特点，出台专门针对服务业发展的促进政策。如加快北京、上海、广州国际商贸中心建设等。

第三，建立国际服务业外包产业园区，利用跨国公司以非股权投资方式将发展中国家融入全球价值链的机会，积极承接国际服务外包业务。

非股权投资具有创造就业、增加出口、有利于技术转让、促进 GDP 增长，帮助各国进入全球价值链等优势。研究显示，在合约制造或服务外包等寻求效率的非股权形式中，与货物进口加工后再出口，对东道国价值增值较小相比，如果合约制造出现在产业集群地区或产业园区，本地采购及对东道国增值的总体影响会增加。而且，工厂数量与跨国公司的联系越多，溢出效应和本地增值就越大。为此，我国应建立相关的产业园区吸引跨国公司的投资，承接国际服务外包业务，加快提升在国际服务产业价值链中的地位。

第四，内地率先对港澳全面开放服务业，粤、港、澳三地合作建立服务业产业集群，加强对其他地区和城市的辐射和带动作用。

产业集群是指某一特定领域（通常指一个主导产业为核心），产业相互关联企业以及相关支撑机构在空间上的集聚。产业集聚有利于提高产业的国际竞争力，目前国际上有大量利用产业集群发展服务业、促进产业结构升级的成功先例。如印度发展软件产业集群、韩国培育研发设计产业集群等。粤、港、澳服务业发达的独特优势和三地错位发展的定位，具有发展我国服务业集群的基础。总结我国制造业对外开放利用经济特区的经验，将广东作为服务业对外开放"先行先试"的试验区,[①] 国家推动粤、港、澳共同制定服务业集群发展规划，出台支持粤、港、澳服务业集群发展的相关政策，并通过建设服务业集群创新网络，将粤、港、澳地区建设成亚洲地区服务业产业集聚地，将提高"大珠三角洲"的国际竞争力，并起到服务业对外开放的示范作用。

### 9.2.3 扩大海外直接投资，重点支持国有企业对能源和战略性资源的投资，抓住有利于国有跨国公司成为全球重要外资来源的新机遇

与一国引进外资，促进国际生产国内化不同，对外投资意味着实现真正意义上的生产国际化。生产国际化和跨国化要求企业必须遵循国际投资规则和投资对象国相关的法律政策。在全球市场化的国际环境中，"走出去"战略的实施客观上将倒逼企业必须进行市场化改革，按照市场经济规律办事，符合通行的国际投资规则和法律规范。从这种意义上讲，与"引进来"相比，"走出去"战略实施引发的倒逼机制，将大大加快两种方式的转变。我国对外直接投资以国有企业为主，而国际直接投资的最新变化，恰好为推动我国国有企业改革，增强国有企业的国际竞争力创造了良好机遇。

金融危机后，国际直接投资发展出现了三大新特点：①从投资来源来看，新兴经济体已成为外国直接投资的新生力量。2010 年无论是作为外国直接投资的接收国，还是作为外国直接投资的投资国，发展中国家的重要性都进一步提升。其中，发展中国家和转型经济体吸收外国直接投资的流入量，首次超过了全球流入量的一半，且大部分投资投向了其他发展中国

---

① 根据国家对粤、港、澳三地定位，澳门建设世界旅游休闲中心，其产业竞争优势将重在旅游、会展、中医药等生活服务；香港作为国际金融、贸易、物流、高增值服务中心，其产业竞争优势重在生产服务；广东建设与港、澳地区错位发展的国际航运、物流、贸易、会展、旅游和创新中心，未来产业竞争优势将重在现代服务业。

家和转型经济体，而其流出量也已经占到了全球外国直接投资流出量的近 1/3。②从投资主体来看，国有跨国公司日益成为重要的直接外资来源。2010 年，不到全球跨国公司总数 1% 的国有跨国公司占全球对外直接投资总额的 11%。而在国有跨国公司中，一半以上（56%）来自发展中国家和转型经济体。2010 年近 70% 的国有跨国公司投资服务业，产业投资主要集中在制造业（22%），金融服务业（19.3%），运输、仓储和通信（16.1%），以及电力、煤气和水（9.6%）。① ③从投资政策来看，2010 年在已公布的投资政策措施中，超过 2/3 的政策措施是放宽对外国直接投资的限制和促进外国直接投资。而这些投资促进和便利化措施大多数来自亚洲和非洲地区，内容包括简化准入程序、开放新的经济特区或者扩大原有的经济特区等。② 2012 年全世界 44 个国家和地区采取了 67 项影响外国投资的政策，其中 52 项政策与投资自由化、投资促进和投资便利化有关。与 2010 年相比，更严厉的限制投资的政策措施所占的比例大幅减少，从 32% 降到了 22%。

根据《2011 年中国对外直接投资统计公报》，截至 2011 年年底，我国投资存量已突破 4000 亿美元，位居全球第 13 位。投资方式以新建为主（并购仅占投资的 36.4%），投资主要集中在采矿业、制造业、电力生产和供应。国有企业仍是海外直接投资的主体，大约占海外投资总额的 70%。但近期，由于中国对外直接投资的快速增长，也出现了一些新的问题，一是国有企业海外直接投资在以美国为代表的发达国家受阻，发达国家正在酝酿启动"竞争中性"原则加以限制和规范；二是海外投资在中东、北非地区的安全问题凸显；三是海外投资效率备受关注，2011 年中国的境外企业有 22.4% 亏损，近 2000 家境外央企亏损，比例为 27.3%。③

发展中国家在世界投资地位的上升、国有企业在全球直接投资中的作用，以及投资促进和便利化的全球投资环境变化，为我国开展海外直接投资创造了良好的发展机遇。

第一，把握金融危机后发展中国家促进投资便利化的有利时机，继续扩

---

① ② 联合国贸发组织：《2011 世界投资报告——国际生产和发展的非股权形式》，经济管理出版社，2011 年。

③ 商务部：《2011 年中国境外企业有 22.4% 亏损》，《第一财经日报》，2012 年 9 月 3 日。

大对发展中国家的直接投资。《2011 年世界投资报告》显示，2010 年全球至少有 74 个国家采取了超过 149 项影响外国投资的政策措施。其中，101 项与投资开放、促进和便利化有关，48 项引入了和 FDI 相关的新的限制和管制措施。而从地区分布上，发展中国家的投资环境比较好，如表 9-3 所示，投资政策改善最好的是亚洲国家（包括西亚，56 项措施），其次是非洲（29 项）和拉丁美洲（25 项）。为此，我国应抓住全球投资自由化，特别是发展中国家促进投资自由化和便利化的有利时机，继续扩大对发展中国家的投资。

表 9-3　2010 年按措施类型和地区分类的国家监管变化（措施数量）

| | 进入和建立 | | 经营 | | 促进和便利化 |
|---|---|---|---|---|---|
| | 更有利于 FDI | 不利于 FDI | 更有利于 FDI | 不利于 FDI | |
| 全部 | 40 | 16 | 34 | 33 | 35 |
| 发达国家 | 6 | 6 | 10 | 6 | 4 |
| 发展中国家 | 30 | 10 | 19 | 24 | 27 |
| 非洲 | 4 | 2 | 8 | 4 | 11 |
| 南亚、东亚和东南亚 | 12 | 5 | 5 | 5 | 12 |
| 西亚 | 10 | 0 | 4 | 0 | 3 |
| 拉丁美洲和加勒比地区 | 4 | 3 | 2 | 15 | 1 |
| 东南欧和独联体 | 4 | 0 | 5 | 3 | 4 |

注：①进入和建立措施：与所有权以及对（内向和外向）外国直接投资的控制或其审批和准入条件有关的措施以及其他影响跨国公司进入或建立的措施。
②经营：与非歧视、国有化或征收、资本转移、争端处理、性能要求、公司税率有关的措施以及其他影响跨国公司经营状况的措施。
③促进和便利化：与财政和金融激励有关的措施，与审批和进入程序有关的措施，或投资便利化和其他机构支持。

第二，把握国有跨国公司成为全球直接投资外资来源的有利时机，国家重点支持我国国有企业对能源和战略性资源的投资。近年来，国有跨国公司作为全球直接投资的新生力量发展迅速，并主要呈现三大特点：一是在投资规模上，国有跨国公司在发展中国家对外直接投资的占比开始提高。2003~2010 年，国有跨国公司对外直接投资项目平均占发展中国家对外直接投资总量的 32%。二是在进入方式上，国有跨国公司进入发展中国家和转型经济体主要以跨国并购和绿地投资为主，其直接投资占总投资的比重达到 56%。三是在投资目标产业上，主要集中于采掘业、公用事业和电信业，但发达国家国有跨国公司和发展中国家国有跨国公司各有不同。据统计，1981~2010 年，国有跨国公司的跨国并购目标主要针对的是采掘业、公用事业和电信业。其中，发达国家国有跨国公司的对外直接投资大量集中在公用事业（占对外直接投资总额的 33%）和电信业（占对外直接投资总额的 19%），而发展中国家和转型经济体的国有跨国公司投资目标主要集中在采掘业（占对外直接投资总额的 37%）和电信业（占对外直接投资总额的 20%）。国有企业是我国社会主义市场经济基本制度的主要体现，它不仅承担着发展战略新兴产业特别是基础产业和高新技术产业的重要职责，而且体现着社会主义国家对国民经济的战略控制。在我国经济发展受资源和能源约束发展工业化的关键时期，国家应继续支持国有企业对能源和战略性资源的投资，以保证我国能源安全和稳定的供应。

第三，反对投资保护主义，绕过针对我国国有企业的投资壁垒。随着国有企业在国际投资地位的提升，国有跨国公司的所有权和管理问题引发了东道国对公平竞争环境和国家安全问题的关切。如美国认为，中国对国有企业的补贴、优惠贷款以及其他特殊优惠待遇等，增强了国有企业的竞争优势，危害了美国国家安全和经济利益。竞争中立政策是防止国有企业利用国家所有的地位获得竞争优势，滥用垄断力量，保障公平竞争环境的制度安排。目前美国正在多边层面上推动 OECD "竞争中性原则" 适用于中国，以确保我国国有企业的投资行为建立在商业考量，而不是国家战略目标上。为此，我们应积极应对。一要改革国有企业，建立新型国有企业制度，提高国有企业在国际市场的竞争力和海外投资效益。二要为民营企业发展创造空间，加快培育和形成一批具有自主品牌和知识产权的本土跨国公司，投资海外获得资源和技术，并重点支持对外承包工程、建筑、运输、分销等服务企业在发展中国家进行直接投资和本地化经营。三要增强国际合作，综合运用驻外机构、多边和双边合作机制，绕过投资壁垒。

### 9.2.4 积极开拓新兴市场，加强南南合作，抓住有利于我国实现工业化和经济发展方式转变的新兴市场快速发展机遇

解决中国经济发展不可持续、不均衡、不协调问题，从统筹国内经济

与国际经济的角度出发,当代新兴经济体在全球经济发展的重大变化将为我国实现两种方式的转变,提供良好的机遇。

第一,全球经济发展和财富创造已经由 OECD 转向新兴经济体,南南合作将成为世界经济增长的重要动力。经济合作与发展组织在《2010 年全球发展展望:财富转移》报告中首次提出,以中国为代表的新兴经济体的快速发展正在改变未来全球经济发展和财富创造的格局,世界经济的重心已经向东和向南转移,由经济合作与发展组织的成员国开始转向新兴经济体。按照购买力评价计算全球经济份额,到 2030 年,非经合组织成员国在全球经济中的份额将超过经合组织成员,由 2010 年的 49% 提高到 2030 年的57%。在这种变化中,报告特别提出南南合作值得高度关注。相关预测也表明,未来 10 年,南南合作将成为世界经济增长的重要动力。

第二,新兴经济体在国际贸易和国际直接投资中的比重扩大。从国际贸易来看,2008 年,在中国以外的世界中,132 个新兴经济体的进口总额为 5.3 万亿美元,占全球的比重由 1990 年的 19% 提高到了 35%,其对全球新增进口的贡献率达到 50%,大大超过危机前 2000~2008 年 41% 的比率。其中,南南贸易发展迅速。据统计,1990~2008 年,全球贸易仅扩大了 4倍,但南南贸易却增加了 20 多倍。从国际直接投资来看,2010 年,发展中国家和转型经济体吸收的外国直接投资流入量,首次超过了全球流入量的一半。

第三,新兴经济体有利于促进我国实现两种方式转变,解决未来中国工业化发展面临的资源和市场缺口问题。目前,我国经济发展受能源和资源限制的问题已经显现,而金融危机后改变出口市场主要依靠发达国家的问题也成为影响我国经济稳定增长的重要因素,而新兴经济体在解决上述矛盾中发挥了重要作用。研究显示,近年来,新兴经济体在我国出口中的地位逐年上升,2008 年我国对新兴经济体的出口已经超过 6800 亿美元,占中国对全球出口总额的 48%。其中,机电产品出口比重由 1998 年的 25% 上升到 2008 年的 46%,成为我国机电产品出口的主要市场。与此同时,新兴经济体也是我国能源和资源的主要进口来源。1998~2008 年,新兴经济体在我国初级产品进口中的比重一直保持在 50%~60%。

新兴市场推动全球经济增长的潜力，早在 20 世纪末就已显现。金融危机后新兴经济体在促进全球经济恢复中的作用，更显示出其在推动未来全球经济增长中的巨大潜力。但由于开拓新兴市场最大的难题在于新兴市场中的制度缺失，如市场信息失灵或来源不可靠、监管环境不稳定、司法体系效率低下、腐败和信用等，有些新兴市场甚至具有政治风险，[①] 政府必须在开拓新兴市场中发挥积极作用。

第一，根据不同的经济发展水平和资源状况，区分不同的新兴市场，采取不同的市场开拓战略。对于资源丰富的新兴市场国家，可以实施"走出去"战略，投资共同开发。对于金融危机后实行政策调整，增加公共投资、加快基础设施建设的新兴市场国家，我国应发挥国际工程承包，特别是对发展中国家工程承包的优势（2009 年中国国际工程承包在亚洲和非洲的完成额占 87%），抓住机遇，扩大海外工程承包、增加建筑设备和成套设备等资本密集型产品出口，实现产业结构升级和出口市场多元化。

第二，与印度、巴西等市场潜力大或资源丰富的国家建立自贸区，确保稳定的出口市场和资源进口。

第三，出台支持企业开拓新兴市场的综合经济政策。如建立贸易平台和国际营销网络、加大资金支持力度、开展人员培训等。

第四，发展对外经济技术援助，通过无偿援助、无息或优惠贷款的方式，援助发展中国家的基础设施建设，双方合资合作开发石油、矿产等能源和资源。

### 9.2.5 实施自贸区战略，在积极开展多边合作的同时，实施"亚洲战略"，抓住有利于确立我国在亚太地区领导权的亚太自贸区建设的新机遇

21 世纪以来，随着经济全球化的发展，虽然全球多边贸易谈判步履维艰，但各国纷纷签订区域自由贸易协定，通过区域经济一体化的发展促进

---

① ［美］塔伦·卡纳、克蕾沙·帕利普、理查德·布洛克：《赢在新兴市场：新兴市场的机遇、战略与实施》，中信出版社，2011 年。

本国经济增长。如表 9-4 所示，从 1955 年到 1999 年，在不到 50 年的时间里，FTA 生效的数量只有 67 个，但进入 21 世纪，FTA 的数量激增，仅 2005~2009 年，FTA 生效的数量就高达 72 个。

表 9-4　1955~2012 年世界不同地区 FTA 生效的数量

单位：件

| 年份 | 亚太 | 美洲 | 欧洲 | 中东、非洲 | 俄罗斯·CIS | 跨区域 | 合计 |
|---|---|---|---|---|---|---|---|
| 1955~1959 | | | 1 | | | | 1 |
| 1960~1964 | | 1 | 1 | | | | 2 |
| 1965~1969 | | | | | | | 0 |
| 1970~1974 | | 1 | 1 | | | 2 | 4 |
| 1975~1979 | 2 | | | | | 1 | 3 |
| 1980~1984 | 2 | | 1 | | | | 3 |
| 1985~1989 | | 1 | | | | 2 | 3 |
| 1990~1994 | 3 | 2 | 4 | 2 | 5 | 2 | 18 |
| 1995~1999 | | 5 | 3 | 2 | 17 | 6 | 33 |
| 2000~2004 | 9 | 9 | 8 | 5 | 4 | 18 | 53 |
| 2005~2009 | 20 | 9 | 5 | | 2 | 36 | 72 |
| 2010~* | 7 | 4 | 5 | | | 13 | 29 |
| 合计 | 43 | 33 | 28 | 9 | 28 | 80 | 221 |

注：* 时间截至 2012 年 7 月。

资料来源：［日］日本贸易振兴会：《2012 世界贸易投资报告》。

在全球区域经济合作迅猛发展的潮流中，亚太区域经济合作异常活跃，并呈现出以下主要特点。

### 1. 区域内经济合作和融合进一步加强

区域经济一体化合作的内容扩展，自由贸易协定已经超越了传统的货物和服务贸易自由化范围扩展到了知识产权保护、基础设施建设等领域。如 APEC 合作的内容已经由货物和服务贸易自由化扩展到投资规则、竞争政策、知识产权保护、政府采购、海关程序、劳工标准及环境标准。中国与东盟正在积极推进基础设施建设等。

### 2. 跨区域经济合作异常活跃

APEC 成员积极推动 FTA，不仅 APEC 成员内开展区域经济合作，而且积极推动与非 APEC 成员的一体化合作。如表 9-5 所示，新加坡（30）是签订协议最多的国家，其次是智利（25）和日本（20），最后是中国（16）、墨西哥（16）、美国（15）和泰国（15）。

表 9-5　APEC 成员实施的区域经济一体化协定

| APEC 成员 | 协定数 | | APEC 成员 | 协定数 | |
|---|---|---|---|---|---|
| | 与非成员 | 成员之间 | | 与非成员 | 成员之间 |
| 美国 | 11 | 4 | 菲律宾 | 7 | 4 |
| 加拿大 | 6 | 2 | 越南 | 6 | 5 |
| 墨西哥 | 14 | 2 | 泰国 | 9 | 6 |
| 秘鲁 | 8 | 4 | 中国 | 9 | 7 |
| 智利 | 18 | 7 | 中国香港地区 | 1 | 1 |
| 澳大利亚 | 8 | 7 | 中国台北地区 | 3 | 0 |
| 新西兰 | 7 | 5 | 韩国 | 6 | 2 |
| 巴布亚新几内亚 | 4 | 1 | 日本 | 11 | 9 |
| 文莱 | 6 | 6 | 俄罗斯 | 7 | 0 |
| 马来西亚 | 7 | 4 | 东盟 | 4 | 4 |
| 印度尼西亚 | 6 | 4 | | | |
| 新加坡 | 17 | 13 | 合计 | 175 | 97 |

资料来源：WTO 网站。

### 3. 以东盟为核心的区域经济合作向跨区域合作发展

以东盟为中心的区域经济合作组织"10+1"（ASEAN+中、ASEAN+日、ASEAN+印度、ASEAN+韩国）向更加广泛的区域经济一体化方向发展，如"10+3"（ASEAN+日中韩），"10+6"（ASEAN+日中韩印澳和新西兰）和"泛太平洋战略经济伙伴关系协议"（TPP）。

在全球区域经济一体化的快速发展中，中国已经开展了全方位的区域经济合作，按照 WTO 的统计，除了作为 APEC 成员国积极推动亚太地区区域经济合作外，中国已经与巴基斯坦、新西兰、新加坡、秘鲁、智利和哥斯达黎加签署了双边自由贸易协定，与澳大利亚、冰岛、瑞士的谈判也正在进行中。

目前国际上对区域经济一体化的研究视角已经从一般的贸易分析，进入了区域经济增长，甚至是国家竞争力和世界霸权的国际政治经济学分析。国际区域经济一体化最新理论和实践表明，区域经济一体化不仅具有贸易创造、贸易转移和公共物品效应，而且具有经济增长、产业集聚效应，甚至具有增强国际竞争力和谋求世界霸权的非经济效应。

为了争夺对亚太地区的领导权，美国正在积极推动"泛太平洋战略经济伙伴关系协议"（TPP）谈判。日本也提出实行亚洲新战略，并把"泛太平洋战略经济伙伴关系协定"和"日中韩自贸协定"作为实现该战略的两大支柱，[①] 力争建成亚太自贸区。我国地处亚洲，中国的地缘政治重心在亚洲。在这场争夺世界经济重心——亚洲领导权的竞争中，我国应积极应对，实行亚洲战略，防止在美国推动的 TPP 谈判中被边缘化。

### 9.2.6 积极参与国际经济组织改革和全球经济治理机制建设，以发展问题为 G20 的核心议题，抓住有利于提升我国话语权的国际经济秩序变化的新机遇

金融危机后全球经济治理机制的重大变化：一是 G20 取代 G8 成为全球经济治理的新机制。二是发展中国家在国际经济组织中的投票权和份额增加。三是国际经济组织开始致力于改革，如国际货币基金组织对国际金融体系的改革、份额和投票权的改革、世界银行对投票权的改革等。

在全球经济治理机制和结构的重大变化中，随着中国在全球经济中的地位提高，也开始参与全球经济治理机制的建设和国际经济组织的改革，提升话语权，并在全球经济恢复中发挥作用。其主要表现为：一是随着 G20 取代 G8，中国成为全球经济治理机制 G20 的重要成员。二是在国际经济组织的改革中，随着新兴市场和发展中国家话语权的提高，中国在国际经济组织的投票权和份额也相应提高。如在世界经济银行通过的发达国家向发展中国家转移投票权改革方案中，随着发展中国家和转型经济体在世界银行增加 3% 的投票权，中国在世界银行的投票权也将从 2.77% 提高到 4.42%，从而成为世界银行第三大股东。在国际货币基金组织提高新兴经济体在理事会代表性的改革中，随着欧洲国家出让 IMF 理事会的两个席位，向新兴经济体和发展中国家以及代表权过低的国家转让 6% 的投票权，中国持有的

---

① 2012 年将启动自由贸易谈判。由于三国经济总量占亚洲经济 70% 和全球经济的 18.6%，消费人口为 15 亿，预计中、日、韩自由贸易区一旦形成，将仅次于北美自由贸易区和欧盟，成为世界第三大经济区。

份额也将从不足 4%上升到 6.19%。三是在中国参与全球经济治理过程中，采取切实的行动，在世界经济恢复中发挥了重要作用。据世界银行计算，中国对世界 GDP 增量的贡献率由 2003 年的 4.6%提高到了 2009 年的14.5%，是第一大贡献国。

但与此同时，我们也看到中国参与全球经济治理中的新问题：①国际社会要求中国承担更多大国责任的呼声提高，要求发展中国家为发达国家造成的金融危机损失埋单。如金融危机后中国出台的 4 万亿元经济刺激计划，虽然在投资规模上仅次于美国，排名全球第二，但在 GDP 中的占比却高达13.3%，排名世界第一，远高于美国的 6.8%；[①] 在今年墨西哥举办的 G20 峰会上，世界各国向 IMF 增资共 4560 亿美元，中国注资 430 亿美元，排名第三，[②] 而美国为零；金融危机后美国要求中国购买美国国债，欧债危机后要求中国购买欧债等。②虽然国际货币基金组织推出了 2010 年份额和治理改革方案，承诺增加发展中国家代表性和发言权，但至今没有落实。根据 2012年 G20《墨西哥峰会宣言》，对于 IMF 增资和配额改革，到 2014 年前才能完成下一次配额全面审查，增资和配额的改革并没有同步进行。③国际宏观经济协调对我国国家经济安全问题凸显。如美国应对金融危机实行的量化宽松货币政策对发展中国家的外溢效应；为应对金融危机我国推出的 4 万亿元扩张性财政政策对通货膨胀和房地产泡沫影响等。

我国对"十二五"时期国内外形势的总体判断是"处于可以大有作为的重要战略机遇期"。对于战略机遇期的判断除了发现机遇并把握机遇外，最重要的是根据本国在全球经济地位的变化，利用国际机制的平台，创造有利于我国经济发展的机遇。

第一，积极参与国际经济治理机制的改革，力主建立公平、和谐、互利共赢的国际经济新秩序。[③] 战后以美国为核心建立的国际经济秩序具有重大的缺陷，其不公平性和排他性，早在 20 世纪 70 年代中期，七十七国集团就提出建立国际经济新秩序的主张，要求发达国家向发展中国家和地区更加

---

①③ 赵瑾：《G20：新机制 新议题与中国的主张和行动》，《国际经济评论》，2010 年第 5 期。
②《各国 IMF 增资共 4560 亿美元，中国第三》，新华网，2012 年 6 月 19 日。

平等地分配贸易投资带来的利益。也有提出应加强联合国在世界经济管理中的作用等建议。金融危机使全球化力量发生了逆转，改变了全球经济治理机制。以中国为代表的发展中国家应通过 G20 新平台，改革现有不公正、不合理、不民主的旧国际经济秩序，在第六届联大提出的建立国际经济新秩序宣言的基础上，① 促进国际经济制度的变革，推动建立一个公平、和谐、互利共赢的国际经济新秩序。

第二，积极推动国际经济组织改革，参与国际规则和标准的制定，在建立国际经济新秩序中发挥建设性的作用。如在国际货币体系改革中，促进国际货币体系多元化、合理化，加强国际金融监管，推动人民币国际化进程。在国际贸易体制改革中，根据当代生产国际化下全球价值链分工的状况，敦促世界贸易组织改革脱离当代经济全球化的国际贸易统计制度，重新认识全球经济失衡问题等。

第三，积极参与议题设定，将发展议题作为 G20 的首要任务，把握规则制定的主动权。议题设定实际就是规则的制定。为了全力致力于发展中国家经济发展，维护国家利益，中国应积极参与规则的制定，在议题的设定中把握规则制定的主动权。一是将发展议题作为 G20 的首要任务和核心议题，推动平衡发展和绿色发展。二是反对各种形式的贸易保护主义。三是在低碳经济发展上，要求发达国家向发展中国家转移技术，提供资金，加强合作，并敦促国际金融机构支持新兴市场和发展中国家的发展。

第四，以发展中国家身份参与国际经济治理机制的改革和建设，量力而行，维护国家经济安全。研究表明，一国参与世界经济进程将要面临的基本矛盾是，一方面国家在贸易和投资开放中会获得预期的经济收益，另一方面政府会因国内经济政策制定的自主性和控制力下降而面临风险，由开放带来政治上的脆弱和不安全。② G20 全球经济治理机制对我国来说也是一

---

① 建立国际经济新秩序宣言是 1974 年 5 月 1 日联合国大会第六届特别会议通过的，发展中国家争取建立国际经济新秩序的重要文件。其主要内容是：尊重各国主权、领土完整和政治独立互不侵犯、互不干涉内政、公平互利、和平共处。

② ［美］约瑟夫·格里科、约翰·伊肯伯里：《国家权力与世界市场：国际政治经济学》，北京大学出版社，2008 年。

把"双刃剑",它一方面有利于我国在全球经济治理平台上获得更多的话语权,有利于参与改革现有的国际经济秩序,维护发展中国家的利益;但另一方面,也必须防止在国际宏观经济政策协调,承担与发展中国家身份不符合的所谓"大国责任"中,国家经济利益受损,威胁国家经济安全。

第五,中国应全面积极地参与国际性、地区性以及跨区域的经济合作组织,为构建新的国际经济新秩序而努力。由于目前 G20 不能全面反映发展中国家的诉求,发达国家在全球经济治理中仍然处于主导地位,特别是美国将 G20 作为其实现大国战略、重振美国全球领导力的主要平台,中国参与全球经济治理,不应该将 G20 作为唯一平台。顺应全球经济多边化、区域化和跨区域化的发展趋势,中国应加强与联合国、国际经济组织,以及其他区域性组织的合作。即中国在 G20 发挥重要作用的同时,应利用 G20 以外一切可以利用的平台,维护发展中国家和本国的利益,为建立国际经济新秩序而努力。

## 9.3 发展·开放·合作:新安全观与我国国家经济安全的制度安排

随着我国对外开放程度加深、领域扩大,作为一个开放型经济体,如何在对外开放中把握主动权,把握关键领域和敏感行业对外开放的程度,确保国家的政治安全、经济安全、文化安全和信息安全已经成为新时期我国对外开放面临的重大课题。

### 9.3.1 当前我国国家经济安全面临的新问题和新特点

随着金融危机以来国际经济格局的重大变化,信息技术革命带来的全球经济一体化的迅猛发展,以及"入世"后我国融入全球经济,国际化水平的提高,开放中的国家经济安全问题已进入一个新的发展阶段,并呈现出新的特点。

#### 1. 国家经济安全的起因

由国际政治、经济、军事多重因素引发。以往外来因素对国家经济安全的影响多来自国际经济外部冲击，而目前我国面临的国家经济安全问题，不仅起因于美国金融危机和欧债危机的经济因素，而且起因于中东北非政治变化和军事冲突。

**2. 国家经济安全的内容和范围**

由经济安全扩大到信息安全、文化安全、政治安全等多个领域。传统意义上的国家经济安全仅限于经济领域，即由国际经济领域的各种风险带来的对国内经济安全的影响。而目前我国面临的国家经济安全问题，不仅有制造业开放带来的以产业安全为主的经济安全，而且有服务业开放带来的政治安全和文化安全问题。国家经济安全的综合性要求经济安全的保障不仅要从经济方面考虑，也必须从政治、外交、文化等多方面考虑。

**3. 国家经济安全的影响**

由微观经济领域进入宏观经济领域，由经济层面进入政治层面。对外开放初期我国面临的国家经济安全主要是引进外资带来的产业安全问题，其影响主要在微观经济领域。随着中国在全球经济地位的提高，在全球经济治理中的作用加强，由国际宏观经济政策协调带来的国家经济安全问题开始凸显，如人民币升值、扩张性财政政策等。而随着服务业对外开放带来的文化安全问题，以及由以"开放促改革"带来的社会问题，也使国家经济安全问题由经济层面上升到政治层面。

**4. 国家经济安全的新问题**

金融安全、能源安全、人身安全等问题值得高度关注。随着服务业对外开放和"走出去"战略的实施，我国将面对一些新的国家经济安全问题。如由资本账户开放带来的金融安全问题、由在北非直接投资带来的我国公民的人身安全问题、由信用审计等专业服务开放可能带来的国家经济数据安全问题，以及能源安全、战略资源安全和粮食安全问题等。

## 9.3.2 新安全观：在发展、开放和合作中保护国家经济安全

面对当前国家经济安全面临的新问题、新变化，我们必须树立新的安全观，维护国家的主权，保护国家经济利益不受侵犯。新安全观应由利益观、发展观、开放观、合作观和综合观五部分构成。

第一，利益观。利益观应包括三个层次：一是维护国家的经济主权。即在经济全球化带来的经济主权部分让渡中，首先应确保维护国家经济主权，不因全球化的"超国家性"而受到侵害。如在国际宏观经济政策协调中应首先确保我国宏观经济的调整符合国家整体经济利益。二是提高对外开放的国家经济效益。如强化引进外资的技术和创新效益、促进加工贸易转型升级等。三是确保国家对外投资的收益。包括购买美国政府国债的收益、海外直接投资收益等。

第二，发展观。"发展是硬道理"，经济实力是国家经济安全的基础。新安全观要求国家经济安全必须建立在国内强大的综合国力、科技实力和企业竞争力基础上。

第三，开放观。国家经济安全问题大多是由国际经济风险引发的，在相互联系的国际经济中，开放出现的国家经济安全问题也必须通过开放解决。这里所说的开放，并不意味着越开放国家越安全，而是指通过开放的方式可以扩大解决安全问题的途径和方法。对我国来说，这种开放观，既包括对外开放，也包括对内开放。

第四，合作观。经济全球化和区域经济集团化的发展，加深了各国在全球以及地区之间经济的相互联系、相互依存。"你中有我，我中有你"的当代国际合作与分工格局，加快了各国经济发展，同时也通过贸易、投资、金融的国际经济联系形成了风险传导机制。经济风险的"全球化"的特点，要求应对危机和保护国家经济安全问题不可能再独善其身，必须在国际合作中共同应对，即在加强国际与地区合作中确保国家经济安全。

第五，综合观。由于当代国家经济安全的复杂性，维护国家经济安全不仅要从经济方面，更要从政治、外交、文化等多方面进行考虑。

### 9.3.3  在开放中保证我国国家经济安全的制度安排

在对外开放中保护国家经济安全，增强承受和抵御风险能力的关键是建立国内强大的经济实力和科技实力，但面对国家经济安全的复杂性和艰巨性，我们首先应借鉴国际经验建立我国抵御风险的制度安排。

第一，成立外国投资委员会，建立专门的监管机构。对于外国投资并购本国企业，发达国家大都设有专门针对并购行为的行业损害和经济安全问题进行审查的机构，如美国的外国投资委员会、日本的公正交易委员会和澳大利亚的外国投资审查委员会。继外国直接投资管辖权由欧盟成员国转向欧盟后，欧盟也开始酝酿成立类似美国的外国投资委员会，标准化各成员国的外资审批机制，以保护知识产权和国家经济安全。据统计，到2005 年年底，在我国已经开放的产业中，前 5 名的企业几乎都由外资公司控制，在中国 28 个主要产业中，外资在 21 个产业中拥有多数资产控制权。[①]近十年来，随着外资并购规模不断扩大，外资在华并购金额占同期外商直接投资额的比重已经由 1999 年的 5.94%上升到了 2008 年的 14.03%，预计未来将有进一步扩大的趋势。由于并购企业主要集中在我国行业龙头企业和国内知名品牌，借鉴国际经验，为维护国家产业安全，我国应尽快成立外国投资委员会。

第二，建立健全相关法律法规和政策。美国具有严格的审查外国投资的法律政策，并根据国家经济安全重点不断完善。《国际投资政策》（1983）、《综合贸易和竞争法》（1988）、《2007 年外国投资与国家安全法案》（2007）都是对外国公司投资美国资产的审查和限制制度。2003 年美国国土部出台了《保护重要基础设施和资产的国家战略》，确定了包括农业、水资源、公共卫生、应急服务、国防工业、电信、能源、运输、银行金融、化工、邮电、信息技术 12 个重点保护部门，几乎覆盖了整个国民经济。日本的《禁止垄断法》、《外国投资法》和《外汇管理法》对外资并购也都有相应的规定。针对我国金融安全、产业安全和信息安全等问题，我国应建立相应的法律法规，如《金融监管法》、《期货法》、《信息和通讯服务规范法》等，以保护国家经济安全。

第三，建立维护国家经济安全的防范机制。如在产业安全上，完善产业预警机制，灵活运用 WTO 规则和贸易救济措施，防止国内产业受到冲击；在金融安全上，考虑我国承受能力适度开放资本项目，并加强金融监管；在资源能源安全上，建立重要战略资源的国家储备体系，确保石油的稳定供应。

---

[①]史东明：《中国利用外资进入新阶段》，《经济评论》，2004 年第 3 期。

第四，建立海外投资安全保障机制，确保海外投资安全。随着我国"走出去"战略的实施，我国加大了在非洲、中东等自然资源丰富地区的投资，投资涉及资源开发、工程承包、基础设施建设等多个领域。而近年来中东北非政局动荡不仅造成我国海外投资损失，而且威胁了人身安全。仅以利比亚动荡造成的损失为例，中国在利比亚有 75 家企业（其中，央企 13 家），50 个项目的工程承包，涉及金额 188 亿美元，人员 36000 余人，直接经济损失达 15 亿元人民币。[①] 预计"十二五"期间，我国海外投资额将大幅提高。如何保护海外经济利益，确保我国海外资产和人员安全将是对外开放面临的新课题。今后我国应通过签署双边投资协定，建立海外投资安全保障机制等，确保海外投资安全。

---

① 钟啸：《中资企业在利比亚项目全部搁浅》，《南方日报》，2011 年 3 月 23 日。

# 参考文献

1.〔美〕阿文德·萨勃拉曼尼亚:《大预测》,中信出版社,2012 年。

2.〔美〕安德烈·施莱弗、罗伯特·维什尼:《掠夺之手》(赵红军译),中信出版社,2004 年。

3.〔美〕尼古拉斯·R.拉迪:《中国未完成的经济改革》(隆国强等译),中国发展出版社,1999 年。

4.〔美〕热拉尔·罗兰:《私有化:成功与失败》,中国人民大学出版社,2011 年。

5.〔美〕塔伦·卡纳、克蕾沙·帕利普、理查德·布洛克:《赢在新兴市场:新兴市场的机遇、战略与实施》,中信出版社,2011 年。

6.〔美〕约瑟夫·E.斯蒂格里茨:《社会主义向何处去——经济体制转型的理论与证据》,周立群等译,吉林人民出版社,1998 年。

7.〔美〕约瑟夫·格里科、约翰·伊肯伯里:《国家权力与世界市场:国际政治经济学》,北京大学出版社,2008 年。

8.〔日〕日本经济产业省:《2012 通商白皮书》,2012 年 6 月。

9.〔日〕日本贸易振兴会:《2012 世界贸易投资报告》,2012 年 6 月。

10.《中国产业集群发展报告》课题组:《中国产业集群发展报告》,机械工业出版社,2009 年。

11.《中华人民共和国国民经济和社会发展"十二五"规划纲要》,2011 年 3 月。

12. R.科斯、A.阿尔钦、D.诺思等:《财产权利与制度变迁——产权学派与新制度学派译文集》，上海三联书店、上海人民出版社，1994 年。

13. 保罗·克鲁格曼：《克鲁格曼国际贸易新理论》，中国社会科学出版社，2001 年。

14. 陈德铭：《继往开来　扩大开放——写在加入世贸组织十周年之际》，《求是》，2011 年第 23 期。

15. 陈抗、Arye L.Hillman、顾清扬：《财政集权与地方政府行为变化——从援助之手到攫取之手》，《经济学（季刊）》，2002 年第 2 卷第 1 期。

16. 戴园晨主编：《中国经济的奇迹——民营经济的崛起》，人民出版社，2005 年。

17. 单东：《中国石油行业行政垄断的成因、危害及解决之对策》，《经济社会体制比较》，2010 年第 5 期。

18. 道格拉斯·C.诺斯：《经济史上的结构和变革》，商务印书馆，2005年。

19. 董小君：《能源管理的国际"潮流"》，《中国石油石化》，2008 年第 7 期。

20. 董小君：《能源管理体制：从分散走向集中是国际大趋势》，《广西电业》，2008 年第 6 期。

21. 范恒山：《中国经济体制改革的历史进程和基本方向》，国家发展改革委员会网站，2006 年。

22. 傅勇：《中国的分权为何不同：一个考虑政治激励与财政激励的分析框架》，《世界经济》，2008 年第 11 期。

23. 高鹤：《财政分权、地方政府行为与中国经济转型：一个评述》，《经济学动态》，2004 年第 6 期。

24. 葛秀芳：《论新时期如何完善我国电力监管体制》，《华北电力大学学报》（社会科学版），2009 年第 3 期。

25. 国家发展改革委经济体制综合改革司、国家发展改革委经济体制与管理研究所：《改革开放三十年：从历史走向未来——中国经济体制改革若干历史经验研究》，2008 年 11 月。

26. 国务院发展研究中心课题组：《"十二五"发展十二题》，中国发展出版社，2010 年。

27. 国务院发展研究中心课题组：《转变经济发展方式的战略重点》，中国发展出版社，2010 年。

28. 何传启：《第六次科技革命的战略机遇》（第二版），科学出版社，2012 年。

29. 何勇健：《打破电力体制改革僵局的几点思考》，《价格理论与实践》，2012 年第 5 期。

30. 胡涛：《政府和市场边界的界定与能源管理体制的构建》，《改革与战略》，2012 年第 6 期。

31. 黄庆业、马卫华：《澳大利亚能源监管新机制及其借鉴意义》，《华北电力大学学报》（社会科学版），2007 年第 2 期。

32. 金碚：《论国有企业改革再定位》，《中国工业经济》，2010 年第 4 期。

33. 金碚：《再论国有企业是特殊企业》，《中国工业经济》，1999 年第 3 期。

34. 经济合作与发展组织：《全球发展展望：财富转移》，国家行政学院出版社、中央编译出版社，2011 年。

35. 剧锦文、韩晓芳：《民营经济、民间资本与经济政策》，中国财政经济出版社，2004 年。

36. 剧锦文：《非国有经济进入垄断产业研究》，经济管理出版社，2009 年。

37. 来有为：《我国电力体制改革面临问题及其监管体系催生》，《产业经济》，2012 年第 3 期。

38. 雷家：《国家经济安全：理论与分析方法》，清华大学出版社，2011 年。

39. 李嘉娜：《中国煤炭行业监管体制中的利益冲突及其平衡机制》，《经济管理》，2009 年 2 月。

40. 李涛：《我国能源法律体系现状分析》，《中国矿业》，2010 年第 3 期。

41. 李艳芳、林树杰：《可再生能源市场准入制度研究》，《中州学刊》，2010 年第 3 期。

42. 李占五：《"十二五"时期我国能源管理体制改革任务及着力点》，《中国能源》，2011 年第 6 期。

43. 联合国贸易与发展会议：《2010 年世界投资报告：低碳经济投资》，2010 年。

44. 联合国贸易与发展会议：《世界投资报告 2004：转向服务业》，中国财政经济出版社，2006 年。

45. 联合国贸易与发展会议：《世界投资报告 2011：国际生产和发展的非股权形式》，经济管理出版社，2011 年。

46. 刘国光：《中国经济体制改革的模式研究》，中国社会科学出版社，2009 年。

47. 刘迎秋主编：《中国非国有经济改革与发展 30 年研究》，经济管理出版社，2008 年。

48. 刘迎秋主编：《中国民营企业发展新论》，社会科学文献出版社，2012 年。

49. 刘增光：《我国能源定价机制市场化改革面临"制度性困境"——制度变迁视角下的尝试性解读》，《内蒙古科技与经济》，2009 年第 17 期。

50. 刘振秋、唐瑱：《关于当前煤电价格矛盾的再认识》，《价格理论与实践》，2009 年第 1 期。

51. 刘振亚：《中国电力与能源》，中国电力出版社，2012 年。

52. 陆胜利：《世界能源问题与中国能源安全研究》，《中共中央党校博士学位论文》，2011 年 5 月。

53. 商务部：《对外贸易发展"十二五"规划》，2012 年 4 月。

54. 商务部：《服务贸易发展"十二五"规划纲要》，2011 年 9 月。

55. 商务部等十部委：《关于加快转变外贸发展方式的指导意见》，2012 年 3 月。

56. 世界银行、国务院发展研究中心：《2030 年的中国：建设现代、和谐、有创造力的高收入社会》，世界银行网站，2012 年。

57. 世界银行："世界发展指标"数据库。

58. 唐松林、任玉珑：《电力行业政府监管体制改革：国外经验与中国对策》，《经济问题探索》，2008 年第 8 期。

59. 唐要家、谢远祥：《中国电力体制改革的困局与突破》，《价格月刊》，2012 年第 2 期。

60. 陶然等：《地区竞争格局演变下的中国转轨：财政激励和发展模式反

思》，《经济研究》，2009 年第 7 期。

61. 王梦奎：《中国改革 30 年（1978-2008）》，中国发展出版社，2009 年。

62. 王新兰：《我国石油行业政府监管机制存在的问题及对策》，《行政与法》，2010 年第 10 期。

63. 王永钦、丁菊红：《公共部门内部的激励机制：一个文献述评——兼论中国分权式改革的动力机制和代价》，《世界经济文汇》，2007 年第 1 期。

64. 王子先：《中国对外开放与对外经贸 30 年》，经济管理出版社，2008 年。

65. 肖惠朝：《我国现行煤炭管理体制的问题及对策建议》，《煤炭经济研究》，2010 年第 9 期。

66. 薛进军：《低碳经济学》，社会科学文献出版社，2011 年。

67. 袁飞等：《财政集权过程中的转移支付和财政供养人口规模膨胀》，《经济研究》，2008 年第 5 期。

68. 岳福斌、邵懿博：《创新煤炭管理体制》，《中国能源》，2006 年第 5 期。

69. 张晓然、肖太寿：《完善煤炭管理体制的思考》，《宏观经济管理》，2011 年第 4 期。

70. 张岩：《我国争取国际能源定价主动权问题研究》，《中国能源》，2010 年第 11 期。

71. 张卓元：《当代中国经济学理论研究（1949-2009）》，中国社会科学出版社，2011 年。

72. 张卓元：《新中国经济学史纲（1949-2011）》，中国社会科学出版社，2012 年。

73. 赵会茹、符力文：《国外清洁能源电价形成机制研究》，《华北电力大学学报》（社会科学版），2011 年第 4 期。

74. 赵瑾：《G20：新机制　新议题与中国的主张和行动》，《国际经济评论》，2010 年第 5 期。

75. 赵瑾：《论开放》，杨圣明主编：《社会主义市场经济基本理论问题研究》，经济科学出版社，2008 年。

76. 中国共产党第十六次全国代表大会报告：《全面建设小康社会，开创中国特色社会主义事业新局面》。

77. 中国共产党第十六届中央委员会第三次全体会议公报：《中共中央关于完善社会主义市场经济体制若干问题的决定》。

78. 中国共产党第十四次全国代表大会报告：《加快改革开放和现代化建设步伐，夺取有中国特色社会主义事业的更大胜利》。

79. 中国共产党第十四届中央委员会第三次全体会议公报：《中共中央关于建立社会主义市场经济体制若干问题的决定》。

80. 中国现代国际关系研究院经济安全中心：《国家经济安全》，时事出版社，2005 年。

81. 中华人民共和国国务院新闻办公室：《中国的对外贸易》白皮书，2011 年 12 月。

82. 周飞舟：《分税制十年：制度及其影响》，《中国社会科学》，2006 年第 6 期。

83. 周黎安：《晋升博弈中政府官员的激励与合作》，《经济研究》，2004 年第 6 期。

84. 周黎安：《中国地方官员的晋升锦标赛模式研究》，《经济研究》，2007 年第 7 期。

85. 周艳辉：《增长的迷思：海外学者论中国经济发展》，中央编译出版社，2011 年。

86. "World Investment Report 2012: Towards A New Generation of Investment Policies", UN.

87. C. Fred Bergsten, Bates Gill, Nicholas R. Lardy and Derek J. Mitchell, "China: The Balance Sheet: What the World Needs to Know About the Emerging Superpower", New York: Public Affairs, c 2006.

88. International Energy Agency. The Strategic Value of Fossil Fuels: Challenges and Responses. IEA/OECD, Paris, 1995.

89. International Energy Agency. Worldwide Trends in Energy Use and Efficiency: Key Insights from IEA Indicator Analysis. IEA, Paris, 2008.

90. Jean Oi. "Fiscal Reform and the Economic Foundations of Local State

Corporatism in China", World Politics, 1992, Vol.45, No.1.

91. Jin, H., Y. Qian and B. Weingast. "Regional Decentralization and Fiscal Incentives: Federalism, Chinese Style", Journal of Public Economics, 2005, 89 (9-10): 1719-1742.

92. Martin Weitzman and Chenggang Xu. "Chinese Township –village Enterprises as Vaguely Defined Cooperatives", Journal of Comparative Economics, 1994, 18: 121-145.

93. Montinola, G., Yingyi Qian and Berry Weingast. "Federalism, Chinese Style: the Political Basis for Economic Success in China", World Politics, 1995, 48 (1): 50-81.

94. Oates, W. E., Fiscal federalism, New York: Harcourt Brace Jovanovich, 1972.

95. Peter Van Doren:《美国石油天然气市场政策的演变——美国能源规制简史（节选）》，林娜编译，《国际石油经济》，2009 年第 11 期。

96. Qian, Y., and G. Roland. "Federalism and the Soft Budget Constraint", American Economic Review, 1998, 88 (5): 1143-1162.

97. Qian, Y., B. Weingast. "Federalism as a Commitment to Preserving Market Incentives", Journal of Economic Perspectives, 1997, 11 (4): 83-92.

98. Tiebout, Charles M. "A pure theory of local expenditures", Journal of Political Economy, 1956, 64: 416-24.

99. Youngho Chang, Swee Lean Collin Koh, Rethinking Market Governance and Energy Security, M. Caballero-Anthony et al. (eds.), Energy and Non-Traditional Security (NTS) in Asia, SpringerBriefs in Environment Security, Development and Peace 1, 2012.

# 后　记

　　本书是课题组在承担中央交办研究任务的基础上，进一步拓宽范围、深入探索的成果。整个研究最初分为七个子课题，但随着研究的深入，又增加了能源问题和外贸问题，课题组也随之扩大。全书各章节的具体分工如下：

第1章　刘树成、张平

第2章　张平、常欣

第3章　王延中

第4章　高培勇、汪德华

第5章　王国刚、刘煜辉

第6章　金碚、刘戒骄

第7章　刘迎秋、剧锦文

第8章　史丹、李雪慧、冯永晟

第9章　赵瑾

**图书在版编目（CIP）数据**

中国经济体制改革报告 2012：建设成熟的社会主义市场经济体制/陈佳贵主编. —北京：经济管理出版社，2012.12

ISBN 978-7-5096-2214-8

Ⅰ.①中…　Ⅱ.①陈…　Ⅲ.①中国经济—经济体制改革—研究报告—2012　Ⅳ.①F121

中国版本图书馆 CIP 数据核字（2012）第 276083 号

组稿编辑：璐　栖
责任编辑：璐　栖
责任印制：黄　铄

出版发行：经济管理出版社
　　　　（北京市海淀区北蜂窝 8 号中雅大厦 A 座 11 层　100038）
网　　　址：www. E-mp. com. cn
电　　　话：（010）51915602
印　　　刷：北京银祥印刷厂
经　　　销：新华书店
开　　　本：720mm×1000mm/16
印　　　张：17.75
字　　　数：263 千字
版　　　次：2012 年 12 月第 1 版　　2012 年 12 月第 1 次印刷
书　　　号：ISBN 978-7-5096-2214-8
定　　　价：58.00 元